■ 本书出版获得“北京工商大学科技创新平台——基于信息技术的法商翻译研究平台”的支持

FASHANG YINGYU YU DAXUE WAIYU JIAOYAN LUNWENJI

法商英语与大学外语教研

论文集

主 编◎杨怀恩 刘明宇

知识产权出版社
全国百佳图书出版单位

图书在版编目（CIP）数据

法商英语与大学外语教研论文集/杨怀恩，刘明宇主编．—北京：知识产权出版社，2016.12

ISBN 978-7-5130-4620-6

Ⅰ.①法… Ⅱ.①杨… ②刘… Ⅲ.①法律—英语—教学研究—高等学校—文集 ②商务—英语—教学研究—高等学校—文集 ③外语教学—教学研究—高等学校—文集 Ⅳ.①D9-53 ②F7-53 ③H09-53

中国版本图书馆 CIP 数据核字（2016）第289816号

内容提要

本书对话语分析、汉英互译及其方法、外国文学与文化、大学英语教学与课程设计等，做了多维度的研究、探讨。本书所选论文的作者大多为一线具有丰富教学经验的教师，因此其研究成果与见解对广大法商英语和大学英语教师具有一定的参考价值。

责任编辑：安耀东

法商英语与大学外语教研论文集

杨怀恩 刘明宇 主编

出版发行：知识产权出版社有限责任公司	**网　　址**：http：//www.ipph.cn
电　　话：010-82004826	http：//www.laichushu.com
社　　址：北京市海淀区西外太平庄55号	**邮　　编**：100081
责编电话：010-82000860转8534	**责编邮箱**：an569@qq.com
发行电话：010-82000860转8101/8029	**发行传真**：010-82000893/82003279
印　　刷：北京中献拓方科技发展有限公司	**经　　销**：各大网上书店、新华书店及相关专业书店
开　　本：720mm×1000mm　1/16	**印　　张**：22.75
版　　次：2016年12月第1版	**印　　次**：2016年12月第1次印刷
字　　数：346千字	**定　　价**：65.00元

ISBN 978-7-5130-4620-6

目　录
CONTENTS

法商英语

翻译、语言学与二语习得

外国文学、戏剧与文化研究

教育、教学、实验、管理

法商英语

翻译、语言学与二语习得

外国文学、戏剧与文化研究

教育、教学、实验、管理

商务英语专业的缘起、态势与前景

史岩林

摘　要：本文梳理了商务英语专业的起源，介绍了它的发展现状，通过分析培养目标和要求、课程设置和师资力量等方面的内容，指出它今后面临的问题，提出改进和完善的建议。

关键词：商务英语；缘起；态势；前景

商务英语在中国是一门新兴的专业和学科。从专门用途英语角度讲，它是从事商务行业的人士所学习或应用的专门用途英语。它的发展历史不长，只有短短二十多年的时间。如果从教育部正式设立这个专业开始算起，其历史不超过九年时间。作为一门独立的专业和学科，它还处在逐步建构的过程中。但是，它目前的发展势头异常迅猛，在全国有遍地开花之势。在此专业迅猛发展和日益普及的状况下，回顾它的发展历程，审视它的发展现状，预测它的发展前景，有助于我们做出更好的决策规划，促进它的良性健康发展。

1　商务英语专业的缘起

谈到商务英语专业，首先要谈到英语语言文学专业。众所周知，英语语言文学专业在中国有着较长的历史，尤其是在20世纪80年代到90年代初

作者简介：史岩林，博士，北京工商大学外国语学院副教授。

期，它处于辉煌时期，一度成为人们的理想专业选择。那时，商务英语被称为外贸英语，只限于如外刊选读、外贸函电和外贸口语等几门简单的课程，隶属于语言文学专业的范畴。进入新世纪以来，随着中国经济发生巨大变化以及英语教育的普及和大学生基础知识与基本技能的提高，英语专业的发展遇到前所未有的挑战。市场急需大批既懂商务专门知识又掌握良好英语交际能力的人才，从事跨国业务和公司管理工作，而英语专业无法完全承担这样的功能和任务。因此，调整英语专业，拓展它的方向和设置以适应市场需求，培养既懂外语又熟悉国内外贸易规则的涉外商务英语人才，成为大学英语本科专业教学改革的一种趋势。

商务英语专业因市场需求有了生存和发展空间，而市场又将商务英语专业推向高潮。根据翁凤翔和辛瑞娟的研究，商务英语专业在我国的发展历程有四个阶段：第一个阶段为基础阶段，即从1978年至1993年，“商务英语”开始被使用并流行；从1994年至1998年为第二个阶段，即起步阶段，商务英语开始走上有序的轨道；从1999年至2007年为第三个阶段，即发展阶段，由于有了全国性的商务英语研究会，商务英语走向良性发展阶段；第四个阶段为发展成熟阶段，即从2007年对外经济贸易大学成功申报本科专业，成为与英语语言文学专业并驾齐驱的专业开始，标志着商务英语专业的正式诞生，开始走向规范化和专业化道路。紧接着，广东外语外贸大学和上海对外贸易学院也在2007年获得教育部批准，成功申报此专业。截至2015年，开设商务英语专业或方向类的高校共239所，其中“211”大学有14所开设该专业，但“985”高校没有开设该专业。而且，申报这一专业的本科院校数量还在持续增加。

2 商务英语专业的态势

随着商务英语专业的高速发展，它也开始出现一些新的变化，遇到一些新的问题。多数学校为了就业率，尽管师资力量、理论储备和硬件设施都不具备，仍旧按照先建立“方向”再建立“专业”的模式，大力发展商务英语专业，各种以此专业为依托的新专业领域不断涌现，大有泛滥之势。竞争加剧也促使一些主要院校开始向更加专业化的方向发展，它们依托英语专业的优势，持续为商务英语专业的发展提供理论依据和实践指导，牢牢把握着专业学科发展的脉搏。商务英语专业在各院校之间开始出现细化的现象，差距也在不断拉大。

一般来讲，“商务英语专业”主要培养涉外商务工作者，多设置在英语院系内，但在专业定位上存在区别，即将它设置为一个独立专业，更多地体现出“商务实践”的特点，将它设为英语专业之下的一个“方向”，更多地体现出“语言教学”的特点。但不论哪种定位，该专业在课程设置和师资储备上都存在问题：前者主要是过于注重理论知识讲授，过分专注课程与教材，忽略它的实践性，或本身没有促成教学实践的条件，导致部分学生空有英语技能而没有实践经验；后者主要是授课教师大多主修英语专业，少有企业或行业的背景，并不具备充足的商务知识，而商务英语旨在培养商务及语言的复合型人才，显然这两项内容都无法满足专业需求。

3 商务英语专业的前景

教育产业化将教育与市场紧紧捆绑在一起，一方面，市场促进教育规模的盲目扩大，教育质量无法得到保证；另一方面，以育人为终极目的的教育成为市场产业化延伸的一部分，沦为营利的工具，大学教育严重偏离教育目标，走向异化。原有的大中专职业教育在产业化和院校合并的浪潮中消失殆尽，致使大多数大学教育不得不承担起职业教育的功能。但是，本科教育面临的难题是，由于大学教育的固有特点，不能完全按照职业学校的教育模式，使得一方面市场需要一毕业即可投入实际工作的毕业生，而不愿意承担额外的费用来培养新进大学生适应职场；另一方面，各大学为了规模效益而拼命扩招，每年有大量毕业生进入社会，形成无法调和的供需矛盾，使得大学教育面临两难的尴尬境地。在这种情况下，商务英语专业在未来就有可能重蹈英语语言文学专业的覆辙。因此，它的未来发展方向是我们不得不面对的一个迫切问题。

商务英语是一门复合型的交叉学科，不是英语与商务的简单叠加，亦不是用英语讲授商务知识。它是两者的有机结合，既不失去商务的特色，又必须以英语为最终落脚点，这就对整个教学体系提出更高的要求，因此纯粹专研某一方面的教师很难达到标准。而现实是，大部分院校的商务英语专业都是建立在英语专业的基础上，师资大多从这一专业转化而来，再配以少量商务专业的教师辅助教学，加之建立这样的专业无须投入大量资金和设备，各个大学的专业分布各有侧重，导致此专业的发展良莠不齐。因此，培养和造就既拥有广博的英语知识，又要熟练运用英语语言，还要掌握商务类基本知识的师资队伍将是我们未来面临的重大问题。

同样，商务英语专业在学科知识理论储备方面也将面临重大挑战。根据王立非和李琳对2002~2011年我国商务英语研究发展现状的研究表明，尽管有关商务英语研究的论文、项目和著作逐年增加，研究范围也不断扩展，但高水平、高质量的研究成果明显偏少，研究方法比较单一，研究热点主要集中于学科本身，而此学科与相关人文学科、国民教育目标、人才培养模式、宏观政策、大政方针之间的关系则鲜有研究。因而，今后的研究应扩大范围，聚焦跨文化、跨学科语境中的问题研究，逐步运用定性和定量相结合的混合研究方法，推动商务英语学科全面、深入发展，与国家的教育方针和政策相融合。

参考文献

[1]吕世生.商务英语学科定位的学理依据[J].外语界,2013(4):19-25.

[2]吕英莉.关于高校商务英语专业建设的思考[J].教育探索,2012(10):74-76.

[3]咸修斌,唐文龙.商务英语学科定位的新思考[J].高教探索,2005(2):60-61.

[4]王立非,李琳.我国商务英语研究十年现状分析(2002—2011)[J].外语界,2013(4):2-10.

[5]翁凤翔,辛瑞娟.商务英语:历史、现状与未来[J].当代外语研究,2012(4):43-47.

[6]杨启宁.商务英语的发展和现状[J].中国远程教育,2003(5):36-38.

[7]张佐成,王彦.商务英语专业的界定[J].对外经济贸易大学学报,2002(6):51-56.

政治语篇的话语分析探究与思考——以言语行为理论和批判性话语分析理论为研究方法

杨怀恩　刘云龙

摘　要：本文以政治语篇中外交谈判、选举辩论内容作为语言学语料，探讨言语行为理论和批判性话语分析理论在此类话语文本中的理论应用价值。在总结理论规律的同时，笔者也认为在相关外事翻译中也要遵循语用学的理论进行翻译。

关键词：政治语篇；言语行为理论；批判性话语分析理论；外交谈判；选举辩论

1　引言

近年来，语用学作为语言学的一个重要分支正逐渐呈现出跨学科研究的态势，比如对政治语篇的话语分析就体现出政治学与语言学研究的交叉融合。Chilton & Schaffner 在 1997 年指出："一方面没有语言政治就无法实施，另一方面很可能由于语言的应用才产生广义的'政治'。"Wodak 认为语用学非常适用于阐释政治语篇：尽管语用学经常被认为是语义学的补充，它却能

基金项目：本文为北京工商大学 2016 年校内科研专项项目"基于信息技术的法商翻译研究平台"的部分成果。

作者简介：杨怀恩，北京工商大学外语学院教授，研究方向为跨文化交际与翻译。刘云龙，北京工商大学外语学院 2015 级国际法商英语专业研究生，研究方向为法商话语。

清晰地区分直接语境里的重要成分，如说者、听者、语境、期待、企图等。因此，以发掘意识形态为目的的政治语篇分析可以在语用学的一些理论里找到合适的方法。田海龙认为，语言与政治的密切联系可以从两个方面进行研究，一方面是研究语言的政治问题，另一方面是研究政治的语言问题。笔者认为，政治语篇通过语言学的研究方法进行深入剖析，借助言语行为理论和批判性话语分析理论，可以更容易厘清语言现象背后的本质，是一种可行有效的研究角度和理论工具。本文拟以外交谈判、选举辩论等一些政治语篇为语料进行佐证分析，尝试总结出一些理论研究规律。

2 政治语篇的界定

对于政治语篇的内涵和外延，各学者观点不一。Chilton & Schaffner 在 1997 年从策略功能上概括了政治语篇的四个维度：强压（coercion）（比如法律、命令等），抵制和抗议（resist and protest）（比如标语、请愿和集会等），掩饰（dissimulation）（从麻烦和矛盾问题上引开注意力），合法化（legetimation）和合法性丧失（delegitimation）。McNair 通过定义政治交际（political communication）来阐释政治语篇，强调将政治交际定义为“围绕政治所进行的有目的的交际”。学者在政治语篇的外延上或有分歧，Wilson 认为只有政治家本人的演讲才可称为政治语言，Geis 认为是政治性新闻报道。

笔者认为政治语篇应具有以下特征：第一，体现为政治体系下的意识形态产物，目的性明确，代表一种权威；第二，具有社会建构与导向作用的文化色彩，语境中的参与者体现出复杂的社会关系，往往在所述语言的背后蕴含着更深刻的管理需要和社会伦理；第三，体裁形式多样，但主旨目的集中体现出语篇的生产者一种影响某些受众的社会需求。

3 政治语篇的语言学研究方法分析

3.1 言语行为理论（speech act theory）

该理论是语用学中的重要组成部分。20 世纪 50 年代 Jane Austin 提出，

70年代由Searle加以修改和发展的。1962年英国牛津大学出版了英国哲学教授Austin的著作《怎样以言行事》(*How to do things with words*)，形成了“言语三分说”，即言内行为、言后行为、言外行为。Searle随后又提出了“间接言语行为”，他指出以言行事是通过另一种以言行事的表达方式间接实现的，要了解间接言语行为这个概念，首先要了解“字面用意”(literal force)，即句子本身所表达的“言外之力”，然后从“字面用意”再推断出其间接用意，即句子间接表达的“言外之力”。

3.2 批判性话语分析理论

批判性话语分析理论（critical discourse analysis theory，CDA）产生于19世纪70年代，是语言学批判理论的一个分支。它关注公共机构、媒体和政治生活中真实的话语交流，而不是以一个例句或示范文本为例做分析。该理论着力探讨某一具体话语和其存在的语境、公共机构及社会环境之间的辩证关系，即语境、公共机构和社会环境塑造并对话语产生作用；反之，话语影响社会和政治现实。换句话说，话语构成了社会实践，同时，社会实践促成了话语的形成。在CDA看来，口头和书面的话语都是社会实践的一种形式。所有的社会实践都是和具体的历史环境密切相联，并且是维护或挑战现存社会关系，为不同阶层的利益服务的一种手段。话语与权力之间的相互关系总是与利益密切相关的。一个文本是怎样被确立的？确立的文本是为谁服务的？否定了谁的利益？确立的文本的后果是什么？这种通过话语、分析权力运作的话语分析方法被称为批判性话语分析。总之，Teun A.Van Dijk认为，CDA是一种在社会和政治背景的文本和谈话中对社会权力滥用、政治主导和不平等是如何得以实施、再现和抵抗的话语分析研究类别。

3.3 以两种理论对政治语篇做研究分析的可行性探讨

首先，言语行为理论在探讨言内行为的同时，更注重对言后行为、言外行为的把握分析，这一点与政治语篇的特点有所契合。政治语篇的生产者往往借助所直接述及的话语文本表达更为间接的语用目的，作为受众要知其言，更要知其所以言，这一点就要求研究者在读懂字面含义的基础上，深入剖析语言背后的内容，言外行为和言后行为就显得更有理论研究价值。

其次，批判性话语分析理论着力探讨某一具体话语和其存在的语境、公共机构及社会环境之间的辩证关系。社会实践的复杂表现最终映射出社会关系的特点，话语与权力是社会利益冲突与协调的最终产物，实际上就可以看作是政治社会关系的表现形式。政治语篇恰恰集中反映出批判性话语分析理论所应用的研究范畴。

4 政治语篇例证分析

政治语篇范畴很广，内容体裁也有很多方向，作为一篇研究论文，不可能面面俱到。笔者在此仅以外交谈判和选举辩论为例，对具有一定代表性的政治语篇语料作以语言学上的分析研究，试图挖掘一些规律性的东西，证实上述理论在研究实践中具有应用价值。

4.1 外交谈判

外交谈判是国际政治的表现形式。《国际关系字典》对“谈判”（negotiation）的定义是：“为了和平解决分歧，提升国家利益而采用的一种外交技巧。谈判者通过直接接触，以妥协和接纳的办法实现谈判目标……谈判的协议意味着双方都乐意做出一定的让步（或对方能够接受的交换物）。”郑华认为，谈判是话语的争锋，而话语又往往是观念的反映。

中美两国在20世纪60年代末70年代初开始加强高层接触，最终实现了尼克松总统首次访华。对此次外访的理论研究尤其是两国领导人的外交谈判的话语分析是政治语篇的典型材料。比如两国领导人的首次见面，双方的话语就可以进行细致的语料分析：尼克松总统在中南海见到毛主席后直奔主题：“主席阁下，我们这次来华的目的，是想跟您探讨一下美中两国共同抗衡苏联。”而毛主席用手指一指身边的周恩来，笑着说：“这些小事你去同他谈，我只同你谈哲学问题。”

尼克松总统会晤毛泽东主席，以美国人的实用主义的外交风格直接切入此次出访的谈判实质核心之一，但毛主席显然不愿上来就与其谈具体事宜。

毛主席的言内行为是“说话”这一行为本身，包括发出音节、词组、句子的行为，表示字面意思，行为本身不构成语言交际，并不是研究重点，更为有研究价值的是这句话背后的言外行为与言后行为。言外行为是通过“说话”这一动作实施的一种行为，即紧接着物理行为的心理行为，如传递信息，发出命令、问候、允诺、祈求、建议等。毛主席在这里的言外行为是回绝了一个话题，并提出了一个新的交谈内容，即“建议”尼克松总统与他探讨哲学话题。言后行为可以看作两个方面，一方面，毛主席想主动讲自己显然有所准备的“毛泽东哲学”，这是他的言后行为；另一方面，尼克松总统面对毛主席的提议，谈与不谈哲学问题都可以成为他在毛主席提出这一建议的言后行为。笔者认为，尼克松总统此次客场外交，是本着友好尊重、客随主便的态度同意了毛主席的谈判反馈，这显然会打乱其谈判部署，并且哲学是毛之长处、尼之短板。而且，通观全局，毛的哲学提议的言后行为似乎更加深远：其实也是为整个中美建立外交关系的全局谈判定下了思维基调。《中美上海联合公报》的一些理念，就体现在其中。比如“哪里有压迫，哪里就有反抗。国家要独立，民族要解放，人民要革命，已成为不可抗拒的历史潮流。国家不分大小，应该一律平等，大国不应欺负小国，强国不应欺负弱国。中国绝不做超级大国，并且反对任何霸权主义和强权政治”。这样的话语体现在《毛泽东语录》的理论之中，其实已经具有一定的哲学政治色彩。因此，可以说两人的首次会谈为后来的公报出台确定了中方基调，这种话语的暗含意味（implication）也是值得分析揣摩的。

从批判性话语分析的理论角度看，在这一外交谈判语境下，毛主席处于中南海的主场外交优势，他敢于在谈判会晤开始就对美方的谈判提议做出一种口头上的顺序调整，让周恩来在后面与其商谈中美苏关系问题等，也是一种话语权力的体现。美方是在中苏关系出现破裂的大背景下开始加紧联中抗苏，谈论中美联合的问题显然有利于美国的国家利益，虽然厘清这一国际关系问题对中国也是具有战略意义的，但显然台湾问题更是影响此次谈判成功与否的、中方更看重的议题和国家利益所在，这一点一定程度上又是与美方利益相悖的。在这种微妙的政治关系中，毛主席睿智地探讨哲学问题，一方面回避了与美方直接争锋的外交不利局面，营造首次会谈的良好氛围；另一方面也间接地给美方领导人传达了中方的政治立场：反对压迫、反对以大欺小等内容。通过哲学话语表述，委婉又不失礼节，这种外交话语所构建的社会实践即是需要捍卫中国的国家利益，理解了这一点才有可能明白毛主席谈哲学的深刻语用含义。

4.2 选举辩论

西方所谓的民主政治的一个典型范例就是总统候选人通过选民直选的方式产生，在此过程中也会举办面向公众的选举辩论，由竞选人阐明相关政治议题的政策主张，让选民更加明确谁在政策选择上更符合自己的利益需求。选举辩论的话语文本属于政治语篇的范畴。关敬英在2013年认为，双方使用最多的直接攻击策略依次为：批评/指责、直接否定、告诫。这反映出政治辩论中攻击策略的运作机制不是以修复或维系双方面子为目标，而是力争在破坏对手面子的同时，增强自己的面子，最终说服选民，揭示了选举辩论话语的工具性本质。

这里对近期进行的美国2016年总统候选人特朗普和希拉里第二场政治辩论的部分内容做以分析。这场辩论的开始围绕的是2016年10月11日第二场辩论前两天刚刚被媒体曝光的特朗普侮辱女性、性骚扰的视频新闻所引发的网民广泛关注，也使特朗普的公众形象受到贬损。对此问题的回应，特朗普和希拉里的辩论策略是不同的。

特朗普一方面先是向家人和国人道歉，强调那是locker room talk（男人在更衣室里私下的扯皮话）；另一方面转移话题，让大家注意力集中到重大的问题比如ISIS战争等。他的表述是“I' m sorry about it. I am not proud of it. But you should get on to much more important issues.”从言语行为理论看，特朗普的表述是简要道歉，回避话题，接着详述他对ISIS战争等问题的高度关注，言外行为是在心理上有愧疚、后悔发出此种不当言论的同时，向公众建议关注更为紧迫的社会问题而不是关注于他个人本身；言后行为是要在自己当选总统后大力处理恐怖主义等战争问题。但显然公众需要首先评判这位总统候选人的个人品质是否得当而后才去评判是否支持其竞选总统。

希拉里对此就抓住不放，开始直接攻击特朗普竞选总统的资质（fitness）。她的表述是：He has said that the video does not represent who he is, but I think it is clear to anyone who heard it that represents exactly who he is. 这样的评论字面意思并不难理解，但言外行为传达的是一种对特朗普的否定、嘲讽，并且是希拉里通过话语将广大民众绑在了她贬损特朗普的观念意志之上，而言后行为就是让广大民众认清特朗普难当总统大任的情况，不给特朗普投票，为自己赢得更多选民支持。

从批判性话语分析理论的研究角度看，双方的辩论在这一问题上其实并不集中冲突。特朗普清楚在侮辱女性的既成事实面前无法抵赖，否则就会陷入女权主义者的严厉抨击之中，但他也不能在这一问题上过度道歉，所以就选择避开这一话题。他一方面大谈ISIS战争，赢得美国民众对反恐正义的认同；另一方面也适时对希拉里的丈夫前总统克林顿的风流韵事直接抨击，并附带指摘希拉里当年对女性受害者也有恶毒表态，这样的政治辩论表述也体现出特朗普把控己方话语权的利益主张，陷对方同样于不利地位。借助话语反驳营造这种语境、社会环境，背后的本质是批判性话语中歧视、控制、权力这些内容的体现，也映射出美国政治选举中假民主的权力恶斗的状态。

5 小结

本文以政治语篇中外交谈判、选举辩论内容作为语言学语料，探讨言语行为理论和批判性话语分析理论在此类话语文本中的理论应用价值。言语行为理论中言后行为、言外行为是政治话语应注重分析的话语行为层面，因政治话语往往目的性强且语义丰富，话语的生产者借助语用学理论在表述上有技巧，也倒逼研究人员反向揣摩其真实话语意图。此外，批判性话语分析理论分析话语与其存在的语境、公共机构及社会环境之间的辩证关系，在政治语篇中，研究人员应综合考虑话语中不同主体的权力结构关系、宏观政治社会环境和微观语境，以便于分析判断出具有明显立场倾向性的政治话语所产生的条件、目的和本质。

进一步延伸，从话语分析角度看，从事政治、国际关系等领域的外事翻译工作要注重运用语用学的理论，注重翻译上的目的语文化内涵的阐释，在不违反源语意思的情况下“活译”，尽量译出语篇背后的言外行为、权力结构关系，让不同文化背景的读者能够按照本文化语境去理解，这也有待相关学者进一步研究。

参考文献

[1]尤泽顺，陈建平.政治话语的批判性分析研究及其对中国的启示[J].解放军外国语学院学报，2008(9)：1-5.

[2]田海龙.政治语言研究：评述与思考[J].外语教学，2009(1)：23-29.

[3]汪志霞.言语行为理论与外交话语翻译[J].牡丹江大学学报，2008(5)：115-117.

[4]罗昕.从中美建交谈判看当代中国外交谈判方式[D].北京：外交学院，2000.

[5]宋星远.外交辞令中的语用意义分析[D].温州：温州大学，2012.

[6]郑华.外交谈判中的权力研究——以中美关系解冻的系列谈判为例(1969—1972)[J].国际论坛，2007(4)：4-12.

[7]关敬英.政治选举辩论中说服性攻击行为的语用分析——以2012年美国总统选举辩论为例[J].铜仁学院学报，2013(5)：57-61.

[8]AUSTIN J. How to do things with words[M].Oxford：The Clarendon Press，1962.

[9]GEE J P. An introduction to discourse analysis：Theory and method[M].北京：外语教学与研究出版社，2000.

[10]YULE G. The study of language[M].3rd ed.Cambridge：Cambridge University Press，2006.

[11]郑华.首脑外交：中美领导人谈判的话语分析(1969—1972)[M].上海：上海人民出版社，2008.

[12]2016美国大选电视辩论第二场实录[Z/OL].(2016-10-11)[2016-10-18].http://v.ifeng.com/news/world/201610/01b780e9-d047-4772-ae01-b1999e3cb05e.shtml.

国内法律翻译的发展脉络和现状分析

杨怀恩　荣莉华

摘　要：法律翻译，是对法律思想观念、法律语言文化、法律规范和法律文本的跨法系交流行为与跨语系交际行为。研究整理中国法律翻译的发展和研究现状，对提出今后法律翻译在研究中的重点领域和方向有重要作用。

关键词：法律翻译；发展脉络；研究现状；发展方向

1　引言

近年来，随着我国加入世贸组织，在国际上与各国交往越来越密切，法律方面的交流也日益增多。目前，法律翻译已经得到部分学者的关注，各国法律文本、国际法律文本或是法学专著等均处于较快发展时期。但国内学者并未对法律翻译予以充分研究，法律翻译在法律实务中仍未得到应有的重视。造成这一现象的主要原因可能是中国内地没有双语的法律环境。因此，即使近年来中国有大量规章制度和法律文献的翻译，其中仍旧存在不少问题。本文整理并分析了国内法律翻译的发展脉络和研究现状，以期得出此后法律翻译的研究方向。

基金项目：本文为北京市教委北京工商大学科技创新平台“基于信息技术的法商翻译研究平台”的部分研究成果。

作者简介：杨怀恩，北京工商大学外国语学院教授，研究方向为跨文化交际与翻译。荣莉华，北京工商大学外国语学院法商英语专业研究生。

2 中国近现代法律翻译的发展

2.1 近代中国法律翻译的开端

林则徐是近代中国开眼看世界的第一人，同时也可以称作“法律翻译第一人”。1893年，林则徐邀请美国传教士皮特·帕克（Peter Parker）与袁德辉共同合作，翻译了瑞士法学家、外交家瓦特尔（E. De Vattel）的《国际法》（原著为法文*le Droit des Gens*）的部分内容，译成汉语之后书名为《各国律例》[1] 部分学者认为该书是中国近代引入的第一部法学著作。[2] 梁廷枏在1844年后陆续撰写的《海国四说》也涉及了某些西方国家的法律制度，其中《合省国说》在帮助当时中国人了解西方国家社会面貌方面起到了重要作用，介绍了美国的总统选举及任期制度、参议院与众议院、司法制度等。另外，翻译西方法律、政治制度的书还有《海国图志》《瀛寰志略》等。

以上便是我国近代法律翻译发展的初期，也是中国人认识外国法律的起点。但是这些著作在中国却未能得到广泛传播。

2.2 清末法律翻译发展时期

鸦片战争之后，清政府与国际上的交往大量增加，因此，洋务运动期间的法律翻译大多围绕“公法”。在此期间，法律翻译相关的现象大致有以下两个方面。

（1）与西方列强签订的条约迫使清政府开始培养法律翻译人才。

国际交涉量的增加使得清政府加派学生留洋，及同文馆、学堂的兴办，为这一时期大量翻译外语法律书籍准备了外语人才。

（2）外国传教士来华数目激增，在传教的同时建立大学、兴办报刊、翻译外国文献。

部分外国传教士具有较高的学养，如美国的丁韪良（William Alexander Parsons Martin，1827~1916）、林乐知（Young John Allen，1836~1907），英国的傅兰雅（John Fryer，1839~1928）和李提摩太（Timothy Richard，1845~

1919）等。丁韪良的翻译作品《万国公法》是我国较完整地翻译的第一部"公法"著作。他的翻译作品还有《星轺指掌》《公法便览》等。傅兰雅的译著有《各国交涉公法论》《公法总论》《佐治刍言》等。毕利干译有《法国律例》，是第一部由政府组织翻译的外国法典。

这些书籍的引进和翻译，为国人了解世界各国提供了重要的文字材料，也使一部分有识之士幡然醒悟，领悟到中国并非"中央大国"，不再目中无人，开始主动了解国际世界。另一方面，西方法律书籍的引进和翻译、翻译人才的培养，为更大规模地引进外国法律书籍及法学著作奠定了基础，加速了中国法律翻译的发展进程。

2.3 清末法律翻译鼎盛时期

中日甲午战争及《马关条约》签订以后，中国政局动荡，进入了维新变法时期。这时的法律翻译受到日本的影响，文本大多来自日本。与前两个时期相比，这个时期的法律翻译呈现出四个显著的特点。首先，法律翻译数量大大增加，由于我国处于向日本学习的阶段，日文翻译量明显多于西文翻译量。其次，法律翻译不再局限于公法类书籍文献，宪法相关书籍得以大量翻译并出版发行，如《各国宪法大纲》等；此时的民商类法学著作翻译量也有所增加。再次，法律翻译作品质量提高，很多法律和法学著作都由法律专业人员翻译，又请专家反复修改，翻译的准确度较高。最后，此时的法律翻译大多由政府组织进行。

20世纪初，政府组织学者对外国法律书籍和法学著作进行翻译，为我国参考外国法律制定中国法律、奠定了基础，对中国法律的发展产生了深远的影响。

3 中国法律翻译学术研究现状

近年来的研究成果中，2003年陈炯撰写的《二十多年来中国法律语言研究评述》[1]，李德凤、胡牧撰写的《法律翻译研究：现状与前瞻》[3]，赖佩芳撰写的《近七年（2002~2008）法律翻译研究硕士学位论文述评》[3]，2013年郑子敏撰写的《国内法律翻译研究述评》[5]，这四篇文章对中国法律翻译学术研究现状做了较为全面的统计和准确的分析。

在《二十多年来中国法律语言研究评述》一文中，陈炯提出了中国法律翻译有三个时期：酝酿期（一些学者提倡建立法律语言学），草创期（一些学者已经构建了自己的法律语言学体系），深化期（在各家草创法律语言学体系基础上对法律语言理论与应用方面进一步探讨）。[5] 北京大学法学院刘毅与陈炯持有类似的阶段划分意见——“复苏期”（法律翻译在我国从无到有），转型期（此时，我国明确提出建设社会主义法治国家），繁盛期（法律翻译规模化、体系化、专业化、精细化）。[1]

李德凤、胡牧的《法律翻译研究：现状与前瞻》统计了1980年到2004年发表的54篇法律翻译研究论文[2]，来源主要是《中国翻译》《中国科技翻译》和《上海科技翻译》。这篇文章对法律翻译研究现状进行了剖析，发现法律翻译研究范围其实更加广泛，涉及理论、原则、方法等方面，同时也分析了研究的缺憾，即缺乏系统性研究、缺乏方法论指导、缺乏学科建立和学科独立意识。

赖佩芳以118篇“法律翻译”类硕士学位论文为研究对象，撰写了《近七年（2002~2008）法律翻译研究硕士学位论文述评》[4]，对具体论文的研究主题进行分析后，指出法律翻译类研究主题范围较宽阔，但目前研究对象单一、研究领域分布不均衡等问题，并进行反思，提出研究建议。

郑子敏的《国内法律翻译研究述评》[5] 对2000年到2011年发表于国内重点外语类期刊上的法律翻译相关文章进行了统计分析，发现这12年来国内法律翻译研究稳步发展，研究对象集中于综合型翻译和法律文件语言翻译，同时作者指出了法律翻译尚未形成独立学科、法庭口译研究匮乏、研究视野狭窄等问题。

4 中国法律翻译研究的方向

随着我国国际地位的提升和综合国力的增强，中国与世界紧密联系、深入互动，中国的法治进程不断推进，法律翻译的需求也将持续增长，这一跨学科研究领域也将得到更多学者的关注。在过去几十年当中，法律翻译研究取得了很大的进步，却也存在一些问题。笔者对国内法律翻译学术研究提出几点反思和建议。

（1）形成独立学科，将研究视野不断拓宽。

在原有的基础上，继续拓宽研究领域，深化研究内容，学习国外法律翻译方面最新的翻译理论和研究成果，重视理论结合实践，采取多重视角进行研究，指导翻译实践，培养专业强、素质高的法律翻译人才。

（2）重视法律相关语料的搜集和研究。

注重第一手语料的搜集，如从各国、各国际组织的官方法律网站、图书期刊、报纸等搜集文字资料，从庭审现场录音或录像搜集口语资料，并且要重视现场录音，辅以间接语料。使研究结果能够系统地、真实地总结实际情况，便于法律翻译研究更好地为司法实践服务，推动中国的法制进程。

（3）将研究对象拓展至法庭口译。

目前国内法律翻译学术研究的主题和内容均集中在书面文本，鲜有学者讨论法庭翻译。今后的研究重点应当从书面语向口语拓展，例如法庭口译。探讨法庭口译的心理认知过程、话语策略等。

参考文献

[1]陈炯. 二十多年来中国法律语言研究评述[J]. 毕节师范高等专科学校学报，2004(3).

[2]何勤华. 法律文化史谭[M]. 北京：商务印书馆，2004.

[3]李德凤，胡牧. 法律翻译研究：现状与前瞻[J]. 中国科技翻译，2006(8).

[4]赖佩芳. 近七年(2002—2008)法律翻译研究硕士学位论文述评[J]. 湖北第二师范学院学报，2010(1).

[5]郑子敏. 国内法律翻译研究述评[J]. 上海理工大学学报：社会科学版，2014(2).

[6]李秀清. 中国近代民商法的嚆矢[J].法商研究，2001(6).

[7]刘毅. 法学翻译纵横谈[J]. 河北法学，2009(1).

从话剧《雷雨》浅谈间接言语行为的人际功能

雷振辉

摘　要：本篇论文旨在分析话剧《雷雨》间接言语行为的人际功能。并从语用学的角度，基于奥斯丁的言语行为理论、赛尔的间接言语行为理论和对间接言语行为的分类以及格莱斯的合作原则，分析《雷雨》的语言艺术。

即表达感情、礼貌、指令、拒绝、避免和掩饰。

关键词：话剧《雷雨》；间接言语行为；合作原则；人际功能

1　引言

现代语言学家认为，口头语言比书面语言更为主要，因为口头语言不仅是人际交往的产物，也是人际交往的主要方式。由于话语是人们生活中惯用的表达方式，说话者使用语言的语境和听者理解语言的语境不同，产生的话语和话语的表达方式都会有所不同。因此，研究言语行为在特定语境中的人际功能就显得格外重要。在人际交往中，人们通常使用间接言语行为来表达自己。这些话语所表达的通常不是其原本的意义，而是其隐含意义。在对间接言语行为的研究中，赛尔的间接言语行为理论对间接言语行为的研究有很大贡献。在话剧《雷雨》中，曹禺充分运用间接言语行为，塑造了多个性格特点完全不同的喜剧人物，制造了大量戏剧冲突，使得《雷雨》成为一部经

作者简介：雷振辉，北京工商大学外国语学院2015级国际法商英语硕士研究生，研究方向为法商话语。

典之作，是中国话剧开始发展的标志。

本篇论文基于奥斯丁的言语行为理论、赛尔的间接言语行为理论和对间接言语行为的分类以及格莱斯的合作原则，从间接言语行为的人际功能角度，分析《雷雨》中的会话含义，使读者能够更好地了解并赏析《雷雨》。经过分析，发现《雷雨》中包括五种间接言语行为的人际功能。读者可以根据这五种功能来更好地理解其中的会话含义。

2 言语行为

言语行为最早由英国语言哲学家奥斯丁（J. Austin）提出，他将言语行为分为言内行为、言外行为和言后行为[1]，其中言外行为由于需要理解言语之外的意思故最难理解。之后美国语言哲学家赛尔（J. Searle）在奥斯丁的基础上，将间接言语行为分为五类[2]，即断言类（assertives）、指令类（directives）、承诺类（commissives）、表态类（expressives）和宣告类（declarations）。并且，赛尔还将间接言语行为分为首要间接言语行为和次要间接言语行为。格莱斯（H. grice）则提出了语言运用的另一重要理论，即合作原则[3]。在日常对话中，当人们违反合作原则的时候，就产生了会话含义。会话含义包括惯用含义和特定会话含义。

3 《雷雨》中间接言语行为分析

《雷雨》讲述的是20世纪初中国一个封建家庭的悲剧故事。周朴园是个煤矿老板，曾与其仆人的女儿鲁侍萍相恋并生有两子，鲁大海和周萍。但由于种种原因，周朴园最终与门当户对的繁漪结婚，鲁侍萍被迫带着鲁大海嫁给鲁贵，之后生了鲁四凤。周朴园也与繁漪生有一子周冲。话剧则围绕这两个家庭、八个主要人物和30年的恩恩怨怨，展开故事。

3.1 《雷雨》中间接言语行为的分类

根据赛尔对间接言语行为的分类，即断言类、指令类、承诺类、表态类和宣告类，经过标注《雷雨》中的间接言语行为，根据不同语境分析其人际功能，我们将其分为以下四类：指令类、承诺类、表态类和宣告类。例1中包含了指令类、表态类和宣告类间接言语行为。

例1：

周朴园：（向四凤）叫你跟太太煎的药呢？

鲁四凤：煎好了。

周朴园：为什么不拿来？

鲁四凤：（看繁漪，不说话）

繁漪：（觉出四凤有些恶相）她刚才跟我端来了，我没有喝。

对话中，由四凤没有将药端过来，周朴园作为主人的两个问句其实是想让四凤把药端来，由于周朴园与鲁四凤是主仆关系，所以我们可以理解为这其实是一种命令，要求四凤把药端过来。用疑问的方式是作为主人权力和地位的一种宣告，即周朴园不需要直接说四凤也应当明白主人的意思。从繁漪在回答中阐述了她没有喝药的事实，更是表达出了她厌恶周朴园的感情，是一种态度的表达。例2则包含了承诺类间接言语行为。

例2：

鲁四凤：（温柔地）萍，你需要这么一个人。我跟你缝衣服，烧饭做菜，我都做得好，只要你叫我跟你在一块儿。

从四凤的陈述中，无论是周萍需要她的陈述还是她能做家务做得很好的陈述都不仅仅是字面意思，而是一种承诺，承诺要好好照顾周萍，以便周萍能跟她在一起。

3.2 《雷雨》中间接言语行为的人际功能

格莱斯的合作原则要求对话双方根据对方需要，用最清晰的方式，提供适当的信息。当人们违反这一原则时，就是在使用间接言语行为，随之产生会话含义。根据其会话含义，从话剧《雷雨》中，我们发现以下间接言语行为的人际功能。

3.2.1 表达感情或态度功能

《雷雨》中的间接言语行为对情感和态度的表达包括了正面情绪、负面情绪和强调感情的功能。在例2中，四凤对周萍的承诺是源于对他的爱意，虽然四凤没有直接表达，但四凤这种对未来生活的向往和憧憬，再加上两人的亲密关系，可以理解出四凤对周萍的爱意，这是一种正面情绪。例1中我们已经阐述过繁漪的回答表达出一种对周朴园厌恶的情绪，这是一种负面情绪。周朴园在表达希望四凤将药端来的时候，并没有使用“将药端来”的直接表达，反而是使用反问加否定的方式，用以强调。

3.2.2 礼貌功能

间接言语行为的另一人际功能就是体现礼貌作用，正如下面例3中体现的。

例3：

鲁贵：（拦住她）四凤，你别忙，我跟你商量点事。

鲁四凤：什么？

……

鲁贵：四凤，别……你爸爸什么时候借钱不还账？现在你手上方便，随便匀给我七块八块好么？

从对话中可以看出鲁贵想找四凤借钱，虽然两人是父女关系，但鲁贵因为有求于人，用了“商量”的字眼表达了一种谦虚和礼貌。这种礼貌是因为虽然鲁贵是父亲，但四凤可以不借给父亲，从后文我们也可以发现四凤确实没有借给父亲。

3.2.3 指示功能

区别于礼貌功能，指示功能则是一种命令，强调听者必须做某事。在例1中，虽然周朴园使用的是疑问的形式，但实际上四凤作为仆人，无论周朴园采用何种方式对话，四凤都需要遵从周朴园的指示，不仅包括言内行为，也包括言外行为。

3.2.4 拒绝功能

相对于礼貌功能和指示功能，拒绝功能则是用间接言语行为拒绝做某件事情。

周冲：（忽然）对了，我忘了我为什么来的了。妈跟我说，你们离开我家，她很不放心；她怕你们找不着事情，叫我送给你一百块钱。（拿出钱）

鲁四凤：什么？

鲁贵：（以为周家的人怕得罪他，得意地笑着，对四凤）你看人家多厚道，到底是人家有钱的人。

鲁四凤：二少爷，你替我谢谢太太，我们好好过日子。拿回去吧。

鲁四凤在周冲送钱时，先是用“你替我谢谢太太”来表示对太太的感谢，也同时委婉的拒绝。在之后的“拿回去吧”则是直接拒绝了太太送来的钱。这个例子也说明拒绝功能通常是与礼貌功能并存的。

3.2.5 掩饰和回避功能

在封建社会中，人们总是避免直接说违背社会习俗或道德的事情。当需要表达这类事情的时候，人们则通常会使用间接言语行为来表达。

周萍：（拿起报纸看，遮掩自己）说不出来，像是家里住得太久了，烦得很。

繁漪：（笑）我怕你是胆小吧？

周萍：怎么讲？

繁漪：这屋子曾经闹过鬼，你忘了。

周萍：没有忘。但是这儿我住厌了。

繁漪说“这屋子曾经闹过鬼，你忘了”，在封建社会中鬼也是人们所避讳的东西，但繁漪却直接表达出来。在话剧中，繁漪与周萍存在乱伦关系，所以这里的“闹鬼”则是为了掩盖更加违背社会道德的事情，用来表达他们两个人曾经在屋子里做过的事情。

4 结语

间接言语行为的具体含义因语境中对话双方的身份、地位、性别、年龄等因素而不同。这篇文章主要讨论了《雷雨》中间接言语行为的人际功能，通过这些间接言语，理解人物对话之间不同的人际效果，使得人们更好地发现话剧中的人物关系和冲突。当然这里所发现的人际功能并不能代表生活中的所有人际功能，我们需要在更多具体情景下研究间接言语行为的人际功能。

参考文献

[1]AUSTIN J. How to do things with words[M]. Beijing: Foreign Language Teaching and Research Press, 2002.

[2]SEARLE J.Expression and meaning: Studies in the Theory of Speech Acts[M]. Beijing: Foreign Language Teaching and Research Press,2001.

[3]GRICE P.Studies in the way of words[M]. Beijing: Foreign Language Teaching and Research Press, 2002.

[4]SEARLE J. Speech acts: An essay in the philosophy of language[M]. Beijing: Foreign Language Teaching and Research Press, 2001.

[5]STEPHEN C. Pragmatics[M]. Beijing:Foreign Language Teachingand and Research Press, 2001.

[6]戴炜栋,何兆熊. 新编简明英语语言学教程[M]. 上海:上海外语教育出版社, 2013:77-91.

[7]何自然,冉永平. 新编语用学概论[M].北京:北京大学出版社, 2002.

[8]胡壮麟,姜望琪. 语言学高级教程[M]. 北京:北京大学出版社, 2002.

组织话语多模态语料库的建设与研究

杨 柳 刘红艳

摘 要：相对于文字语料库，多模态语料库能更完整地保留话语场景，通过采集语音与视觉信息，能更客观地反映组织话语产生的真实过程。本文分析了国内外多模态语料库的建设与研究现状，重点阐述了多模态语料库相关的建库技术，包括语料的有效采集及质量要求、多模态语料的切分及转写、多层次标注模型（包括副语言现象以及手势表情等非语言因素的标注）、围绕时间轴的对齐、标注的可靠性评估等，并展望了多模态语料库在组织话语研究领域的应用前景。

关键词：语料库；多模态；组织话语研究

1 引言

多模态语料库（multimodal corpus）是指包含经过转写、处理与标注的语言文本及与文本紧密关联的音视频数据库，目的在于采用实证的方法系统地研究语言符号与非语言符号之间的相互作用。[1] 按照Foster & Oberlander给出的定义，多模态语料库是指“经过标注的不同交际渠道（包括话语、目光、手势、身势语等）同步内容的集合，而且通常语料是基于直接记录的人

作者简介：杨柳，北京工商大学外国语学院2014级国际法商英语硕士研究生，研究方向为法商话语。刘红艳，博士，北京工商大学教授，研究方向为话语分析和语料库语言学。

类行为”。[2] 多模态语料库是组织话语研究非常得力的工具，但现阶段的组织话语语料库主要是由录音转写而成的单模态的文字语料库，虽然可以用于某些层面的组织话语研究，但由于它在转写的过程中丧失了其他模态的信息（比如语音信息、组织话语产生的场景以及手势表情等视觉信息），无法完整地反映真实情景及过程，因此存在一定的缺陷。在技术条件许可的情况下，创建多模态组织话语语料库，直接针对音视频语料进行切分与标注，能更完整地保留语料的多模态信息，有效克服文字语料库的不足，更好地开展组织话语研究。

2 文字语料库用于组织话语研究存在较大缺陷

多模态话语分析法的迅速发展离不开我们所处的多媒体新时代。电影、电视、电子媒体等大众媒体的影响力与日俱增，多媒体产品广泛流通。多模态话语分析法认为语言本身不再是意义生成的唯一模态。因此传统话语分析中的语言中心观将会更多地转向关注其他非语言的社会象征符号（如视觉图像、文章排版、音乐、体势语言、空间语言、建筑设计），以及语言和非语言符号之间的紧密关系。[3] 组织话语充满了语言和其他符号的混合，是高密度的多模态活动。从国家层面来说，中国已经是世界第二大经济体。中国与各国的贸易往来不断增加，贸易摩擦也时有发生。从企业层面来说，很多外国企业在华从事商务活动，越来越多的中国企业也正在走出国门。在复杂多变的各种语境中，当代中国企业的各项互动都离不开话语实践。

由于文字是一种线性的单模态的符号，因此多模态的音视频语料在转写成文字的过程中，不可避免地丧失了大量的信息，包括各种语音信息（比如音高、声强、音色、音长等）、副语言信息（例如停顿、填充、犹豫、含混、语音拖长、发音异常等）、视觉信息（例如发言人的表情、手势、听众、场景等）以及其他背景声音（包括笑声、窃窃私语、设备噪声等），因此难以全面地反映真实过程。对于组织话语研究而言，上述信息均是不可或缺的信息。例如，音高的变化反映出发言人语调的起伏变化，停顿与填充等副语言现象则表明发言人在强调某些信息，甚至在回避某些问题，而当事人的表情或手势则与其内在的信息认知过程息息相关。更为严重的是，文字语料库在建设过程中丢失了语料非常重要的时间属性，即语料产生的精确的时刻（小时：分钟：秒：毫秒）。个别语料库，比如日本名古屋大学的“CIAIR同传语料库”，曾试图采用“线性时间转写”（即在语料片段的开头和结尾处标注时间）的方法来对时间信息进行补偿，但结果显然远不尽如人意。就信息标注而言，文字语料库通常仅限于词性、句法等层面的赋码处理，部分在建的语料库也正尝试对副语言信息进行标注[4]，但是，由于文字符号的单模态性质，组织话语的副语言信息难以实现非常精确的标注。例如，对于“停顿”现象只能根据停顿时间的长短粗略地标注为“短停顿”或“长停顿”，在统计分析时无法对停顿的具体时间进行精确的计算，不利于实现语料数据的精确性与可靠性，在某种程度上束缚了基于语料库研究的发展。面对多模态的组织话语语料，如果能直接以一种多模态方式实现语料的整理、切分与标注，则可更完整地保存原语料的丰富信息，有助于开展立体的、全方位的组织话语研究，方便考察其真实过程。多模态语料库的出现为组织话语语料库的建设提供了更好的解决方案，同时也为组织话语研究开辟了新的途径。

3 多模态语料库建设现状

多模态语料库能够更整体、客观地重新呈现人类的活动，其应用已远远超出了语言学的范围，涵盖了心理学、人工智能、机器人学（robotics）、信号处理、计算语言学、人机互动、医学诊断与康复等领域，相关的研究也越来越呈现为跨学科性质。国外现有的多模态语料库按照其功能可以大致分为“综合性多模态语料库”与“专门用途多模态语料库”两类。

综合性多模态语料库主要有：①欧盟赞助完成的“AMI”多模态语料库。[5] 该语料库收录了总长约100小时的会议录像语料，对会议主题、对话行为、概括总结、命名实体、头部姿态、手势、目光方向、室内移动、情感状态等要素都做了详细的标注。②德国政府资助的“SmartWeb”语料库。[6] 它包括三个子库，收录了室内以及户外环境中真实的人机互动的语音与视频信息，包括人与掌上电脑、摩托车、智能网系统之间的互动。③德国“Hu-

ComTech”多模态语料库。[7] 它由德国马普协会下属的心理语言学研究所建成，收录了60小时匈牙利语对话视频语料。④“NOMCO”多模态语料库。[8] 它由哥本哈根大学等多所大学共同完成，收录和标注了包括人际交际、人机互动的多模态语料，用来研究手势、头部运动、面部表情、身体姿势在人类交际中与话语的相互作用，主要用于智能机器人开发。⑤意大利语国家多模态语料库。意大利国家研究委员会通过采集Youtube网站上的视频建立了首个可免费利用的意大利语多模态语料库，建库过程中对语料采用了半自动标注。[9] ⑥俄罗斯“MURCO”语料库。[10] 它是俄罗斯国家语料库（RNC）的一个子库，由俄罗斯科学院（RAS）俄语研究所建成，对语料做了语音、语调、词汇、语义、手势、话语行为结构等层面的标注。

专门用途多模态语料库主要有：①美国北得克萨斯大学与密歇根大学建成的“测谎多模态语料库”。[11] 该语料库利用模拟犯罪的实验方法，尝试从语音、表情、动作、生理指标等方面进行测谎研究。②西班牙萨拉戈萨大学建成的“AV@CAR”语料库，用于“预防疲劳驾驶”研究。[12] ③西班牙马德里理工大学的“OSA”语料库，用来实现“睡眠呼吸暂停症”（Sleep apnoea）病人快速自动诊断。[13] ④“NESPOLE!”多模态语料库。[14] 它受欧盟与美国国家科学基金会赞助，用于探索电子服务（E-services）中的多语言与多模态交际的特点。⑤希腊帕特雷大学的“PlayMancer”多模态语料库，它记录了游戏玩家的话语、动作、表情、生理信号（脉搏、血氧浓度）等，用于人机互动和研究游戏沉溺者的症状。[15] ⑥日本静冈大学的“婴儿行为”多模态语料库。其目的是使机器人也能和婴儿一样通过学习获得人类所具备的“常识”。[16]

现阶段国内多模态语料库建设的领军人物当属中国社科院语言研究所的顾曰国教授和北京工商大学的刘红艳教授，已建成的“SCCSD”多模态语料库，包括话语活动库、幼儿成人库、网上良师库等三个子库。[17] 2014年12月，中国社会科学院与北京外国语大学还联合成立了中国多语言多模态语料库及大数据研究中心。此外，顾教授和刘教授还与香港理工大学合作承担了科研项目——“痴呆老人话语多模态语料库研究”，积极探讨多模态语料库在医学诊断与康复领域的应用。

据笔者目前所掌握的文献，国内外目前还没有具有一定影响的多模态组织话语语料库。日本名古屋大学建成的“CIAIR”同传语料库并未使用多模态工具对视频语料直接进行标注，只是采用了线性时间转写的方法，其实质还是单模态的文字语料库。“Forlixt”影视语料库[18]与“Veiga”电影字幕语料库[19]虽然对字幕和转写后的配音进行了切分，并且实现了文本与电影视频片段的对齐，但未对语料进行多模态标注，因此二者均非严格意义上的多模态语料库。

4 多模态组织话语语料库的创建

与文字语料库相比，多模态组织话语语料库在建设过程中困难颇多，具体表现在：①缺乏专门的、面向多模态组织话语语料库的建库工具。现有的主流的多模态建库工具（包括Anvil、ELAN等）均非面向多模态组织话语语料库开发，难以完全满足组织话语语料库的功能需求，且多数工具之间还存在着格式不兼容等问题，因此在数据整合与迁移方面仍存在诸多障碍。②多模态组织话语语料库的建设须耗费巨大的人力与物力。多模态企业话语音视频语料在采集时对硬件设备、采集环境、数据格式等都有较高的要求。多模态语料在预处理、切分、多层次标注等环节须耗费大量人力，熟练的建库人员完成1小时的语料也须花费50小时左右。荷兰“Max-Planck”心理语言学研究所开发的多模态标注工具“ELAN”作为建库工具，并利用其他工具（比如语音分析软件Praat、汉语分词工具ICTCLAS等）作为辅助工具。ELAN软件支持多种音视频格式，具有四种不同的工作模式，即转写模式、同步模式、标注模式和分割模式，支持父层与子层等级式的多层次标注，标注的内容和标签可以自行设定，使用非常方便。此外，ELAN软件还具有强大的检索功能，不仅能够在建库过程中对特定层中的某些内容或标签实现快速查找和替换，而且还能使用正则表达式对特定范围的语料（比如某多模态语料库或特定文件夹）进行全面检索。在多模态语料库建成以后，可以进一步寻找契入点，针对标注好的多模态语料进行检索、统计和分析，开展相应的组织话语研究，推动基于多模态组织话语语料库研究的发展。

参考文献

[1]HEISS C, SOFFRITTI M. Forlixt 1—The Forlì corpus of screen translation: Exploring micro-structures[C]//CHIARO D, HEISS C, BUCARIAC. Between text and image: updating research in screen translation[C]. Amsterdam: John Benjamins, 2008: 51–62.

[2]FOSTER M E, OBERLANDER J. Corpus-based generation of head and eyebrow motion for an embodied conversational agent[J]. Language Resources and Evaluation, 2007 (3/4): 305–323.

[3] KRESS G, VAN LEEUWENT. Reading images: The grammar of visual design[M]. New York: Routledge, 1996.

[4]张威. 中国口译学习者语料库的副语言标注：标准与程序[J]. 外语电化教学, 2015 (1): 23–30.

[5] CARLETTA J. Unleashing the killer corpus: Experiences in creating the multi-everything AMI-meetingcorpus[J]. Language Resources and Evaluation, 2007(2): 181–190.

[6]MOGELE H, et al. SmartWeb UMTS speech data collection: The smartweb handheld corpus [M/CD]//NICOLETTA C, et al. The LREC 2006 Proceedings. Genoa: European Language Resources Association (ELRA), 2006.

[7] PÁPAY K, et al. HuComTech multimodal corpus annotation[J]. Argumentum, 2011 (7): 330–347.

[8]BOHOLM M, ALLWOOD J. Repeated head movements, their function and relation to speech [M/CD]//NICOLETTA C, et al. The LREC 2010 Proceedings. Valletta: EuropeanLanguage Resources Association (ELRA), 2010.

[9]CASCHERAM, et al. An Italian multimodal corpus: The building process[C]. // MeersmanR, et al. On the move to meaningful internet systems: OTM 2014 Workshops. NewYork: Springer, 2014: 557–566.

[10]GRISHINA E. Multimodal Russian corpus (MURCO): First steps[M/CD]//NICOLETTA C,

et al.The LREC 2010 proceedings. Valletta: European Language Resources Association (ELRA),2010:2953-2960.

[11]MIHALCEA R,et al. A multimodal dataset for deception detection[M/CD]//NICOLETTA C, et al. The LREC 2014 proceedings. Reykjavik: European Language Resources Association (ELRA),2014.

[12]Ortega,Alfonso. et al. AV@CAR: A Spanish multichannel multimodal corpus for in-vehicle-automatic audio-visual speech recognition[M/CD]//NICOLETTAC, et al. The LREC 2004 proceedings. Lisbon: European Language Resources Association (ELRA),2004.

[13]FERNÁNDEZR,et al. Design of a multimodal database for research on automatic detection of severe apnoeacases[M/CD]//NICOLETTA C, et al. The LREC 2008 proceedings. Marrakech: European Language Resources Association (ELRA),2008.

[14] COSTANTINIE, et al. NESPOLE! ' s multilingual and multimodal corpus [M/CD]//The LREC 2002 proceedings. Las Palmas: European Language Resources Association (ELRA), 2002.

[15]KOSTOULAS T,et al. The PlayMancer Database: A multimodal affect database in support of research and development activities in serious game environment[M/CD]//NICOLETTA C,et al.The LREC 2010 proceedings. Valletta: European Language Resources Associ-ation (ELRA),2010.

[16]KITAZAWA S,et al. A multimodal infant behavior annotation for developmental analysis of demonstrative expressions [M/CD]//NICOLETTA C, et al. The LREC 2008 proceedings. Marrakech: European Language Resources Association (ELRA),2008.

[17]顾曰国. 论言思情貌整一原则与鲜活话语研究——多模态语料库语言学方法 [J]. 当代修辞学,2013(6):1-18.

[18]VALENTINI C. A multimedia database for the training of audiovisual translators[J]. The-Journal of Specialised Translation,2006(6): 35-39.

[19]SOTELO D P,GÓMEZ G. A multimedia parallel corpus of English-Galician film subtitling [C]//SIMÕES A,QUEIRÓSR,DA CRUZD. Proceedings of the 1st Symposium on Languages,Applications and Technologies. Saarbrücken: Dagstuhl Publishing,2012:255-266.

基于《话语分析入门：理论与方法》之《Acknowledgements》的话语分析实践

邱天然

摘　要：Deborah Schiffrin在《Approach to Discourse》一书中提到6种话语分析的主要方法：①言语行为理论；②互动社会语言学；③交际民族志学；④语用学；⑤会话分析；⑥变异分析。本文选用其中的两种分析方法来对《话语分析入门：理论与方法》中《Acknowledgements》部分进行简要分析。

关键词：话语分析；言语行为理论；互动社会语言学

1　言语行为理论

言语行为理论最初是由英国哲学家J.L.Austin提出，美国哲学家J.Searle加以修正和发展的。其关注点在于意义、行动和语言的关系。依照Austin的说法，语言学研究的对象不应是词和句子，而应该是通过词和句子所完成的行为。Austin认为，任何一个言语行为都由三个次行为构成，即说话行为、施事行为、取效行为。[1]举例来说，“I must thank David Bloome， for a very insightful and helpful review of an earlier draft of this manuscript...”这句话的说话行为即依照语法、逻辑、习惯来进行写作，使这句话有意义。施事行为在这里是一种表态行为，即表达了作者的感激之情。取效行为是使被感谢的人高兴。然而Austin并没有把一句话的施事行为和这句话的内容联系起来。

作者简介：邱天然，北京工商大学外国语学院2015级国际法商英语硕士研究生，研究方向为法商话语。

Searle主要修正了Austin关于言语行为的分类。他发现了一句话的命题内容和它的施事行为之间的联系。Searle认为一个完整的言语行为应包括四种行为，即说话本身构成的行为、命题行为、施事行为、取效行为。[2] 还是以这句为例，这句的命题由两个部分构成：所谈及的人物，即David Bloome和对这个人物所做的论述，即review of this manuscript。

言语行为理论研究的只是孤立的脱离语境的句子或语段所实施的单个行为。[3] 从这一角度来看，用言语行为理论来分析《Acknowledgements》这个语篇似乎并不合适。然而言语行为并不是孤立存在着的，而是通过各种连贯关系构成语篇来发挥其交际功能的，语篇被看作言语行为序列。比如在这个语篇中，作者就以时间顺序为序列，通过一个个表态行为（感谢）串联在一起，最终构成了这样一个《Acknowledgements》。

2 互动社会语言学

互动社会语言学的分析方法和社会文化分析法可以说是划分方法不同，但实质上有很大重叠。Goffman提出谈话人交际时的两种面子要求：谈话参与者要表现出和对方融洽的积极面子，和不要得罪谈话对象的消极面子。[4] 本语篇中几处具体列举人名进行感谢的属于积极面子，比如："It was while I was in Boston that I first met Courtney Cazden, Sarah Michaels, Elliot Mishler, Cathy O' Connor, and Dennis Wolf, colleagues who worked at other institutions, but whose work and viewpoints have deeply influenced my own ever since." 和 "I am greatful, too, to Elaine Andersen and Ed Finegan for advice and encouragement in my years at USC and thereafter." 但有些地方为了不得罪没有列举尽全的帮助者，作者采用了消极面子的方法，比如："I have been blessed over the years with being able to work with a number of inspiring friends and colleagues in Australia, Canada, England, New Zealand, and the United States. I will not name names for fear I might inadvertently leave someone out."

3 《Acknowledgements》中的三种感谢类型

Gumperz指出，谈话人常使用一系列诸如音律、非言语特征、习惯说法及套语等“指示线索”来表达自己想说的意思，并指明当前的言语事件的类型。[5] 在该语篇中，虽然作者都是在表达对权威、同事、助手、家人的感激之情，但在表达方式上各有不同，通过这些“指示线索”，可以把文中的感谢分为三种语言类型。

第一类是对领域里的权威学者，或者说社会地位比自己高的人的感谢。这类感谢的特点是：①对被感谢者单独进行；②不仅描述了被感谢者的作为，而且表达了自己的心情；③使用的词语情感程度深；④表达感谢的句子长。举例来说：“I own a deep debt to Maggie Hawkins for reading an earlier version of this book and for much helpful discussion as the book was being written.”又比如“I must thank David Bloome， for a very insightful and helpful review of an earlier draft of this manuscript...”这两句都是把Maggie Hawkins和David Bloome单独列举出来进行感谢，不仅描写了这两个人对自己的具体帮助（reading， discussion， review），而且表达了自己的心情（own a deep debt， thank），使用的词语比如own a deep debt、insightful都是情感程度较深的词，而且句子比较长。

第二类是对同事、朋友和家人，或者说和自己平级的人的感谢。这类感谢的特点是：①对多个被感谢者同时进行；②描述被感谢者的作为和表达自己的心情可能只写其一；③使用的词语情感程度不太深；④表达感谢的句子不是很长。比如：“Of my friends and colleagues， Norman Fairclough， Gunther Kress， Jay Lemke， Allen Luck， Brian Street， and Jim Wertsch have been the major influence on the theoretical and linghistic aspects of this book...”又比如“It was while I was in Boston that I first met Courtney Cazden， Sarah Michaels， Eliot Mishler， Cathy O’Connor， and Dennis Wolf， colleagues who worked at other institutions， but whose work and viewpoints have deeply influenced my own ever since.”这两句对朋友和同事的感谢是列举多个名字同时感谢；虽然提到了这些人的作为（major influence on the theoretical and linghistic aspects of this book、whose work and viewpoints have deeply influenced my own)，但自己的感情只是通过influence这个词侧面的暗示了一下；使用的词语比如major influence、deeply influenced情感并不是特别深；除了列举名字之外，其他表达感激之情的句子并不长。

第三类是对助手，或者说社会地位比自己低的人的感谢。这类感谢的特点是：①对多个被感谢者同时进行，甚至不提名字；②可能只描述被感谢者的作为；③使用的词语情感程度比较浅；④表达感谢的句子不长。比如："...as well s one of his graduate students，Sheila Otto， who helpfully reviewed the original manuscript from the point of view of a student." 又比如 "My graduate student 'project assistants' here at the University of Wisconsin， Anna-Ruth Allen and Katherine Clinton， students whom I brought with me from Clark University，have been an immense help throughout the production of this book." 这两句都是对自己的学生或别人的学生的感谢，后句对被感谢者的姓名一笔带过，前句虽然将姓名单独列出，但那是因为Sheila Otto是David Bloome的研究生的缘故，实际上前句暗含了David Bloome的"面子"；这两句都只提到了学生们的工作，而作者自己并没有提到太多的自己的感受；使用的词语比如helpfully只是感情一般的词，虽然使用了immense help这样比较礼貌尊敬的词，但相对于之前出现的own a deep debt、insightful来说，实际上情感比较疏远；使用的句子也非常短，只是一笔带过人名，再一笔带过感谢。

4 结语

话语分析可以用来描述、理解和解释语言是怎样在文章中传达意思的，可以揭示语言在社会活动中所起的重要作用。由于不同学科的学者都在进行话语分析，所以没有公认的、单一的目标、理论指导和分析方法。本文仅从Schiffrin提及的六种分析方法中，选用其中的两种来选取语篇进行简要分析，实际上该语篇可分析的角度还有很多。善用这些分析方法，能使读者更深入、全面地理解本书。

参考文献

[1]AUSTIN J L. How to do things with words[M].Oxford: Oxford University Press,1962.

[2]束定芳.言语行为理论述评[J]. 外语教学,1989(2).

[3]COULTHARD M. An introductionto discourse analysis[M].London:Longman, 1977.

[4]GOFFMAN E. Forms of talk[M]. Philadelphia: University of Pennsylvania Press,1981.

[5]GUMPERZ J J. Discourse Strategies[M]. Cambridge: Cambridge University Press,1982.

基于语料库的国有企业组织话语研究

王海洋　刘红艳

摘　要：本文立足国际前沿研究，注重话语分析在管理研究领域的应用，开拓国有企业改革研究的新视角。通过建立语料库，以组织话语的语言分析、语用分析、建构分析和批评分析为手段，进行中外国有企业的案例研究和对比研究，为案例研究和对比研究提供新的研究方法与视角。同时，研究中国国有企业改革外宣翻译的方法和策略，为正面树立我国国际化形象奠定基础。通过国有企业组织话语研究，为政府国有企业改革提供政策建议和支持。

关键词：组织话语；国有企业；语料库

1　引言

国有企业改革是经济体制改革的攻坚战。2012年11月，十八大报告就深化国有企业改革等主题作了深入阐述，受到了中央企业系统的十八大代表和社会各界的广泛关注。国有企业改革在管理体系、法律政策、组织形式、管理文化等领域的研究非常活跃，然而，对国有企业组织话语的研究相对匮乏。近十年来，国际管理学一级期刊上才有学者将话语分析应用于管理研究

作者简介：王海洋，北京工商大学外国语学院2016级国际法商英语硕士研究生，研究方向为法商话语。刘红艳，博士，北京工商大学教授，研究方向为话语分析和语料库语言学。

领域，开拓国有企业改革研究的新视角。话语分析以语言分析、语用分析、建构分析和批评分析为手段，进行中外国有企业的案例研究和对比研究，为案例研究和对比研究提供新的研究方法与视角。

2 研究综述

当代社会科学发展中最引人注目、同时也是影响最深远的趋势之一，是语言问题受到越来越多学科的重视并成为时下众多研究领域的主要论题之一。语言学与不同学科结合的结果诞生了一门新的交叉学科——话语分析。

"话语分析"的出现意味着在社会科学研究领域发生了库恩所指的重大范式转变（paradigm shift）。从哲学角度上看，话语分析的出现是过去近半个世纪里西方哲学界"语言转向"（linguistic turn）趋势导致的必然结果。"话语分析"最早由美国语言学家哈里斯（Z. Harris）于1952年发表在《Language》杂志上的《Discourse Analysis》（《话语分析》）首次提出。整个20世纪50年代，话语分析基本上仍然处在诞生之前的沉寂状态。随之而来的60年代是话语分析的探索阶段。这个时期语言学理论的发展，特别是符号学、语言哲学和功能语法等理论的发展，为后来的话语分析提供了不同的基础理论。70年代是话语分析的起步阶段，话语分析的基本框架开始建立，包括与话语密切相关的概念，如语境等。80年代和90年代是话语分析快速发展和向多学科渗透和扩展的兴盛阶段，话语分析真正成为一门独立学科。这一时期话语分析的研究队伍不断壮大，而且从欧美扩展到亚洲和澳洲；使用话语分析作为理论和方法的学科也不再局限于语言学，而是被引进到多种学科，比如心理学、人类学、哲学、教育学、文学、历史学以及计算机科学和人工智能等领域。这种百川融汇和相互渗透的趋势极大地完善了话语分析自身的理论基础和研究方法，并使其博采众家之长成为一门综合性的交叉学科。而符号学（semiotics）、言语行为理论（speech act theory）和系统功能语言学（systematic function linguistics，SFL）是话语分析的基本理论。

从历史上看，管理研究领域中的组织沟通和组织文化等学科都曾经将语言、符号和意义作为组织实在的构成特征和意义的表达符号加以关注。不过，这些研究主要侧重语言功能与符号意义对组织某一个局部或功能的影响，并没有从语言视角考察话语与组织的整体关系。在后现代主义思潮的兴起和语言转向推动下，话语分析才真正成为对组织管理进行全面和系统研究的主题与方法，包括对组织结构、组织发展、组织行为、领导力、战略管理等的研究。话语分析在管理研究领域的运用已有成果发表在国际一流期刊上，如《Academy of Management Review》（AMR）、《Academy of Management Journal》（AMJ）、《Strategic Management Journal》（SMJ）、《Organization Science》（OS）和《Organization Studies》（OSs）等。运用话语分析进行组织研究的成果包括：Heracleous & Barrett（2001），Mantere & Vaara（2008），Maguire & Hardy（2009），Vaara & Monin（2010），Hardy & Maguire（2010），Khaire & Wadhwani（2010）等。

由于质化研究者分析的原始数据大多都是语言素材，如文本、对话和访谈记录等。显然，以语言学为基础的话语分析在处理这类语言素材方面具有极大的优势，而且可以为研究者提供多种不同的方法对收集的素材进行诠释和推理，提高研究发现的质量。

3 研究方案及研究工具

本文拟采用的研究方案如下。第一步，文献研究。对国家干预经济有关的经济理论，例如凯恩斯主义，以及各国经济实践等进行系统梳理、归纳和对比，对组织话语分析的起源和发展及其理论来源进行回顾。第二步，案例研究。在理论抽样方法的指导下，选择合适的实施国有企业改革的企业进行案例研究，通过政策研究、组织话语研究等方式深度分析其成功经验和模式。第三步，比较研究。比较不同国家、不同发展阶段、不同历史时期的国有企业在改革和发展进程中的异同，以及这些异同对组织绩效的影响。

本文运用语料库语言学的研究手段对国有企业改革进行研究。语料使用为“国有企业公文及外宣语料库”和“用作参照的欧美国有企业外宣语料库”。

本文对语料的标注选用Wordsmith Tools 6.0、Paraconc、Claws、Coding-

Star等标注软件，对中英文文本进行平行对齐处理和标注，进行定量、定性分析，并分析结果。

4 研究过程及创新之处

世界各国的社会制度不同，经济体制不同，国情也千差万别，但是如何管理好国有企业是大多数国家面临的实际问题，也可以说是一个世界性的经济问题。本文拟通过对英国、德国、法国、瑞典、意大利、芬兰、新西兰、美国、日本、俄罗斯等国家国有企业改革内容、主要经验和教训的梳理与归纳，探讨政府角色、产权关系、公司治理、责权关系、发展战略、核心价值观、企业文化等方面在中外国有企业改革和发展过程中的异同，借鉴西方国家管理国有企业的成功经验，加速管理科学化进程，推动经营高效化模式。

本文对以下四个问题展开了细致分析与研究：①描述了国外国有企业制度、管理方法及国有企业改革的特点，以期对我国国有企业改革有所启示；②国外国有企业改革与我国国有企业改革的对比研究；③国外国有企业的组织话语研究；④研究中国国有企业改革外宣翻译的方法和策略，为正面树立我国国际化形象奠定基础。以上四个问题的研究将为我国国有企业改革和发展提供理论分析框架与实践指导借鉴。具体到一些特定领域，例如科学技术研究、基础设施和公用事业等方面，国有企业如何承担社会责任，在提高自身经济绩效的同时促进社会和谐发展等是本文拟解决的关键问题。

本文在借鉴起源于西方现代语言学的话语分析方法的同时，在研究设计时特别注意东西方语言、文化乃至思维方式的不同，以及这些差异对研究设计和研究过程的影响。相对于西方思维的二元论、言者中心论和语言中心论，中国/东方的主导思维更加强调辩证统一、说话人与听话人的共同作用和价值以及语言形式与语言意义的不对称性。

本文进行文献梳理和语料库建设工作。追踪国内外国有企业改革研究文献，收集中国、英国、德国、法国、瑞典、意大利、芬兰、新西兰、美国、日本、俄罗斯等国家的国有企业改革政策文件、新闻报道等文字材料，并建立语料库。应用组织话语分析等方法对国内外国有企业改革和发展状况进行案例研究和对比研究，发表一系列论文和研究报告。

本文的创新之处在于将组织研究和话语研究结合起来，作为一种社会实践，管理活动与话语之间密不可分。话语不仅是管理实践中最重要的交流工具，也映射和构成人们之间的社会关系和权力结构，并以此影响个体的意识和理解，进而引导和塑造个体与组织的行为。本文考察话语分析在管理研究领域的主要进展，开拓国有企业改革研究的新视角。通过组织话语的语言分析、语用分析、建构分析和批评分析进行中外国有企业的案例研究和对比研究，为案例研究和对比研究提供新的研究方法与视角。

5 结语

综上所述，话语分析不仅极大地扩展了企业管理研究的范围和论题，而且为相关研究提供了有力的分析工具和全新的观察方式与理论视角，帮助我们更加精确地观察、描述和分析管理现象。与此同时，话语分析在企业管理中的应用仍存在许多问题和不足，随着相关研究的日益发展，这些问题理应受到重视，并在未来的话语分析研究和与企业合作的过程中寻求妥善的解决办法。我们相信，不论是研究主题，还是研究方法，本文一定能够为政府国有企业改革提供政策建议和支持，开拓全新的视野。

参考文献

[1]KUHNT S. The structure of scientific revolution[M].Chicago: University of Chicago Press, 1969.

[2]GRANTD, HARDYC, OSWICKC, PUTNAML. The sage handbook of organizational discourse [M].London: Sage, 2004: 1-36.

[3]HERACLEOUS L, BARRETT M.Organizational change as discourse: communicative actions and deep structures in the context of information technology implementation[J]. Academy of Management Journal, 2001, 44: 755-778.

[4] MANTERE S, VAARA E.On the problem of participation in strategy: A critical discursive perspective[J].Organization Science, 2008, 19:341-358.

[5]MAGUIRE S, HARDY C. Discourse and deinstitutionalization: The decline of ddt[J].Academy of Management Journal, 2009, 52:148-178.

[6] VAARA E, MONIN P.A recursive perspective on discursive legitimation and organizational action in mergers and acquisitions[J]. Organization Science, 2010, 21:3-22.

[7]HARDY C, MAGUIRE S.Discourse, field-configuring events, and change in organizations and institutional fields: narrative of ddt and the stockholm convention[J]. Academyof Management Journal, 2010, 53:1365-1392.

[8]KHAIRE M, WADHWANI R D.Changing landscapes: The construction of meaningand value in a new market category—modern Indian art[J]. Academy of Management Journal, 2010, 53:1281-1304.

企业话语分析综述

王 婷 刘红艳

摘 要：本文从组织话语分析角度，结合话语标记语语用分析研究，通过对组织话语概念和研究概况的综述分析以及话语标记语综述分析，基于社会科学中的“语言转向”为发展契机，重视语言和现实的结合，从而得出商务交往中话语标记语对组织研究的变革性意义。

关键词：组织话语；话语现象；话语标记语

1 企业话语的研究概况

话语作为话语研究的核心概念，本身具有两层不同的含义：从语用角度来看，话语通常是指人们之间的言语交际互动，主要形式是日常口头语言；从综合角度来看，话语是指相互关联的成套观点以及表达观点的方式，包括并强调书面文本以及这些文本累积表达的含义。组织话语将话语的两个层面相结合，主要是指组织情境中使用的语言，同时包括口头与书面语言。组织话语研究的基础对象主要针对文本，此外还包括口头语言、图片、象征、符号等多种形式[1]。

基金项目：本论文是北京工商大学国有资产管理协同创新中心项目“基于语料库的国有企业组织话语研究”（批准号：GZ20131301）的部分成果。

作者简介：王婷，北京工商大学外国语学院2014级国际法商英语硕士研究生，研究方向为法商话语。刘红艳，博士，北京工商大学教授，研究方向为话语分析和语料库语言学。

20世纪50年代，Harris最早提出话语分析的学术概念。国内的相关研究，开始于70年代发展于80年代，在语言转化的背景下该方法及理论框架在组织研究中得到广泛运用，在21世纪的前15年得到飞跃式快速发展。[2] 组织话语研究在关注表达某一特定概念的文本的同时，致力于对相关概念或想法在文本中构建的研究，着重探讨研究该过程对所在组织情境的影响。因此，基于话语分析方法进行组织管理研究，着重于文本的收集、考察文本构建意义。话语分析同时也为企业组织话语提供了全新的认识论基础和研究方法。在传统制度研究方法上，学者们通过对话语的分析，基于语用的视角与方法探讨企业组织制度产生、变化以及消亡的动态过程，丰富、深化了我们对制度及制度化过程的理解。

话语与组织战略研究也是目前话语分析的一个热点方向。Knights和Morgan最早关注战略话语的组织话语研究，研究中心关注战略管理话语的生成、对组织管理的影响以及相关行动者在战略话语互动中的角色等基本问题。[3] Fenton和Langley采用研究视角与方法，结合话语分析进行战略研究。[4]

通过对组织话语研究的回顾，话语分析对组织管理研究的贡献主要体现在：一方面，语言学研究的新型视角下，结合语用层面对组织及其基本要素的社会构建过程研究提供了切实、有效的分析工具。Phillips和Oswick指出，话语分析对组织管理研究促使研究者通过对文本、话语等研究材料，深入剖析与理解组织中现实的多面性；另一方面，语言学的新视角的话语分析主要阐释组织及其基本要素的社会构建过程，不仅拓宽了组织研究的思路，而且推动了制度、战略、身份认同、变革等领域的理论构建。[5]

话语在说服组织成员认识、理解并接受组织变革的同时，也引导他们通过理解、调整相关话语修正甚至改变身份认同，而关键组织变革的实现往往意味着组织结构、战略等一系列话语随之改变，紧随其后是调整后出现的新做法通过话语构建过程逐步实现惯例化、常态化及 制度化，这在一定程度上是组织变革成功的标志；反过来，组织制度话语的改变与调整 往往会引领新的战略性变革。[6] 随着这些相互关联的要素话语构建过程发生、迭代、反复甚至循环，组织本身的社会性话语构建过程也得以实现。

2 话语标记语的研究概况

话语标记语成为近年国外会话分析的一个新热点，在语用学研究领域成为一个新课题。现在对话语标记语的研究方向的转变已由句法/语义研究逐渐转化为语用研究，即语用-认知研究。在国内，对话语标记语的综述进行了比较全面的研究要数冉永平和黄大网这两个学者了。冉永平写了《话语标记语的语用学研究综述》一文，强调用语用学角度来研究话语标记语。[7] 黄大网发表了《话语标记研究综述》一文，文中回顾话语标记语的发展和来源，主要介绍话语标记语各个时期的不同特点。[8]

从国内话语标记的研究现状来看，宏观上以引进、介绍为主。但存在以下几点缺陷：第一，目前国内还没有形成自己的理论体系；第二，所研究的话语标记语语料对象都以英语为主，较少关注汉语中的话语标记语；第三，研究内容缺乏系统性，没有形成专门的研究领域。

Schiffrin主要研究话语连贯模式，提出该模式的五个相互联系层面，分别是：交换结构，行为结构，概念结构，参与模式和信息情况。她认为这五个层面之间存在相互关联的密切关系，缺一不可。话语标记语就在这不同的五个层面上对话语的意义连贯起着重要的作用。

她认为话语标记语具有以下特征：第一，在句法上承担独立的角色，即独立于所在的句子；第二，必须位于句子的起始位置；第三，必须具有某些韵律特点；第四，话语标记语都有一个核心意义，除oh和well以外，它们不仅限制所在的话语，还影响该话语的整体意思；第五，话语标记语具有指向功能，可为其所在的话语提供语境坐标，分析话语环境。Schiffrin的贡献在于注意到话语标记语对局部性连贯的作用。但是她的研究存在一定程度的缺陷，忽视了话语标记语对前后语篇的连接关系。[9]

Fraser教授指出“话语标记语”可以从六个层面分析，其中包括话语标记语（discourse markers）、话语联系语（discourse connectives）、话语操作语（discourse operators）、语用联系语（pragmatic connectives）、语句联系语（sentence connectives）和提示语（cue phrases）。美国学者Fraser继续从句法-语用的角度对话语标记语进行了系列研究。他认为话语标记语主要分为两大类：第一大类，连接信息的话语标记语，其中包括三个次分类——有对比标记语如but、however等，阐发标记语如above all、besides等和推导标记语如so、therefore等；第二大类，连接话题的话语标记语。[10] 与第一大类不同的是，第二类不再进行细分，都统称为话题转换标记语。对于Fraser的分类，学术界有较大的分歧，认为他的定义一方面过于宽泛，另一方面又把一些典型的话语标记如well和oh等排除在外。

Neal R.Norrick主要分析某一类特别的话语标记语，例如well和but在口语叙述语充当话语标记语的作用。它们在口语语境中的功能既不来源于一般的意义，也不等同于它们在其他语境中的功能。与此相反，Neal R.Norrick指出参与者使用话语标记语（well和but）来表示在叙述语结构和说故事的程序上的期望。[11] 需要特别强调的是，这类特殊的叙述语中的话语标记语不同于一般语意，与其词汇意义无关，主要充当独立的话语功能意义。

3 结语

近十年，关于话语标记语的研究在全世界范围内火热般展开起来。然而现有的研究未形成统一的研究方法，主要原因在于对话语标记语的名称、分类、特点及功能方面的不同看法未能达成一致。不过，根据研究可以肯定的是，越来越多的研究者倾向于认为话语标记语在话语中的作用而不是句法和语义的。本文从组织话语分析角度，结合话语标记语语用分析研究，通过对组织话语概念和研究概况的综述分析以及话语标记语综述分析，基于社会科学中的“语言转向”为发展契机，重视语言和现实的结合，从而得出商务交往中话语标记语对组织研究的变革性意义。因此我们应重视话语标记语的作用，更好地深入研究话语。正如许多学者指出的那样，话语标记语，作为一个新的交叉领域，是一个很长时间内被人们忽视的问题，还有许多问题值得广泛、深入地探讨和研究。

参考文献

[1] GRANT D, MARSHAK R J. Toward a discourse-centered understanding of organizational change[J]. The Journal of Applied Behavioral Science, 2011, 47(2): 204–235.

[2]吕源,彭长桂. 话语分析:开拓管理研究新视野[J]. 管理世界, 2012(10): 157–171.

[3]彭长桂,吕源. 组织正当性的话语构建:谷歌和苹果框架策略的案例分析[J]. 管理世界, 2014(2): 152–169.

[4]彭长桂,吕源. 制度如何选择:谷歌与苹果案例的话语分析[J]. 管理界, 2016(2): 149–169.

[5]PHILLIPS N, TRACEY P, KARRA N. Building entrepreneurial tie portfolios through strategic homophily: The role of narrativeidentity work in venture creation and early growth [J]. Journal of Business Venturing, 2013, 28(1): 134–150.

[6]SONENSHEIN S. We're changing-or are we? Untangling the role of progressive, regressive, and stability narratives duringstrategic change implementation [J]. Academy of Management Journal, 2010, 53(3): 477–512.

[7]冉永平.话语标记语的语用学研究综述[J].北京:外语研究, 2000: 78.

[8]黄大网.话语标记研究综述[J].福建:福建外语, 2001: 153.

[9]SCHIFFRIN D. Discoures markers[M]. Cambridge: Cambridge University Press, 1987.

[10]FRASER B. What are discourse markers?[J].Journal of Pragmatics, 1999(2).

[11]NORRICK N R. Discourse markers in oral narrative[J].Journal of Pragmatics, 2001(5).

企业组织话语的权力研究综述

郭铭欣　刘红艳

摘　要：企业是一种重要的机构组织，要揭示企业组织话语中的权力关系，就要分析研究企业内部的微观话语结构和话语策略。在组织管理实践中，话语不仅描述事情，而且做事情，一直扮演着积极的建构者角色。同时，组织既是在语言中发生的现象，也是一种独特的语言现象，支持组织运行的制度也在语言中生成和演化。话语分析给组织管理研究带来了全面而深远的重要影响。

关键词：组织话语；权力构建、控制

权力首先是指一种力量，即能够做出某种行为的能力，其次它也是一种通过影响他人而达到某种结果的能力。[1] 在社会学理论看来权力是指在某种社会关系中，一方社会主体作为权力拥有者促使另一方社会主体作为权力对象服从前者意志的力量。权力既意味着权力主体的行动自由，也意味着权力对象的行动受到制约。权力在话语中的运行是通过为特定的人建构特定的话语地位的方式而进行的。权力是象征性资本（symbolic capital），有些社会活动比其他活动有更高的价值和地位，而对这些活动的知识和行动自由使某些人比其他人拥有更多的权力。[2] 而后结构主义者 Foucault 认为权力无时无刻、无处不在地存在于不断变化的复杂社会和话语权力关系网络之中。在

作者简介：郭铭欣，北京工商大学外国语学院2014级国际法商英语硕士研究生，研究方向为法商话语。刘红艳，博士，北京工商大学教授，研究方向为话语分析和语料库语言学。

Foucault看来，权力本质上就是说话的权力。话语权力的表现形式，所有权力都是通过话语来实现的。所以，要分析某些语言是如何显示权力，就可以分析权力在会话中是怎样体现的，怎样被激活，怎样受到抵制以及说话者利用什么样的话语资源实施权力行为，其他参与者又是用什么话语资源做出反应的。

在有关权力的社会理论框架中，语言或话语被认为是建构和维持权力关系的重要手段。权力是由人们的机构角色、社会经济地位、种族或性别身份所决定的，从这个意义上说，权力的社会关系先于话语本身而存在。[3] 因此，批评话语分析学派在分析话语中的权力时，倾向于分析拥有权力的社会成员是如何通过话语活动反映、强化和再生产权力的。权力可以通过谈话中说话者所占的话语地位及说话者所采取的话语行动和他们所能利用的话语资源观察到。话语中权力的实施可通过话语以及说话者所能利用的话语空间体现在结构层面上，也可通过说话者在他们所能利用的空间中有效完成的东西体现在交际层面，如证人或当事人的答话有时不被律师或法官认可。换句话说，权力是说话者在谈话中用来完成某些行动的话语资源，同时，这些资源的功能和效果总是他们所出现的交际语境的结果。要指出的是，权力作为谈话中的现象不仅仅出现在机构话语中，每一个社交层次中都可观察到权力现象，只是机构话语中的权力现象比日常会话更容易观察。机构会话和日常会话的差异在于，机构会话中，谈话者的身份以及他们机构角色和关系已经由机构环境所决定了。

权力只有在一定的社会关系中才能发挥作用；权力主体依赖某种权力资源使权力对象服从权力主体意志的活动；权力主体要获得并维持使自我意志得以实现的力量，就应当拥有一些能够对他人产生影响的资源，机构组织是现代社会最重要的权力资源，企业就是一种重要的机构组织。企业组织话语是一种机构话语行为，机构话语的特点就是任务型的、目的性很强的话语行为。话语具有参与、再现和构建社会的功能。诺曼·费尔克拉夫所使用的“话语”一词，指的是口头语言或书面语言的使用，包括语言学家传统上所指的“语言使用”“言语”（parole）或“语言表现”（performance），目的是把语言使用当作社会实践的一种形式，而不是一个纯粹的个体行为或情景变量的一个折射。“首先，话语是一种交际的工具，同时又能对这个世界产生影响。话语和社会结构之间是一种辩证关系。一方面，话语由社会结构所构成，并受到社会结构的限制，受到诸如社会阶层、社会关系、话语场合、年龄等因素的制约。另一方面，话语在社会意义上是构建性的。话语反映一定的社会结构，并且有助于社会结构的维持、巩固或转变。话语的社会构建性表现在它有助于再造社会本身（社会身份、社会关系、知识体系和信仰体系），也有助于改变社会。”[4] 一般来讲，说话者控制话语的能力不尽相同，这是因为他们被赋予了不同的话语权力，批评性话语分析理论特别重视揭示语篇中权力的作用及话语与权力的非平衡性之间的关系。企业组织话语的权力研究主要探讨话语是如何作为一种权力实施的工具在企业中运作的。

“说话者通过说话时所使用的语句内容以及与之相配的语气、句型、修辞、表情、各种肢体动作和各种说话策略等，实际上就是同时表达意义、显示权力和施展其现实的和可能的社会力量。”[5] 企业内部的参与者间的权力关系是通过各话语方的话语结构和话语策略所反映出来的，而话语的互动反过来又能影响各话语方之间的权力关系。权力就是控制和支配，话语各方总是积极地运用各种话语手段来维持、强化、反对甚至颠覆着现存的权力关系。因此，要揭示社会话语中的权力关系，就要分析研究微观的话语结构和话语策略。在组织管理实践中，话语不仅描述事情，而且做事情，一直扮演着积极的建构者角色。[6] 同时，组织既是在语言中发生的现象，也是一种独特的语言现象，支持组织运行的制度也在语言中生成和演化。[7] 在话语分析进入组织管理研究后，它已经从研究主题到研究方法给管理研究带来了全面而深远的重要影响。[8] 甚至，语言以及语言使用日益成为社会和组织研究中最重要的现象。[9] 因此，话语是认识和了解管理实践的一个基本视角。

制度建立在语言基础上。[10] 在组织情境中，语言符号与社会实践之间具有明显的因果关系。话语分析不仅可以用来剖析和解构现有社会制度背后的权力关系[11]，而且可以“考察组织话语在创造或建构社会实在的事件与活动中的能动作用”。[8] 除了批评话语分析视角的消极解构行为，话语分析还可以成为一种特殊的建设性行为，具有以言行事的积极效果。[12] 甚至，话语的价值在于它不仅改变它所处理的对象，而且改变其使用者。[13] 事实上，语言本身不是“价值中立”的，它也“会影响人们对现实世界的观察和认识本身，就连语法、文体、语篇本身也会影响人们对事物和外部世界的看法”。[14] 组织话语的框架，即对特定情境的认知或定义，它提供了“支配事件的组织原则”。[15] 在组织重大行动中，有效的框架策略可以帮助组织获得组织成员和利益相关者的理解与接受，比如战略变革或制度变迁 [16]、收购整合 [18] 等。

参考文献

[1]王莉君.法学基础范畴的重构:对权利和权力的新思考[J].法学家,2005,1(2):118-124.

[2] ALTHUSSER L.Lenin and philosophy and other essays [M].New York: Monthly Review Press,1972.

[3]THORNBORROW J S.Power talk: Language and interaction in institutional discourse[J].Discourse & Society,2002,14(4):528-529.

[4] 费尔克拉夫.话语与社会变迁[M].殷晓蓉,译.北京:华夏出版社,2003 .

[5] 高宣扬.布迪厄的社会理论 [M] .上海:同济大学出版社,2004.

[6] BOWERS J.Discourse and social psychology beyond attitudes and behaviors [M].New York: Sage Publications,1987:505-509(5).

[7] 韦森.言语行为与制度的生成[J].北京大学学报:哲学社会科学版,2005(6):121-130.

[8] 吕源,彭长桂.话语分析:开拓管理研究新视野[J].管理世界,2012(10):157-171.

[9] ALVESSON M,DAN K,ALVESSON M,et al.Varieties of discourse: On the study of organizations through discourse analysis[J].Human Relations,2000,53(9):1125-1149.

[10] BERGER P L,LUCKMANN T.The social construction of reality: A treatise in the sociology of knowledge[J] .Sociological Analysis,1967(1):55-56.

[11]FAIRCLOUGH N.Peripheral vision discourse analysis in organization studies: The case for critical realism[J].Organization Studies,2005,26(6):915-939.

[12] 马丁.Positive discourse analysis: Solidarity and change[J] .英语研究,2006(4):21-35.

[13] WITTGENSTEIN L, SCHULTE J.Philosophical investigations [M].New York: Blackwell,

2004:711–719.

[14] 韦森.语言的经济学与经济学的语言[J].东岳论丛,2009,30(11):5–29.

[15]彭长桂,吕源.组织正当性的话语构建:谷歌和苹果框架策略的案例分析[J].管理世界,2014(2):152–169.

[16]HERACLEOUS L,BARRETT M.Organization change as discourse: Communicative actions and deep structures in the context of information technology implementation[J].Academy of Management Journal,2001,44(4):755–778.

[17]VAARA E,MONIN P.A recursive perspective on discursive legitimation and organizational action in mergers and acquisitions[J].Organization Science,2010,21(1):3–22.

浅析新词中的相对零翻译现象

郭 莎 刘红艳

摘 要：随着全球化的步伐加快，世界各国的政治、经济、科技、文化等联系不断密切，相互之间的沟通与交流也逐步增进，英语中许多新词应运而生，成为强有力的传播媒介。但是，在英语新词翻译中，部分新词难以在目的语中找到与之相对应的翻译。因此，有必要打破逐词逐字翻译的束缚，借助相对零翻译这种新的理论，探寻新词翻译的方法，以帮助人们更好地理解英语新词。

关键词：新词翻译；相对零翻译应用分析

1 新词出现的原因分析

在当今世界经济全球化的大背景下，各国的经济与社会活动交流日益增多，英语作为一种全球通用的交流语言，在社会各方面活动中扮演着重要角色。经济基础决定上层建筑，语言作为一种文化的载体，必定会随着社会活动的不断变化而发生变化。语言的变化体现在语音、语法及词汇的变化上。相比较而言，语言和语法的变化相对缓慢，词汇的变化则最为敏感。新词出现的原因大致分为以下几种。

1.1 政治原因

各国经济水平不断提高，政治地位得到明显提升，综合国力逐渐增强，

作者简介：郭莎，北京工商大学外国语学院2015级翻译硕士研究生，研究方向为翻译。刘红艳，博士，北京工商大学教授，研究方向为话语分析和语料库语言学。

各国实力对比发生变化，相互之间的竞争日趋激烈。这些都导致世界政治格局的明显变化，各国领导采取的政策也各具特色，这时很多新词便应运而生。对这些词语的理解需要结合国际政治形势来分析，例如中国提倡的外交政策中，“睦邻友好关系”是“good-neighborliness and friendship”，“新型大国关系”译为“major country relations”等。

1.2 经济原因

全球经济一体化的发展，使得各国之间的交流日益密切，而且在贸易往来过程中，交流的广度和深度有了提高，这就衍生出了大量新词。而在经济领域中的词汇大多和贸易合作有关，例如：“中非合作论坛”简称为“FO-CAC”；“‘一带一路’倡议”为“Belt and Road Initiative”。当然，也有一些因微观需求的发展而出现的新词，如今逐渐被广为接受，如中国的“代购”被译为“daigou”或者“freelance retail consultant”；日本兴起的“龟速出租车”为“turtle taxi”。

1.3 科技发展

科技的迅猛发展催生了一些新的行业，自然会出现一些新的词语，这在计算机和电子产品等领域表现得更为突出，这些新词是相应领域研究项目的反映。例如互联网领域衍生出来的“物联网”为“internet of things”；近几年在计算机领域出现的“虚拟现实”英语简称为“VR”，目前已经应用于电子产品的开发；电子产品行业开发的新品牌“Surface”（微软公司开发的平板电脑）及“X-box”（微软公司开发的游戏机）等，这些新词都是直接使用英文，没有相对应的翻译。

1.4 社会文化发展

经济的发展必然会带来社会文化方面的变化，而这些变化又会对人们的生活方式造成影响，改变人们的思维方式和观念。由此而衍生出来的很多新词，正是社会文化发展的体现，是新一代年轻人的生活方式，也可以反映出社会最有活力的组成部分。例如，“八股文英语”的简称为“eight legged essay"；剩女为"left-over women"；"剁手党"为"hands-chopping party"。

2 零翻译的概念及研究现状

2.1 零翻译的概念

翻译界对于翻译的可译性和不可译性问题争论不休。尤金·奈达提出："一种语言能说的话在另一种语言中也能相对精确地表达出来。"彼得·纽马克也认为"任何事物在一定程度上都是可译的，但往往伴随着许多困难"[1]，这就承认了两种语言之间存在可译性。奎恩对语言意义和指称确定性的排斥使得准确的翻译，或者说忠实的翻译变得可望而不可即，也从根本上否定了翻译确定性的条件。[2] 在全球化的时代背景下，翻译成为必不可少的一部分，是可译的。随着人们对英汉双语语言和文化的交流不断深入，在克服"诸多翻译困难"问题上也不断进行简化翻译，这种方法就是零翻译。[3]

2.2 零翻译的研究现状

近年来，国内有关"零翻译"的研究成果比较多。"零翻译"一词是邱懋如先生在《可译性及零翻译》一文中首次提出的。他指出，零翻译就是不用目的语中现成的词语译出源语中的词语，主要包括两层含义：①故意不译源语中的词汇，即绝对零翻译；②不用目的语中现成的词语翻译源语中的词语，即相对零翻译。绝对零翻译是在不影响翻译效果的基础上故意不翻译源语词汇，其翻译方法为移译和省译。相对零翻译是灵活运用目的语词汇以表达源语词汇意思，其翻译方法为补译、音译、附译、兼译、照搬、象译等。[4]

此后，学术界试图从理论的层面释解"零翻译"这个词的概念、意义和用途。孙迎春在其编著的《汉英双向翻译学语林》中将零翻译定义为音译、形译的上义词。[5] 罗国青把零翻译分为窄式和宽式两类，即窄式零翻译指移译（transference），宽式零翻译可指移植和音译。[6] 刘明东把零翻译分为"绝对零翻译"和"相对零翻译"，"绝对零翻译"包括省译、移译，"相对零翻译"包括音译、补译、象译、音义兼译、直译加注，甚至归化。[7]

许多研究围绕"零翻译"的概念展开，研究结果复杂而多样。现在，人们大致可以达成以下共识：①零翻译是一种翻译策略，即可译却故意不译的翻译策略；②零翻译是一种词汇翻译方法，即不用或少用目的语中现成的词来翻译源语中的词。相对于国内对“零翻译”概念研究的火热景象，国外对此方面的研究却比较冷清，也比较单一。国外许多学者从词汇学、语用学视角对借词（loanword）进行研究。我们可以认为，国外对零翻译的研究仅限于借词研究，而这样的研究更有意义。[8]

实际上，“零翻译”无论是策略还是方法，最常用的是新词的翻译。换言之，最常见的“零翻译”的具体形态是一个个鲜活的新词，而任何一个新词的价值在于被使用。

3 新词中相对零翻译的应用

3.1 音译法

音译法顾名思义，就是根据新词的发音来进行翻译。根据新词发音特点来理解和翻译也是现代社会中十分常见的现象，而且这种翻译方法也能使非英语学习者更易理解和接受新事物。例如奔驰的英语简称就是“Benzes”；沃尔玛的英文是“Wal-Mart”；可口可乐的英文为“Coca Cola”。

3.2 直译法

直译是解决翻译语言中词义空缺这一困难的更为妥当的方式，无论是普通词义还是习惯用语，直译法都适用。一般来讲，这是一种负责任的态度，因此也是在处理新词翻译过程中词义空缺时的首选方式。直译法既要反映出新词的完整内容，又要保留原有英语的结构形式，这种翻译方法也符合我国大多数人的英语理解特点。例如“迷惘的一代”英语是“lost generation”；“唯我的一代”英语是“me generation”。

3.3 象译法

象译法主要是通过对事物的外形的描述来实现，它在实际生活中的翻译应用与特定事物外形描述的特点分不开，即通过展现事物的独特性状，来表达事物的含义。一般来讲，通过此翻译方法得出的事物，其英语构词结构是首字母大写，再加上主体单词，例如U形管的英语简称就是“U-tube”；Y形移植片的英文简称是“Y-graft”；三角形皮带的英语简称就是“V-belt”。

3.4 照搬法

照搬法一般是基于缩写词的，它主要是针对英语缩略语等专有名词进行翻译。若按照缩略语的原义来理解该词的话，可能会存在一定难度。因为这样不仅找不到与其含义相近的对应词，还会给翻译造成很大困难，从而大大降低了译后新词的可接受度。因此，照搬法是翻译缩略新词的有效方法。例如世贸组织的前身关贸总协定是“GATT”；中央处理器的英语简称是“CPU”；国内生产总值的英语简称是“GDP”等。

3.5 附注法

在很多新出现的英语词汇中，有些词语的含义与现实生活中的词语之间差距较大，因其专业化程度较高，故会给读者的理解造成很大困扰。这就需要充分采用附注式翻译法对新词语含义进行明确说明，例如“bio-pirates”是“生物基因的掠夺者”；“sizeism”是“对胖者或矮者的歧视英语表达”。

3.6 补充法

补充法是一种起到补充作用的翻译方法。其有时候是针对那些专业性较强，并且一般不容易被理解，因此，就需要在理解翻译时，辅助以补充翻译法，来更为完整全面地翻译理解。例如，多米诺骨牌的英语简称就是“domino”，芭蕾舞的英语为“ballet”。当然也有生活中的一些英文词，根据人们的习惯将其翻译简化，例如，比萨饼的英语简称就是“pizza”，沙丁鱼的英文为“Sardine”，这里英文中不一定非要把“饼”和“鱼”的概念翻译出来。

4 总结

任何一种语言都不是孤立地存在的，人们要交际，就需要从其他语言中不断地吸收养料，吸收新的东西。英汉两种语言在其发展进化过程中，都广泛吸收其他语言以丰富自己，其中零翻译便是一种吸收内化的形式。

总之，相对零翻译是一种逆向式的翻译，是现代翻译的一种方法，是对翻译理论的进一步丰富和完善。相对零翻译的产生使准确翻译成为一种可能，在英语新词翻译方面有着至关重要的指导意义。为此，在翻译实践中，译者必须以体现语义平等为前提，灵活运用音译法、直译法、象译法、照搬法、附注法、补充法等多种翻译方法，实现对英语新词的恰当翻译。

参考文献

[1] EUGENE N. Language structure and translation [M].Stanford: Stanford University Press, 1975.

[2] NEWMARK P. A textbook of translation [M]. Shanghai: Shanghai Foreign Language Education Press, 2001.

[3] QUINE W V O. Word and object [M]. Cambridge, MA: MIT Press, 1960.

[4] 邱懋如.可译性及零翻译[J].中国翻译,2001(1):2427.

[5] 孙迎春.汉英双向翻译学语林[M].济南:山东大学出版社,2001:58.

[6] 罗国青.零翻译概念辩证[J]. 上海翻译,2005(S1): 89-91.

[7] 刘明东.零翻译漫谈[J].中国科技翻译,2002(1):29-32.

[8] 石小梅,李晶.零翻译词的形态及应用理据[J].北京科技大学学报,2014(2).

法商英语

翻译、语言学与二语习得 ☜

外国文学、戏剧与文化研究

教育、教学、实验、管理

《论语》中音韵美的翻译
——基于辜鸿铭和理雅各英译本的对比

陈 佳

摘 要：作为中国先秦典籍中最有影响力的作品，《论语》记载着儒家弟子的言语行事，其语言风格言简意赅、含蓄隽永，运用叠韵、双声和同字相协等结构，使其蕴含着独特的音韵美。本文通过比较两个英译本对源文本音韵美的处理，结合翻译美学中有关音韵美的理论，提出可行的建议，为《论语》的英译提供另一种思路。

关键词：《论语》；辜鸿铭；理雅各；音韵美

1 引言

从1691年出现《论语》的第一个英译本到目前，国内外问世的全译本多达30多种，各种选译本更是不可胜数。就《论语》英译而言，近几十年来国内外的研究主要侧重于译本研究、译者研究、儒家术语英译研究、编辑出版研究、《论语》的传播研究这5个方面。对各种译本之间的对比分析研究一直是翻译学习者和学者关注的领域。

纵观《论语》英译本对比研究，相关学者从转喻、哲学诠释学、语用翻译等不同视角进行分析研究。其中也有一部分学者从翻译美学的角度对《论语》英译进行研究，其中包括接受美学、修辞美学等角度。但关于《论语》

作者简介：陈佳，北京工商大学外国语学院2015级翻译硕士研究生，主要研究方向为翻译理论与实践。

英译的音韵美却鲜有涉及。

鉴于这些研究空白，本文作者基于翻译美学中有关音韵美的理论，结合翻译客体《论语》的音韵语言特点，选取代表性句例，对辜鸿铭和理雅各的英译本进行对比，以期增强对音韵美的感知能力，同时启发译者在借鉴原有翻译版本的基础上有所创新和突破。

2 翻译美学中音韵美研究

我国上千年的译学发展中蕴藏着丰富的美学思想，经过多位学者整理和发展，逐渐形成了翻译美学。刘宓庆为翻译美学的理论框架做出了杰出的贡献。他从审美符号集即形式系统入手，从语言、文字、词语、句和段的不同审美层级讨论了审美客体的审美信息。运用美学心理学的原理，他将审美心理结构概括为四个层次：感知、想象、理解和再现，并提出审美再现手段，即模仿、重建、虚实转换、隐显转换和收放转换等。他认为声音是携带审美信息的基本语言形式之一，涉及源文本的节奏、音调和韵律。从音韵层面展现美学信息的目的就是确保目标文本能够取得与源文本相应的“声音美”。[1] 许渊冲于1978年在《毛主席诗词四十二首》序言中首次提出了“三美”论这一翻译原则，即意境美、音律美和形式美。[2] 音律美要求译者准确考量原作的韵律与节奏，并尽全力在译作中达到此效。赵彦春认为文学语言中的语音联想具有重要意义。语音的组合和调配成为一种不可忽视的艺术手段，因此如果原文能使人产生一定的语音联想，那么译文也应有相应的联想。[3] 由于中英文字间的差别，要想实现音韵的和谐就必须采用韵律替换的方法。

《论语》用富有节奏感、音韵美的语言来表达思想，翻译时需要译者创造性地再现原文的音韵美。翻译美学为实现《论语》翻译中的音韵美提供了理论依据。作为审美主体的译者要再现原文的音韵美就必须把握自身和审美客体及译文的关系，明确译者既是审美主体，又是在译文中再创作客体音韵美的具有能动性的主体。译者首先审美，分析客体的音韵美；其次考量译入语的特点，运用恰当的因素再现客体的音韵美。因此《论语》翻译需要翻译美学作为理论基础，反之，翻译美学对《论语》翻译有较强的指导性。

3 《论语》的音韵美及两个英译本比较分析

由于先秦时期诗性文化背景的影响，散文作品沾染了诗歌的语言特色，从而形成了一定的韵律。[4] 因此《论语》虽是中国历史上第一部语录体散文集，但为了表情达意的需要，很注重语言形式的美感效应。《论语》便运用叠韵、双声和同字相协等手法产生整齐和谐的韵感，使文章寓有条理性、逻辑性，精练而达意，谨严而通晓。[5] 辜鸿铭和理雅各在对《论语》进行翻译时，针对音韵采取了不同的方法。

3.1 叠韵与双声

叠韵是指紧密相连的两个汉字的韵部相同。双声是指相连接的两个或多个音节彼此声母相同，以声取义，使行文回环和谐，产生旋律回荡的效果，增强文章的音乐美。在古汉语的语音修辞中，双声、叠韵都是连起来分析的。《论语》中叠韵、双声的合理运用，能收到声情并茂、音意兼美的表达效果，如下例。

子曰：君子坦荡荡，小人长戚戚。（《论语·述而》）

辜译：Confucius remarked, "A wise and good man is composed and happy; a fool is always worried and full of distress."

理译：Contrast in their feeling between the Chun-tsze and the mean man.

The master said, "The superior man is satisfied and composed; the mean man is always full of distress."

汉语中"荡荡"和"戚戚"构成双声叠韵，生动细致地描摹了所写人物的动作神态，使人物的形象栩栩如生、跃然纸上，从而令读者如闻其声、如见其人，达到真切感人的修辞效果。而两个英译本分别采用了"composed and happy""satisfied and composed""worried and full of distress"和"full of distress"。虽然两个译本的选词都传达了源文本的意思，但却损失了其音韵的美感，目的文本成了一味的说教，缺失了应有的音乐美。[6] 因此对"荡荡”和“戚戚”两个双声叠韵词的处理可以借用英语中alliteration（头韵）和assonance（元音韵）的修辞手法对音韵美的缺失进行弥补。

3.2 同字相协

除叠韵双声外，《论语》的音韵美主要体现在“同字相协”上。所谓“同字相协”，指不同且前后相连的句子，于同一位置出现相同的字眼，从而形成类似音韵而又齐整、和谐的美感。具体说来，这种情况又可以分为几类：其一，以相同的字收尾，产生类似押韵的效果。譬如，无求生以害仁，有杀身以成仁。（《论语·卫灵公》）其二，以相同的字开头，产生音韵的美感。譬如，非礼勿视，非礼勿听，非礼勿言，非礼勿动。（《论语·颜渊》）其三，是隔句同字相协，形成音韵和美的风貌。如，不知命，无以为君子也；不知礼，无以立也；不知言，无以知人也。（《论语·尧曰》）经过“同字相协”的押韵，通过排比、对偶、映衬等多种修辞格的运用，抹去了该种哲学表达的局限性，使其变得灵动起来，具有了音韵和形式上的美丽。因此译者在处理“同字相协”结构时，应对保留其形式予以重视，如下例。

知者乐水，仁者乐山；知者动，仁者静；知者乐，仁者寿。（《论语·雍也》）

辜译：Confucius remarked, “Men of intellectual character delight in water scenery; men of moral character delight in mountain scenery. Intellectual men are active, moral men are calm. Intellectual men enjoy life; moral men live long.”

理译：Contrasts of the wise and the virtuous. The Master said, “The wise find pleasure in water; the virtuous find pleasure in hills. The wise are active; the virtuous are tranquil. The wise are joyful; the virtuous are long-lived.”

辜在译文中将第一个“知者”译为“Men of intellectual character”，而第二个和第三个“知者”译为“Intellectual men”；将第一个“仁者”译为“men of moral character”，而第二个和第三个“仁者”译为“moral men”。而理在译文中将三个“知者”和“仁者”分别处理为“介词+形容词”的结构即“the wise”和“the virtuous”，在形制上保持一致，与辜的译文相比更好地保留了原文“同字相协”的结构和效果。

《论语》中同字相协的特殊现象，借用排比、对偶等修辞格，产生了音乐美和形式美，拉近了与受众的距离。[7] 对《论语》的英译可以借用parallelism和重复等修辞手段使译文产生相应的音乐美和形式美。

4 结语

《论语》中叠韵、双声和同字相协的运用值得我们注意，这种类似诗歌押韵的规律使得《论语》的哲学文本产生了一种和谐、流动、齐整的美感和节奏感。在对《论语》进行英译时，译者应对此予以重视，结合译入语的特点，结语alliteration、assonance、parallelism等修辞手段保留源文本的音韵美。

参考文献

[1]刘宓庆.翻译美学导论[M].2版.北京：中国对外翻译出版公司，2006.

[2]王西强.浅议许渊冲古诗英译"三美"论在翻译实践中的得失[J].陕西师范大学学报：哲学社会科学版，2002，32(11)：328-333.

[3]赵彦春.音律——与宇宙同构[J].四川外语学院学报，2001，17(5)：66-68.

[4]阳清.《论语》文学研究[D]. 西安：陕西师范大学，2005：1-134.

[5]丁桃源.《论语》修辞研究[D]. 兰州：西北师范大学，2007：1-96.

[6]牛晓燕. 从翻译美学角度比较研究《论语》三个英译本[D].广州：华南理工大学，2013：1-72.

[7]董晓茜. 辜鸿铭和理雅各的《论语》英译对比研究——以接受美学为视角[D]. 济南：山东师范大学，2015：1-67.

《论语》两个英译本中译者主体性对比研究

张艳华 陈 瑾

摘 要： 作为国内外翻译和诠释最多的中国典籍之一，研究《论语》的译本有利于中国文化的传播。译者主体性理论将译者从传统的依附角色中解放出来，在翻译中发挥译者的创造性。本文从译者主体性的角度，从译者文化背景、翻译动机、翻译策略、对原文的理解及译文表达等方面对理雅各和辜鸿铭的《论语》英译本进行对比分析，说明译者主体性是造成译本迥异的重要原因。

关键词：《论语》；译者主体性；理雅各；辜鸿铭

1 引言

《论语》是记载孔子言行的重要儒家经典。迄今为止《论语》约有六十个英语全译本或节译本。由于《论语》本身内容博大精深，富有深刻的思想内涵，目前国内学术界对于书中某些词义的理解尚存在着争议。加之不同译者在教育背景、人生阅历、认知审美等方面存在较大的差异，在翻译过程中，往往会有自己独特的理解、采用不同的翻译策略，因而不同的译本往往能突出地体现译者的主体性。

在众多的《论语》译本中，理雅各和辜鸿铭的译本流传最为广泛、也最为经典。因此本文将从译者主体性的角度出发，对理雅各和辜鸿铭的译本进行对比。

作者简介：张艳华，北京工商大学外国语学院副教授，主要研究方向为英语语言学、翻译理论与实践、英语教学等。陈瑾，北京工商大学外国语学院2015级翻译硕士。

2 译者主体性

传统翻译观认为，译者是“舌人”“媒婆”“译匠”“‘一仆二主’之‘仆人’”“叛逆者”“戴着镣铐的舞者”“翻译机器”等。这些观点普遍认为翻译低于创作，翻译就是模仿，译作依赖于原作，缺乏创造性。译作的文学创造性和文学价值都不能与原作相提并论。

20世纪70年代，西方哲学的“语用学转向”和90年代翻译研究的“文化转向”为我们开辟了译学研究的新视角。查明建、田雨认为，译者的主体性成为研究的重要课题。译者的主体性是“作为翻译主体的译者在尊重翻译对象的前提下，为实现翻译目的而在翻译活动中表现出来的主观能动性。其基本特征是翻译主体自觉的文化意识、人文品格和文化、审美创造性”。

3 《论语》译本译者主体性对比

对比理雅各和辜鸿铭的论语译本，我们不难发现译者主体性贯穿于整个翻译活动过程，不仅体现在译者对原作的理解，阐释和语言层面的艺术再创造，而且体现在译者对翻译文本的翻译目的和翻译策略方面。

3.1 译者的文化背景对比

理雅各是19世纪英国著名汉学家，早年曾接受神学训练。青年时期担任英华学院院长，任教之余开始研读中国经籍并产生兴趣。他极具语言天赋，长期生活在中国，汉语修养很高，具有很好的语言驾驭能力。

辜鸿铭是清末民初学贯中西的人物。他青少年时期在国外度过，受过系统的西方教育，精通多国语言，对中国的传统文化尤其是儒家文化有独到的见解。

3.2 译者的翻译动机对比

理雅各不但是一位著名的英国汉学家，还是一名忠诚的传教士，他翻译的初衷是为了了解中国人的文化背景，为了真正弄明白中国人千百年来信奉的“儒教”到底魅力何在，期望以此为突破口使自己更好地传教，“他们（中国人）‘离开孔子去寻找另一位导师（上帝）’”。

子曰："君子周而不比，小人比而不周。"

理译：The Master said，"The superior man is catholic and no partisan. The mean man is a partisan and not catholic."

辜译：Confucius remarked，"A wise man is impartial， not neutral. A fool is neutral but not impartial."

对于"周"，理雅各使用了"catholic"一词，而辜鸿铭用了"impartial"一词。这两个词都能反映"大公无私"的意思，但是"catholic"起源于"天主教"一词，带有着浓厚的宗教色彩，由此可窥见其动机。

此外，儒家的"仁"从本质上是一种伦理精神，而理雅各从西方文化和宗教的角度出发，将《论语》中的"仁"译成了virtue（美德），"仁者"译成virtuous man。作为一名传教士，他将"仁"看作是美德范畴，反映了他的西方道德理念。

而辜鸿铭希望自己心目中的读者——即"有教养有头脑的英国人"读过他的译作之后，能够转变对中国的态度。例如，理雅各将"礼"简单地译为"the ceremonies"，缩小了"礼"的内涵。而辜鸿铭译为"the art and civilization"，既包括了"礼"的艺术方面，又包括了其社会延续性，更为准确地表达了原意。

3.3 译者的翻译策略对比

理雅各主要采取异化策略，以此保留原语文化的特征。对于一些文化负载词，往往将其音译，再加以详尽的注释，旨在使读者有更多机会接触和接受异国文化，故而其译文中，出现了philosopher Tsang（曾子），Junfuren（君夫人）以及Guaxiaojun（寡小君）等译法，这在一定程度上有益于中国文化的输出，但不利于目的语读者的理解。

而辜鸿铭主要采取归化策略，他采用增译、省译、引用和类比等方法，使译文更富有流畅性和可读性。在译文中，辜鸿铭用西方历史人物比喻《论语》中所提及的人与物，例如他将"颜回"译为"The St. John of the Confucian gospel"。除此之外，他还大量采用西方思想家、作家、诗人的语言，对典籍中的章节添加注释。例如在"回之为人也，择乎中庸"的译文注释中，他写道，“正如上文提到的舜是智慧型的人，即马修・阿诺德是所谓的‘希腊型’的代表一样”。

3.4 原文理解的对比

《论语》作为一部博大精深的作品，本身比较难懂，两位译者都有良好的汉语功底，但是他们对于原文的理解却不尽相同，也难免出现一些瑕疵。例如，子曰：“今之孝者，视谓能养；至于犬马，皆能有养；不敬，何以别乎？”理雅各的译文是“The filial piety of nowadays means the support of one’s parents. But dogs and horses likewise are able to do something in the ways of support—without reverence, what is there to distinguish the one support given from the other?”其理解是，人可以养活父母，犬马也可以养活它们自己的父母；而辜鸿铭则译为“But you also keep your dogs and horses alive”，他的理解是人养父母，也喂养犬马，如果对父母不恭敬，养父母和养犬马又有什么区别呢？此处理雅各的理解出现了偏差。

3.5 译文表达的对比

（1）句式。对于《论语》中句式的把握，理雅各倾向于和原文保持一致。而辜鸿铭则不拘一格，时常选择变换句式。例如，子曰：“学而时习之，不亦悦乎？”理译为“Is it not pleasant to learn with a constant perseverance and application?”而辜译为“It is indeed a pleasure to acquire knowledge and, as you go on acquiring, to put into practice what you have acquired.”此处理雅各严格按照原文，采用反问句式，而辜鸿铭则大胆采用陈述句式。

（2）措辞。对比二者的译本，理雅各多直译，而辜鸿铭多意译。例如“千乘之国”，理译为“a country of a thousand chariots”，而辜译为“great nation”；对于“为政”一词，理雅各译为“exercise government（施政）”，而辜鸿铭则译为“rule the people（统治臣民）”。

3.6 译者的读者意识

在翻译过程中，译者不仅要在忠实原文和发挥主观能动性之间找到平衡，同时还要具备读者意识。对比两个译本，理雅各的翻译更倾向于传达源语文化，以保留《论语》的原貌为出发点，其目标读者是那些希望通过译文研究儒家文化的英国学者，为此，理雅各采用异化策略，大量地增加注释，以更好地满足这些读者的需求。而辜鸿铭采用了以读者（“有教养有头脑的英国人”）为中心的翻译策略，他怀着“吾国固有之宝藏，以炫示西人”的信念，同样将读者的“期待视野”置于主要地位，尽可能地将自己的感悟都传递给读者，揭开文本的隐含意义，降低译文的阅读难度，便于读者理解和体会。

4 结语

翻译不只是语码转换，还受到历史、文化、政治等因素的制约，不同的翻译目的决定译者采用不同的翻译手段，因而会产生实现不同翻译目的、满足不同意向读者期待的译本。在特定的社会历史等因素的影响下，译者常常会自觉或不自觉地对原本的某些信息进行添加、删减或改动，以翻译出一部符合自己某种期待的作品。

参考文献

[1]高宁.论译者的主体性地位——兼论翻译标准的设立原则[D].天津：南开大学，1997.

[2]查明建，田雨.论译者主体性——从译者文化地位的边缘化谈起[J].中国翻译，2003.

[3]王东波.《论语》英译比较研究[D].济南：山东大学，2008.

[4]刘谦慧.两大《论语》英译本的风格特色比较[D].济南：山东大学，2015.

[5]刘军平.从跨学科角度看译者主体性的四个维度及其特点[J].外语与外语教学，2008.

[6]王建华.A comparative study on translator's subjectivity in the two English versions of The Analects[D].合肥：安徽大学，2013.

中国文化“走出去”国家战略与大学英语翻译教学策略探索

梁桂霞

摘　要：中国文化严重失语、中国文化翻译人才紧缺已经成为中国文化“走出去”的瓶颈之一，严重影响了中国文化对外传播的效果。由“迎进来”转变为“走出去”的国家文化新战略对大学英语文化教学提出了新的挑战。本文探索如何在大学英语翻译教学中融入中国文化内容，从而培养学生传播中国文化的跨文化交际能力。

关键词：中国文化“走出去”；大学英语翻译教学；策略探索与研究

1　引言

文化力量作为“软实力”是“硬道理”，大学英语教学责无旁贷地肩负着中国文化走向世界的重要使命。然而长久以来，大学英语教学一直存在着重视目的语文化借鉴而轻视母语文化输入的问题。2013 年 12 月的四六级考试把原来的汉译英句子翻译调整为汉译英段落翻译，翻译内容涉及中国的历史、经济、文化和社会发展等。语言测试对语言教学的“反拨”（backwash 或 wash back）效应，一定程度上唤醒了大学英语教学的跨文化交际能力意识，从而激发了学生借用英语语言传递中国文化知识和信息的学习热情。

作者简介：梁桂霞，留美硕士，北京工商大学副教授，研究方向为大学英语教育、跨文化翻译等。

2 面对中国文化“走出去”国家战略，大学英语翻译教学存在的挑战

长期以来，我们的学生耳濡目染西方文化，并且随着网络的普及，很多学生沉浸在“美国梦”而不做“中国梦”，对于我们祖国的文化了解得少而可怜，从而缺乏文化自信！面对中国文化“走出去”的国家战略，大学英语翻译教学确实存在着诸多严峻的挑战！[2]

2.1 大学翻译教学理念和教学方法缺乏创新

翻译教学一直处于大学英语教学的边缘地带，大学英语教学对于翻译教学一直存在模糊认识，翻译教学注重技法讲解而轻视实践训练，教学把大量时间和精力用于讲解词汇、纠正语法错误和语言惯用法等方面，而没有把重点放在培养学生的翻译思路和翻译能力上。

2.2 翻译教学普遍缺乏跨文化素养

我们的学生没有足够的课外英语材料的阅读，只注重课内内容以及强化听说，造成学生词汇量难有质的飞跃和量的突破。[3] 而且由于知识面狭窄，学生普遍缺少文化素养，而翻译的难点正在于对中西文化差异的跨文化认识。多数学生只能翻译词句，更不用说正确翻译出大量涉及历史、文化、社会经济等背景知识的汉语内容。

3 面对中国文化“走出去”大学英语翻译教学策略探索与研究

中国文化能够成功地“走出去”，必须让学生学会用英语来表达中国文化中独有的思想内涵。英语学习要与时俱进，必须要用英语输出我们的优秀文化、先进技术和经验，向世界展示一个古老而全新的中国！四六级翻译题型的调整是对培养跨文化交际能力教学任务和提高综合文化素养的教学目标的细化，将大学英语课程教学中的中国文化教学从理论上的可能性提升为实践中的现实性！

3.1 翻译教学要比较中西文化差异

大学英语教学要营造一个目的语文化与母语文化并重的教学环境，让汉语文化和英语民族文化会在学生身上形成积极互动。[3] 在大学英语教学中，可以设定一些主题，通过讨论、辩论等形式让学生进行中西文化的比较，增加学生的跨文化意识和对文化差异的敏感性。大学英语教学也可以针对不同的文化情境实施交际与翻译任务，运用任务驱动法，提高学生的跨文化交际能力和语言文化的比较翻译能力。也可以专题演讲的形式让学生讨论、表达熟悉的人物与事件，将英语学习与实际生活密切联系起来。[1]

3.2 翻译教学要比较英汉语言差异

有人说翻译活动就是“戴着镣铐在跳舞”。中国文化崇尚集体主义，强调“天人合一”的整体与和谐，这决定了汉语造句以名词为重心，以词组、散句和分句为手段，习惯按照时间、逻辑顺序进行横排式表述，其内部逻辑关系“含而不露”，甚至断句不严，外形松散；而西方文化崇尚自由主义，强调“天人分离”的分析与个性，因此英语以“主—谓”的主干结构为中心来统领语言成分，句界分明，外形严谨。翻译不仅是语言符号表层指称意义的转换，更是两种不同文化的相互沟通和移植。在对比分析的过程中，人们能够进一步认识英语和汉语母语的各自特性，注意区别不同语言各自的表现形式和方法，这样，学生在进行交际时，就能够有意识地顺应这些差异，避免表达失误，最终达到交际的目的。

3.3 翻译教学要加强中国特色英语教学

六级翻译新题型涉及中国的历史、文化和经济等话题，因此大学英语教学对于学生的词汇能力也有了更高的要求。大学教学应该要求学生关注时事报告或文件的双语表达，经常浏览《中国日报》的报纸或网站上涉及中国特色的日常生活的词组和短语表达，也可以浏览一些颇具人气的英语学习网站，比如沪江英语、可可英语等，从而掌握中国特色的词汇及短语，如历史事件、传统文化、风俗习惯、经济和社会发展，等等。

3.4 加强翻译理论教学 提高学生翻译技能

大部分教师翻译课堂讲解的内容局限于词汇和语法规则，很少涉及翻译理论和翻译的评价标准，教师应给学生介绍翻译的基本方法和一些基本理论常识，以提高学生的翻译能力。总体上，翻译必须遵循趋同原则，尽可能向原作逼近，这大致相当于彼得·纽马克所说的“as literal as is possible”，即“直译尽其可能”；然而，趋同不意味着硬译、死译，很多情况下译者需要根据权重进行调变或顺应，这大致相当于彼得·纽马克所说的“as free as is necessary”，即“意译按其所需”。常用的翻译方法有直译法、意译法、直译和意译相结合法、增译法、删略法、省略法、词类转换法、正反和反正法、长句拆译法、替代法等，注意被动语态、名词性从句、定语从句及状语从句的特殊译法。学生对基本的翻译理论有所了解，可以使其翻译实践更有成效。教授翻译理论可以使学生站在一个新的角度来思考翻译问题，自觉监督具体的实践活动。

4 结语

大学英语教学一定要以培养学生语言综合应用能力和多元文化素质为导向，使学生肩负起文化传播、弘扬中华优秀文化的使命。针对长期、普遍存在的“中国文化失语症”和文化翻译能力偏低的现状，要积极探讨构建跨文化翻译教学模式，不断对翻译教学进行创新和突破。

参考文献

[1]陈桂琴.大学英语跨文化教学中的问题与对策[D].上海:上海外国语大学,2014.

[2]王薇.大学英语四级翻译新题型之于跨文化翻译教学模式构建[J].教育教学论坛,2015(1):137-138.

[3]徐稳.全球化背景下当代中国文化传播的困境与出路[J].山东大学学报,2013.

浅析汉英翻译技巧之选词用字——以“让”为例

马 蓉

摘 要：根据语境理解词义是所有语言交际中的普遍原则。一个词在不同的语境中，会表现出不同的含义。一词多义性(polysemy)是语言的重要特征，大大丰富了语言的表达手段，使得语言生动活泼，但给翻译带来了难题。如何在错综复杂的众多释义中寻找到某一词语的准确含义？本论文将以“让”字为例，深入分析在汉英翻译中选词用字的原则及技巧。在翻译中词语的正确选择首先取决于对原文词义的确切理解。而对原文词义的确切理解又取决于对原文上下文的推敲，分析句子各成分之间的内在关系，正确理解汉语词语的内涵，确定词义，选择英语用词。

关键词：一词多义；语境

1 理论简述

随着我国对外交流的日益频繁，汉英翻译的重要性也大幅度提高。众所周知，在语言交际过程中，想要顺利地交流思想和理解彼此的话语信息，就需要根据言辞的上下文或其主观及客观环境因素进行判断，这两种因素合并成为“语境”(context)。在翻译过程中，充分考虑语境，不仅可以使译者正

作者简介：马蓉，北京工商大学外国语学院讲师，研究方向为应用语言学。

确把握话语的核心，更到位地理解原文，还有助于在译文中准确地体现原文的内容、风格，从而获得与原文相似的效果。

英国语言学家Firth曾经说过，“每个词语在用于新的语境中时则是一个新词”，强调了语境的重要性。一个词语在不同的语境中，会表现出来不同的含义。因此，我们可以这么理解：是语境决定了单词的含义，脱离语境的单词其实是没有任何实际意义的。

2 实例分析

由于语境的存在，使得我们的语言具备了一个很重要的特征，即一词多义。这在很大程度上丰富了语言的表达，使得语言生动活泼，但同时也给翻译带来了难题。如何在错综复杂的众多释义中寻找到某一词语的准确含义？接下来，笔者以“让”字为例，简要分析一下汉英翻译中选词用字的技巧。

在平时的教学活动中，笔者发现学生在很多情况下简单地将汉语中的“让”字用let表达了，造成的后果就是很多翻译让人啼笑皆非。而事实上，let并不能表达所有汉语中“让”的场景。英语中的let做“让”时，是“consent to， give permission”的意思，表示“允许”。

那么，我们一起来看看“让”字在《新华字典》里的几个常用意义，从而来讨论该字的翻译吧。

（1）请。

例1：让茶，让座。这里的意思是“请（别人）喝茶”，“请（别人）坐下来”。那么在英语里，这样的含义应该用“offer”这个词来表达。那么“让茶”就应该翻译为“offer sb. tea”，“让座”则是“offer one’s seat”。

例2：他把客人让进来。“让”在这个句子中表示“邀请客人进来”，那么译文就应该是“He invites the guest in”。

（2）使，允许。

例1：对不起，让你久等了。“让”在这里表示“使（某人保持一种状态）”。那么相应的，在英语里，我们常用“keep”或者“make”来表达。

这句话的翻译为“Sorry to have kept you waiting”，或“Sorry to have made you wait”。

例2：门卫不让我进去。“让”在本句中表示“允许”，英文可以用“allow”或者“let”，整句翻译为：The guard did not let / allow me in.

例3：医生让我卧床休息。“让”在这里带有一定的命令性或建议性的语气，那么英语里我们可以用“advice”“ask”或者“ tell”，整句翻译为：The doctor asked / told / advised me to stay in bed.

例4：老板昨天让我干了12小时的活。这里的“让”带有强制性，因此我们可以选择“force”或者“make”，整句则翻译为：The boss makes / forces me work 12 hours a day.

（3）不去争抢。

例1：各不相让。这里的“让”理解为“让步”，在英语里可以用“give up / give ground / give in / give way”来表示。各不相让则可以翻译为：Neither is willing to give up / give ground / give in / give way.

例2：他比你小，你该让着他点儿。这句话中的“让”表示“谦让”，那么在英语中可以选用“humor”这个词。“humor”做动词时，可以表示“to keep（sb.） happy or contented by accepting or agreeing to his wishes， even if they seem unreasonable”，正好符合我们这句话中的“让”的含义。因此，这句话可以翻译为：He is younger than you. You ought to humor him a little.

（4）避开。

例如：请让一让，好吗？这句话在生活中很常用，也好理解，“让”在这里带有“让路”的含义，一般我们会翻译为“Excuse me / Sorry”。但是根据不同的使用环境，这句话的语气可能有所改变，那么我们在翻译的时候还需要根据实际情况来判断，可以分别翻译为：Please step aside. Would you mind stepping aside？ / Please get out of the way.

（5）转让。

例如：他决定让一部分股票出来。这里的“让”有“（低价）出售”的含义，那么可以选用“sell off”来翻译，因为“sell off”意思是“to sell (esp. items which are unwanted) often at very low prices”。整句话译为：He decided to sell off some of the stocks.

(6) 介词。

“让”字做介词的时候，没有实际的意义，通常表被动，在英语中可以使用被动语态来翻译。

例1：庄稼让大水冲跑了。可以翻译为：The crops were washed away by the flood.

例2：行李让雨给淋湿了。可译为：The luggage got wet in the rain.

3 结语

根据以上浅显的分析举例，我们不难看出根据语境理解词义是所有语言交际中的普遍原则。在翻译中词语的正确选择首先取决于对原文词义的确切理解。而对原文词义的确切理解又取决于对原文上下文的推敲，分析句子各成分之间的内在关系，正确理解汉语词语的内涵，确定词义，选择英语用词。

参考文献

[1]张培基.英汉翻译教程[M].上海:上海外语教育出版社,1980.

口译失误分析

田 芳

摘 要： 口译失误在口译课堂上频繁出现，有的失误会造成严重的后果。本文对在口译课堂上学生易出现的口译失误进行分类，分析了失误原因，讨论在课堂上对避免不同失误所采用的教学方法，其中重点讨论了语音失误、词汇使用失误、口译技巧不当和语用失误。

关键词： 口译失误；语音；词汇；口译技巧；语用失误

口译即口头翻译，是通过口头表达形式，将所感知和理解的信息准确而又快速地由讲话者使用的语言形式转换成目标听众的语言形式的交际行为，其目的是为了达到完整并即时传递与交流信息，是现代社会跨文化、跨民族交往的一种基本沟通方式。[1] 口译具有即席、不可预测的特点，且由个体操作，现场压力大。英语专业的口译课一般开在第三年，目的是使学生对口译有所了解并能完成各种场合下的口译任务，达到沟通交流顺畅进行的目的。但由于口译的特点以及学生的个人积累和知识不足，学生在口译课堂上较为频繁地出现口译失误。学生在口译课上的失误有的是由于语言能力不足造成的，包括表达失误，还有语用失误。下文中重点谈谈语音失误、词汇使用失误、使用技巧不当和语用失误。

在以上几点失误中，母语负迁徙都是很重要的一个原因。当外语学习者

基金项目：北京工商大学青年教师科研启动基金项目(编号：QNJJ2014-03)。
作者简介：田芳，硕士，北京工商大学外国语学院讲师。

在学习一门外语时，往往会受到母语语言系统、文化和习惯的影响。当所学外语与母语系统不一致或冲突时，就会产生干扰外语学习的母语负迁徙。

在语音表达方面，元音错误是由于舌位、口型不正确，辅音则是受到母语迁徙的影响，如发/f/、/v/时会发成类似中文“服”音。另一处较明显的发音错误为发音不干净，尤其在北方学生中，学生会在辅音结尾的词尾处拖音，发出类似/ε/的声音。课堂上做有针对性的训练后，学生能够掌握，但在即兴讲话和口译过程中仍有一半左右的学生会出现发音错误。在口译课堂上，在语音纠误后的一次演讲活动中，一半左右的学生出现了上述所提到的发音错误，但也有部分学生出现正确发音和错误发音同时出现的情况，说明训练有效但需要足够时间使学生把知识完全内化并摆脱母语负迁徙的影响。

词汇和语法错误的出现部分是基本功不足的体现，还有一部分是母语负迁徙的结果。如词汇方面，混淆使用动词和名词，汉语词汇使用中不强调词性，因此学生在口译过程中只考虑英汉语义相近的问题，常常出现滥用动词的现象。此外，学生对词义的一知半解也是造成用词不当的原因，如“问题”一词，学生往往会翻译成problem，而不考虑“问题”是有待解决的麻烦（problem），还是需要回答的问题（question），又或者是一个要讨论的话题（issue），这三者在中文都可用“问题”表达，但翻译为英语要使用不同的词汇。

学生在口译中出现的使用技巧不当主要体现在对句子重心的安排和大量使用短句。英语的句子是重心在前的，而汉语习惯重心靠后。如：自从我们收到您来访日期的电子邮件后便一直期待着您的到来。这句话表示了主人对客人的欢迎之心，重心在“我们期待您的到来”，因此恰当的翻译应为：We've been expecting you ever since we received your e-mail message informing us of your date of arrival. 但不少学生会使用顺句推动的技巧不做句子结构的调整而翻译为：Ever since we received your e-mail message informing us of your date of arrival, we've been expecting you. 这样的句子结构使重心集中在前部“我们收到了您来访日期的电子邮件”，不符合主人真正的意图。

英语句子重形合，大量使用衔接词表明意群或短句之间的逻辑关系，因而英语中多长句和复合句；而汉语重意合，意群和短句之间的关系由逻辑关系自然表达，衔接词并非必需，因而汉语中多短句。如：我相信我们这次合作仅仅是个开端，今后合作的机会将会更多。这两句之间并无衔接词，但它们之间的逻辑是显而易见的，这个“开端”会带来“更多的合作机会”，故而翻译时宜用lead to把两句连接起来，译为：I believe this initial cooperation will lead to many more in the future.

语用失误指的是跨文化交际中听话人对说话人话语的语用意义做出不到位的理解或不恰当的反应。在口译中则指口译员使用了符合目标语语法、符号正确的句子，但说话不符合场合，或者说话方式不当，又或者违反了社会文化习俗，不顾双方的身份、社交关系因而使语言交际中断或失败，无法达到预期的交际效果。语用失误也有因语言使用不当和对语境把握不当造成的语言语用失误和因不熟悉社会习俗与社交准则造成的社交语用失误。[2]

母语迁徙也是导致语用失误的一个主要原因，口译员把母语的一些在语义或结构上与目标语相近但语用意义有差别的话语使用到目标语中。例如：

课堂练习旅游观光口译时有一句：转了一天您一定很累了。中国文化中这样的表述表达了主人对客人的关心，但在西方文化中并不适用，若译为“You must be tired after today's tour”反而会让客人有被冒犯的感觉，因此更为恰当的翻译可以为：I hope you have enjoyed today's tour.

学生在口译课中出现的失误各种各样，由失误能看到的原因也形形色色。学生之间有个体差异，但共性的错误是口译教师在口译课堂上应该指出并加以训练的。正如在本文中所提到的语音错误，词汇选择失误，使用技巧不当和语用失误中都能看到母语负迁徙，在口译教学中有必要对学生指出这些问题并在各个层次上采用合适的手段进行训练和指导。

参考文献

[1] 梅德明.高级口译教程[M].上海:上海外语教育出版社,2011:6.

[2]涂文婷.语用负迁移与汉英口译中的语用失误研究[J].安徽工业大学学报:社会科学版,2014,5(31):64-66.

英文财务报表翻译研究

韩姗姗　石洪宇

摘　要：本文首先分析了当前英文财务报表翻译中存在的问题，然后根据英文财务报表的词汇、语法特点，提出准确、严谨的翻译策略。

关键词：英文财务报表；翻译；会计术语

1　国内英文财务报表翻译研究现状

财务报表作为综合反映企业某一特定日期财务状况和某一特定时期经营成果、现金流量状况的书面文件，是经济活动中的重要组成部分。随着经济全球化程度的进一步加深，英文财务报表的翻译慢慢得到重视。但由于中西方国家采用的会计准则不同，财务报表的披露工作面临诸多困难。大量会计术语以及会计准则要求翻译人员要兼具良好的英文翻译功底与会计知识储备。然而，我国会计及英语复合型专业人才十分欠缺，英文财务报表的翻译研究还处于初级阶段。因此，本文首先分析了当前英文财务报表翻译中存在的问题，然后根据英文财务报表的词汇、语法特点，提出准确、严谨的翻译策略。

作者简介：韩姗姗，北京工商大学商学院会计专业学生，主要研究方向为财务会计、审计。石洪宇，北京工商大学外国语学院讲师，主要研究方向为英语教学法、应用语言学。

2 英文财务报表词汇特点及翻译方法

财务报表主要是以表格的形式表达信息，因此省略句和缩略语往往会取代较长句以及较复杂的书面语，使财务信息的表述更加简洁明了。同时因为财务报表的信息具有较强的专业性，因此许多会计术语被广泛采用，以简练的方式表达了复杂的专业概念，概括了对象的特征，为财务报表使用者提供了有价值的会计信息。经过研究，笔者发现这些术语在翻译时要注意以下特性：单一性、对应性、创新性、通用词专业化、缩略词拓展化等。

（1）单一性。这是指该术语只表达某一个特定的含义，且该事项也只能用该术语进行定义，同时该术语只适用于某一个学科领域。[1] 例如：fair value（公允价值），discount rate（贴现率）。由于这些术语用法比较固定，具有较强的独特性，因此在翻译过程中往往采取直译的方法。

（2）对应性。这是指报表中的一些词汇往往在逻辑上具有一种关联或者矛盾，构建双方的联系将有助于翻译工作人员更好地把握翻译标准。[1] 这样的词汇有：intangible assets（无形资产）—tangible assets（有形资产）；profit before tax（税前利润）— profit after tax（税后利润）等。这些词汇可以在直译的基础上，通过与相对应词汇的联想，翻译出更加准确的含义。

（3）创新性。随着互联网等新技术的飞速发展，以及经济全球化趋势的加强，越来越多的新兴产业占据资本市场。由于商业领域中多股新力量崛起，许多专业词汇也在会计领域中出现，尤其是在报表附注中，越来越多的创新词汇被包含进去，例如：future transaction（期货交易），cyber-trade（网上交易）。这些词汇的翻译往往要求翻译人员关注时事，在充分了解词汇背景及产生、发展的基本信息后进行翻译。

（4）通用词专业化。有一些日常词语在会计报表中不再具有本来的通用含义，它们被赋予了具有专业领域特色的含义。例如，“figure”和“word”在财务报表中意思分别为“小写”和“大写”。这类词汇往往是一词多义，由于其本身比较通用，特征不够明显，容易被翻译人员忽略，导致翻译的不准确性。这就要求翻译人员注意积累会计专业相关知识及专业词汇，培养敏锐的判断力，并注意结合语境分析词汇含义。

（5）缩略词拓展化。截短词往往可以帮助会计信息使用者用较短的时间捕获更多的重要信息，提高书写以及阅读的效率。例如：REF=reference（备查），A/C=account（会计科目）。需要注意的是，有些不同的术语的缩略形式可能是相同的，如deposit account（存款账户）和Documents against Acceptance（承兑交单）都缩写成D/A。这就要求翻译人员夯实会计功底的同时，也要注意结合语境认真分析缩略词的含义，如有必要应主动与知悉报表信息的相关人员取得联系，进一步确认其真正的含义。

3 小结

财务报表作为企业财务信息的重要载体，其提供信息的准确性将极大地影响报表信息使用者的决策。因此，翻译人员在翻译过程中要保持高度的责任感，根据情况采用适当的翻译策略，当遇到较为生僻或者新产生的词汇时，要积极查阅相关资料，在全面了解其含义后，再进行分析；在必要情况下要及时与信息提供者及相关负责人取得联系，进一步核对信息保证准确性，时刻保持职业严谨性。

参考文献

[1]陈明瑶.企业财务报表的词汇特点及其翻译[J].上海翻译. 2009(4):63-67.

英汉语言中的性别歧视现象小议

郝雪琴

摘　要：英汉语言中到处可见对女性歧视的现象，本文对英汉称谓语、咒骂语以及隐喻当中存在的对女性的歧视进行分析，重点探讨英汉语言中女性词汇意义的贬降问题，以期得到重视、规避。

关键词：称谓语；语义贬降；咒骂语；隐喻；性别歧视

语言是文化的载体，语言是社会的镜子，人类社会长期以来都是男性主宰的社会，语言中的性别歧视比比皆是，随着20世纪60年代始于美国的女权运动的开展，男女平等的概念已经植入人们的意识当中，起码没有人可以公然声称男女不应该平等，然而，存在于语言中的性别歧视不可能很快消失殆尽的，还需要我们不懈地努力，甄别分析语言中的性别歧视，尽力避免。

1　英汉称谓语中的性别歧视

众所周知，由于社会历史和宗教等各个方面的原因，英汉语言中对男女的称谓从构词、词序、词义都存在着性别歧视。英语中表示女性的词一般是由表示男性的词加上后缀或前缀等变化而来的。比如：man—woman，

作者简介：郝雪琴，北京工商大学外国语学院讲师，研究方向为美国研究。

male—female，waiter—waitress，hero—heroine，等等。还有一些词汇没有女性相对应的词，例如：chairman、postman、fireman、businessman等。有些词则没有性别标记，像professor、writer、doctor、director、manager、judge，但如果要表示女性则前面需要加上女性标记，如woman doctor、lady professor等。词序的先后所表现得歧视已经很难改变，有些带有-man的词可以稍作改动，称作chair person、fire fighter、business assistant。在英语中“virgin，prostitute”给人的第一联想就是处女和妓女，相对应的男性的意义似乎都消失了。汉语中基本上都是加个“女”字，女演员、女作家、女医生、女主席等，似乎这些职业通常是由男人做的。英汉词汇中，有个别的词汇只有一个性别，如kingdom（王国）、mankind（人类），没有相对应的女性的词汇，而housewife（家庭主妇），没有“家庭主夫”。

西方大部分人结婚后都要改姓丈夫的姓，称为Mrs，不像男士只有一个称呼，这不利于女性保持自己婚姻的隐私，女权运动发明了新的一个未婚、已婚都可用的Ms。女人的名字很难被注意到，非常著名的科学家大部分人也只知道她叫居里夫人，英国的前首相被称为撒切尔夫人，她们的名字却鲜为人知。新中国成立后不用改姓丈夫的姓，不用被称为王氏、李氏等，这点比西方要进步不少，但孩子的姓一般都是跟随男人的姓氏，女人的姓名根本不重要，对“阿庆嫂、祥林嫂”不知道确切的姓名，充分说明人们有着重男轻女的偏见。

2 英汉性别词汇中的女性词汇的语义贬降

英语中有不少词男性和女性的词义逐渐变得不再对等，女性的词出现了贬降。如：king（国王），queen（女王或男同性恋中女方）；master（主人），mistress（女主人，情妇）；governor（州长），governess（女长官，家庭女教师）；sir（先生），madam（女士，老鸨）；man in the street（普通人），woman of the street（妓女），public man（指公职人员），而public woman则指妓女，call boy（侍应生），call girl（应召女郎），bachelor指（快乐的）单身汉，而相应的spinster指（古板、怪脾气的）老处女。英语中的father、 lord，一直都是褒义，如果大写则是至高无上的“圣父”“主”，而相应的mother有时会带点贬义，指唠叨的女人，而lady则从贵妇降为情妇，据统计英语中表示荡妇、妓女的词汇有500多个。

同样的词汇针对不同的性别有不同的意义。形容女性的词汇通常带有性方面或贬低的意义。例如，He is professional/She is professional，其中的professional，前者指专业人才，后者指青楼女子；easy形容男性就是平易近人，形容女子就表示水性杨花；fast表示男子敏捷，形容女子生性放荡；cold形容男人冷静，表示女人性情孤僻。这点上汉语中歧视倒是不多见，状况稍好些。

汉语中，“小姐”这个词的语义有了贬降，还有不少词汇对女性有所贬低，妻子被称为贱内、屋里的、内人；女性通常被称为女流之辈、妇人之见；有外遇的男子称为风流，有外遇的女子则被称为“二奶/小三/破鞋”。男人讲义气、敢做敢当，有男子气概，可以是“哥们儿，爷们儿”；而相对应的“姐们儿、娘们儿”则通常是贬义，讽刺一个人犹豫不决、心胸狭窄或懦弱。

3 英汉咒骂语和隐喻中的性别歧视

汉语中，最典型“国骂”，后面经常跟着的宾语跟女性有关，反映了这些咒骂语言中带有歧视与偏见。而英语中的咒骂中也有类似的，如“son of the bitch狗娘养的”，但“f××k”之后没有跟一个女性词，而是“you”。这可能跟中西文化的差异有关系，他们并不认为被贬损为别人的“儿子、孙子”是奇耻大辱，这说明中国人更注重长辈，伤害长辈能更伤人。

英语中常常把女人比喻为动物和食物。年轻的女子被称为chick、bird、kitten；而年长点的女性被比喻为dog、pig、horse；包藏祸心的女人被称为cat，vixen指泼妇、爱唠叨的女人，social butterfly是交际花，而脾气暴躁的女人被比作bitch，bat指妓女，而hen-party指妇女聚会，hen-pecked形容男人是妻管严。英语中女人还被比作食物，如peach、tomato、plum、dish、sugar、honey、sweet、tart，而fresh meat（鲜肉）指的是刚入行的妓女。

汉语中也常把女人与动物和食物相比，如美女蛇、狐狸精、母老虎，“河东狮吼”用狮子来比作悍妇，鸡用来比喻妓女。“樱桃小嘴”“指若削葱”“秀色可餐”的说法处处可见，把女人比作豆腐，占便宜指的是“吃豆腐”。

英汉语言中这些歧视女性的根源在于历史宗教文化的长期影响，只要性别歧视还存在，就不可能根除这些歧视的语言，不过只要全社会的人们都能意识到这种歧视，尤其是被歧视的女性，只要不懈地努力争取平等的权利和机会，不久的将来就能看到真正性别平等的曙光！

参考文献

[1] 彭增安. 隐喻研究的新视角[M]. 济南：山东文艺出版社，2006.

[2] 叶娇琳，陈柏华.概念隐喻下的英汉语言性别歧视研究[J].语言应用研究，2014(8)：155-158.

[3] 斯芹高娃.探析英语称谓语的性别歧视现象[J].呼伦贝尔学院学报，2013(12)：105-108.

[4] 陈艳君，刘德军. 英汉称谓语异同比较及应对策略探析[J].南华大学学报：社会科学版，2011(3)：100-103.

[5] 普正芳. 英汉语言中的性别歧视现象探析[J].科教文汇，2010(8)：109-110.

关于语言学的四大分析平面不同地位的论述

李 洁

摘 要：普通语言学是研究语言的学科。语言学是一门以观察或实验为根据的科学，语言学处理语言材料的方法及对它的论述是通过论证来进行的，并受科学的三原则指导。语音学和语法是普通语言学的两大分析平面，这两大分析平面又可展开为语音学、音位学、语法学和语义学。相比语音学和语义学，音位学和语法学更容易在彻底性、一致性和简洁性三个科学原则的指导下再用科学的方法来研究，并且已经建立了相对稳定的体系，更符合语言学作为一门独立的科学的特点，因此被视为语言学的中心领域。

关键词：语音学；音位学；语法学；语义学

普通语言学是研究语言的学科，也可简称语言科学，或语言的科学研究。语言学是一门以观察或实验为根据的科学，语言学处理语言材料的方法及对它的论述是通过论证来进行的，并受科学的三原则指导，即彻底性、一致性和简洁性。语音学（phonetics）和语法是普通语言学的两大分析平面，这两大分析平面又可展开为语音学、音位学（phonology）、语法学（grammar）和语义学（semantics）。对于不同的分析平面在语言学研究中不同的地位，可以从这四个分析平面本身的研究内容和涉及的范围来看。

作者简介：李洁，北京工商大学外国语学院讲师，研究方向为英语语言文学。

1 语音学

语音学是对人类唯一普遍使用的语言交际手段，即言语的科学研究。语音学是一门纯科学，它不一定需要和某种具体语言联系起来进行研究。语音学方面的工作可以分为两大类：①对语音的发音、声学或感知作一般性研究；②对特定语言的语音性质作研究。在语言学的语音学主要从事第一类工作；而后一种意义所涉及的研究语音在某种语言发音系统应用的情况就属于音系学的范畴。语音学研究语音，包括言语产生（也就是言语在现实中怎样形成、传递和接受），言语的声音，语言的描写和分类，词语和话语的连接等。这个学科中有三个分支：发音语音学，声学语音学和听觉语音学。发音语音学研究发音器官在发音过程中的各种运动。在对发音过程进行描写时会参照生理学上的发音部位。如对英语中元音/u/的描述为：舌后部向软腭抬起，舌身向后缩，舌尖离下齿；双唇收圆，略向前突出。声学语音学研究语音的物理属性，用与音波有关的物理声学概念来分析音高、音强、音长和音质。听觉语音学主要研究听觉和语音感知，考查语音通过耳朵、听觉神经和大脑，传递给听者造成的印象，涉及语言心理反应和神经学。

2 语义学

语义学是语言学集中研究语言意义的一个主要分支。这个术语也用于哲学和逻辑学。在语言学里，语义学研究重点在自然语言的语义特征。既然语义学以研究意义为其主要目标，首先必须弄清楚意义是什么。然而不同的语言学家对意义的解释不同。例如，按照索绪尔的“符号”理论（1966），语言符号被认为是由“能指”和“所指”构成，即由一个心理“联系”纽带联系起来的一个声音形象和一个概念构成。又如，布龙菲尔德的“行为主义”语义学是用心理学行为主义的方法研究意义，将意义研究限制在可观察可测量的行为。而语言学研究的意义包括普通说话人的话段的意义，每个人由于他们的社会环境不同，经历不同，所形成的常识也不同，对话段的意义理解也会不同。这种对意义理解的不同使得在研究语义学时要考虑到语言的社会属性，因此通常在研究语义学的同时会涉及与研究社会中的人相关的科学，如社会人类学。由于语义是反映人类的思维过程和客观实际的，所以语义学与哲学、心理学、逻辑学等邻近学科有密切的关系。要研究语义现象，发展语义学这门科学，单靠语义学家是不行的，还需要哲学家、心理学家、逻辑学家、人类学家等学者的密切合作，才能对语义现象加以全面、科学地剖析和描述，建立起语义学的科学体系。

从以上的对语音学和语义学的分析可以看出，它们的研究不仅涉及语言学，而且还涉及其他学科，如物理学、生理学、社会学、心理学、逻辑学等，要在这两个语言学分析平面里建立科学体系不仅需要在语言学的范围内做科学的研究，而且需要其他邻近学科的共同研究，因此处于语言学研究的边缘。

普通语言学研究的对象是语言。语言作为交际的工具自身必须是一种有意义的体系；它绝不能是各种声音的随意凑合，或是各种符号的任意堆砌。生理学上说，人的发音器官能发出成千个不同质的声音。然而每一种具体的语言仅仅使用其中的一小部分，约十个以上，一百个以下不等的音，称为音素。一种语言为了完成它作为符号和交际的作用，它必须将这些数量有限的音素不断反复使用，以不同的模式排列成不同的序列而构成不同的有意义的词。音素以一定的模式组合成词；同样，词也以一定的模式组合成句。语言中这种正式的模式和组合就是音位学和语法学这两大平面的研究对象。较之语音学和语义学，音位学和语法学更容易在语言学领域里用科学的方法来研究，加之这两个分析平面的功能性，因此处于中心领域。

3 音位学

音位学研究各种语言的语音系统，包括语音和音节的结构、分布和序列，它将音位视为起止点来处理语言的语音体系。在音位学中，语音被组织成一种对比的系统。这些对比在不同的理论中可用音位、区别性特征或其他诸如“音系单位”等术语来分析。音位学的目标是要论证每种语言都有区别性语音的模式，同时还要对世界上各种语言里的语音系统的性质尽可能做出一般的说明。音位学关心的是具体语言里语音的范围及功能（因此常叫作功能语音学）以及可用来说明把词和其他语言单位联系起来并作对比的各种语音关系的规则。

语音学和音位学都研究相同的语音材料，但是语音学是一般的（即不考虑语音在具体语言中的功能）、描写的和分类的；音位学是具体的（即着眼于具体的语言）和功能的（即研究具体语言中的作用或功能）。如在英语中的一对清辅音和浊辅音/p/、/b/是一组有区别性的特征的音。这些有区别性特征的音被称为音位，它是音位分析中的基本单位。音位是经过声音的差别选择的数量有限、反复出现的有区别性单位，它能被用来区别不同的词。在单词pin与pan中用/b/代替/p/都能改变单词的意义。而在语音学中只对这两个音进行描写和分类，而不研究这两个音的功能作用。“语音学是研究在言语中人类嗓音所能发出的语音，而音位学则是研究这些语音中能形成语言和意义的一个子集。前者是无序的语音，后者则注重有序。”从这两大分析平面的功能来看，也能解释语音学相对音位学的中心领域而处于研究的边缘的原因。

语言是表达人类思想的符号系统。语音只有组成语素和词才是符号。词由语素组成，语素和词都表示一定的意义。但是要表达各种思想还必须把词组成有意义的句子。

4 语法学

语法学从狭义理解（即按语言学的传统含义和通行的理解），就是研究的是词与构词成分如何组合起来形成句子。语法指语言结构的一个层面，可独立于音位学和语义学进行研究，它一般分为句法学和形态学两个分支。从广义上理解，语法被视为一种语言结构关系的整个系统。句子是语法平面分析的最大单位和结构阐述的上限；句子作为完整的话语，其意义可以从整个非语言的环境中抽象出的言语环境来解释。语法的核心部分是对语言的句子中的词与词之间具有模式特征的相互关系以及系统分析说明这些关系所用的方法的阐述。语法具有抽象性和稳固性的特点。

所以相比语音学和语义学，音位学和语法学更容易在彻底性、一致性和简洁性三个科学原则的指导下再用科学的方法来研究，并且已经建立了相对稳定的体系，更符合语言学作为一门独立的科学的特点，因此被视为语言学的中心领域。

参考文献

[1]岑麒祥.语言学史概要[M].北京:北京大学出版社，1988.
[2]胡明扬.西方语言学名著选读[M].北京:中国人民大学出版社，1999.
[3]刘润清.西方语言学流派[M].北京:外语教学与研究出版社，1995.
[4]布龙菲尔德.语言论[M].袁家骅，等，译.北京:商务印书馆，1980.
[5]索绪尔.普通语言学教程[M].高名凯，译.北京:商务印书馆，2001.
[6]ROBINS R H.简明语言学史[M].许德宝，等，译.北京:中国社会科学出版社，1997.

莎剧语言的陌生化手段

全凤霞

摘 要：形式主义文学批评理论认为，文学作品的语言是“日常语言”被“陌生化”的结果；语言的陌生化也就是语言的文学化。诗歌的文学性主要指语言的韵律、节奏、措辞、句法结构等语言表层问题以及修辞等语言深层问题。本文主要探讨莎士比亚戏剧语言的陌生化手段。

关键词：陌生化；形式主义；跨行句

1 关于陌生化

形式主义批评文论属于艺术理论上的先锋主义。形式主义者对语言高度重视，对形式密切注意，对手法高度青睐。“陌生化”是其核心概念之一。什克洛夫斯基是形式主义论派的领袖，他在《作为技巧的艺术》一文中指出：“艺术之所以存在，就是为使人恢复对生活的感觉，就是为使人感受事物，使石头显出石头的质感。艺术的目的是要人感觉到事物，而不是仅仅知道事物。艺术的技巧就是使对象陌生，使形式变得困难，增加感觉的难度和时间长度，因为感觉过程本身就是审美目的，必须设法延长。”在此，什克洛夫斯基第一次提出了艺术陌生化的问题，在世界文学论坛产生了重大影响。什克洛夫斯基认为，文艺创作不能够照搬所描写的对象，而是要对这一

作者简介：全凤霞，北京工商大学外国语学院讲师，主要研究方向为英美文学。

对象进行艺术加工和处理。陌生化则是艺术加工和处理的必不可少的方法。这一方法就是要将本来熟悉的对象变得陌生起来，使观者在欣赏过程中感受到艺术的新颖别致，经过一定的审美过程完成审美感受活动。陌生化手段的实质就是要设法增加对艺术形式感受的难度，拉长审美欣赏的时间，从而达到延长审美过程的目的。

莎剧语言是被陌生化的语言，容易给人造成欣赏受阻，只能慢慢“消化”，但回味悠长，有着独有的灵魂、意境和美感，给人完全不一样的审美体验。它的美就来源于莎士比亚对语言形式进行了陌生化处理。莎士比亚在创作戏剧时，对日常标准语言进行艺术加工和处理，将语言陌生化和艺术化，使其语言形式有别于人们日常熟悉的，语言凝练，富有想象力，意蕴深厚，具有形式美和强烈的文学性。莎剧是艺术瑰宝，它的美就源于语言的陌生化。莎剧语言的“拧”或“乱”正是其新颖别致之所在。

2 莎剧语言的陌生化手段

莎士比亚对语言进行陌生化处理是多层面的，可以在词汇层面、短语层面、句子整体结构层面等。将语言“扭曲变形”本身并不是目的，最终目的是要创造诗歌语言的声音美以及表情达意。莎士比亚最突出的语言陌生化手段有三个：跨行句、词序调整和语音变异；还有一个次要手段：古旧词。

2.1 跨行句

在读莎剧时，如果指望能将每句诗行进行传统的“主语+谓语+宾语”的分析，恐怕会经常失望，因为常常找不到主语，宾语也不知在何处，而各种短语或修饰成分却是那样地抢眼，于是一阵阵陌生之感强烈袭来，让人很快败下阵来。这正是莎士比亚的重大语言陌生化手段之一——跨行句所导致的结果。莎剧的语言跟其他格律诗一样，“句子”不像小说或散文的句子那样一目了然。由于换行的需要，常常会有两三行甚至更多的诗行构成一个句子的现象，换句话说，一句标准常规的完整句子会被分成数行排列在诗歌里，这种现象就是跨行句。由于“句子跨行”，句子的主语、谓语、宾语和各种修饰成分散布在多行之间，一个诗行有时仅为一个短语，名词短语、动词短语、介词短语、非谓语动词短语、从句都有可能构成一句诗行，句子的主语和谓语遥遥相隔在莎剧是常有的事情。跨行句在莎剧里非常多见，所跨越的行数不定，一般跨二行、三行、四行、五行、六行不等；但每当莎翁感情激昂、思绪澎湃、几乎收不住情感的闸门时，他让笔触就那样一直自由地挥洒着，几乎无休无止，此时的跨行句几乎可以构成一篇散文的长度了，令人叹为观止，比如在历史剧《理查二世》里，就有最多、最长的跨行句。作为国王，理查王是一个失败的政治家，刚愎自用，贪恋时尚；但理查王却是一个杰出的诗人，才情四溢，出语不凡。在莎士比亚的悲剧里，也颇多跨行句。总之，跨行句是丰富的思想和激昂的情绪的产物，而莎士比亚是最具深情、敏于观察和精于感悟的人，所以他的语言自然不会是平淡之辈。在莎剧文本里，有数不清的跨行句，有时一个句子跨越多达几十行，到处可见连串的排比、设问，到处都是大篇幅的哲理分析，恰似狂风大作，海浪汹涌，又似野马奔腾，狂野无羁，令人惊心动魄，形成了莎士比亚雄壮的语言风格。

2.2 词序调整

莎士比亚在创作剧本时，会因为各种原因调整词序，使单词和短语的排列规则超出常规，发生变异，而且这种现象非常普遍。词序调整主要出于两个目的，一是为了满足某种节奏或韵律的要求，二是为了加强语气，突出某种思想状态。常见的词序调整主要有以下五种情况：宾语前置、形容词后置、介词前置、动词前置、表语前置。

比如：

Highly-stomached are they both, and full of ire;

　　In rage deaf as the sea, hasty as fire.

他们两个都是心高气傲、秉性刚强的人；

在盛怒之中，他们就像大海一般聋聩，烈火一般急躁。

——《理查二世》第1幕第1场

这是历史剧《理查二世》中理查王的话语。兰开斯特公爵的儿子亨利·海瑞福德控告诺福克公爵以谋逆罪，于是理查王就让控告和被控双方当面对质，上面的“they both”就是指亨利·海瑞福德和诺福克公爵。在这一行，表语highly-stomached前置于句首，使语气饱满有力，突出了“心高气傲”的内容，从而使形式与内容高度统一；第一行的标点符号将这一行一分为二并形成自然停顿，highly-stomached的前置使这一行的两端都是表性情的用词，从而使这两部分有着同样的分量，使整行读起来节奏铿锵，突出了语言所表达的主题：控告。

莎剧中词序的调整方式有时就像魔术师手中的扑克牌一样令人眼花缭乱，但观者只要保持欣赏的态度惊叹其神奇便罢了。

2.3 语音手段

语音是人们表达思想和交流感情的主要手段，人们通过语音语调的变化可以表达各种不同的情感。在英语语言中，单个词的发音和拼写是相对固定的，其重读音和非重读音是有规律的，人们都自觉无意识地在日常交流中遵循着这些规律。但在文学作品中，文学家和诗人却经常故意打破这些规律，使单词的语音语调和拼写发生变异，从而实现语言的文学化。在莎剧里，语音变异主要表现为省音（词首省音、词中省略、尾音消失）、添音、故意读错等。

下面以词内省音为例。词内省音通常是指单词中的某个或某些音的省略，也主要是非重读元音的省略。莎剧中词内省音时有发生：

And when this hail some heat from Hermia felt,

So he dissolved, and show'rs of oaths did melt.

(Act I, Scene 1, A Midsummer Night's Dream)

第二行的show'rs本为showers，但作者进行有意的改写，使单词少了一个音节，使诗行正好10个音节，从而构成整齐的五步抑扬格。

2.4 古旧词

在莎剧中，还有一些语言陌生化元素是客观历史原因所导致，毕竟莎士比亚戏剧创作是16世纪末17世纪初，处在现代英语的发展早期，无论在结构还是词汇方面都有浓郁的古风残留，主要体现在语法中主语和谓语的数的不一致性以及一些古旧词的使用上。比如，“What though he love your Hermia? Lord, what though?”（即使他爱你的赫米亚又有什么关系？上帝，那又有什么关系？）（《仲夏夜之梦》第2幕第2场）这句台词，按现代语法规则，这一行的love应该用loves；在另一句“Old John of Gaunt，time-honored Lancaster，hast thou according to thy oath and band brought hither Henry Hereford thy old son?”台词里，就有四个古旧词：hast，thou，thy，hither。

常用的古旧词并不多，所占比例很小。莎剧中常见的古旧词有：thou（you的主格），thee（you的宾格），thine（your，用在元音前，如thine auntie），thy（your），art（are），perchance（by chance），bourn（border），methinks（it seems to me），like to（like），forsooth（no doubt），quoth（said），hast（have），doth（do）。读莎剧时见到这些古词，能让人感悟到独特的古朴美。

参考文献

[1]莎士比亚.莎士比亚全集[M].朱生豪，译.北京：人民文学出版社，2010.

[2]朱立元.当代西方文艺理论[M].上海：华东师范大学出版社，1997.

《动态视角下的二语发展：方法与技巧》介绍

田　莉

摘　要：本文介绍了《动态视角下的二语发展：方法与技巧》介绍一书的主要内容，并做了简要评估。

关键词：二语习得；动态系统理论

应用语言学领域的动态系统研究始于Larsen-Freeman[1]，目前已成为应用语言学界公认的研究方法。动态系统理论认为，语言系统具有非线性、初始状态敏感及变异性等特征，是一个典型的动态系统。该系统包含许多子系统，无论主系统还是子系统都具有变异性。系统的稳定性并不是静态的，而是处于变异性的不同阶段。其变异程度在一个系统（或子系统）从一个吸态（attractor state）进入另一个吸态的时候是最大的[2]。当我们注意到稳定性和变异性相互作用所产生的变化本质时，我们就找到了理解语言学习和语言发展过程的新方法。[3]

动态系统理论视角的二语发展研究已经取得了不少成果，但这些研究主要对动态系统理论下的二语发展研究进行了阐述。该领域的实证研究还比较少见，主要原因是缺乏研究方法的指导。《动态视角下的二语发展：方法与技巧》（*A Dynamic Approach to Second Language Development*：*Methods and Techniques*）解决了这一问题。该书的编者是Marjolijn H. Verspoor，Kees de

基金项目：本文为北京市教委2015年度社科计划批准立项项目“首都大学生二语发展可变性的跟踪研究——动态系统理论的视角”（编号：SM 201510011007）的研究成果。

作者简介：田莉，北京工商学院外国语学院讲师。

Bot和Wander Lowie，由John Benjamins出版社2011年出版。除前言和结语外本书共收录六篇文章，其中前两篇是理论论述，后四篇是研究方法介绍。结语后面附有研究方法的“实际操作”练习。本书旨在为那些从动态系统理论角度探讨语言发展过程的研究者提供方法和技巧方面的指导。下面介绍其主要内容。

在前言中，Verspoor、de Bot和Lowie强调了实证研究的重要性，认为建模（modeling）不能代替实证数据，而应模拟实证数据来测试理论认识（theoretical insights）。作者认为基于动态系统理论的研究可以使用多种数据，包括变异数据、密集数据的采集与分析以及与纵向发展数据相关的模拟数据等。

第一章，为动态系统理论视域下的二语发展研究。de Bot和Larsen-Freeman在这一章对动态系统理论进行了简单的介绍。他们首先简要讨论了归纳和演绎两种理论建构方式，随后介绍了动态系统9个方面的特征，包括：对初始状态敏感；全面联结性（complete interconnectedness）；非线性发展；通过内部再组织及与环境的互动而变化；依赖内部及外部资源；不断变化，但有时会暂时处于“吸引状态（attractor states）”；有时会出现混沌变异；迭代；涌现性质（emergent properties）。

作者论述了动态系统的特点所带来的研究方法方面的启示：动态系统是全面联结的，因此不能脱离语境研究情景认知和体验（具身）认知，而且所得出的结论也只适用于所研究的部分，不能针对整个系统。动态系统理论反对传统的线性因果关系，满足于发现语言的趋势及变化模式，而不追求泛化预测（generalizable prediction）。动态系统理论视角的研究者的主要任务是梳理关系，描述系统在不同层面上的动态变化。

第二章，为动态系统理论与基于使用的二语发展方法。Verspoor和Behrens首先回顾了与动态系统理论持有相同假设的语言发展理论，包括认知语言学、浮现主义、联结主义理论、语法化理论、激活理论以及基于使用的一语习得。这些理论都是基于语言使用或者浮现主义的理论，与动态系统理论在不同方面有兼容。作者重点讨论了动态语言发展研究中的重要变量，包括频率和一语的影响，并以一名母语为德语的儿童习得一语中的复数标记为例，说明单语儿童语言发展中的变异性可以从动态系统理论角度进行研究。该研究发现，即使在该儿童能够正确使用复数标记之后，错误的形式还会出现。作者对该现象的解释是：动态系统理论认为，系统不会永远静止，每一个“吸引状态”都会被打破。作者认为变异性是一个优势，有利于我们适应新的语言环境。

作者回顾了 Ellis [4]、Thelen and Smith [5]、Siegler [6] 等对二语变异的研究，提出从动态系统理论的角度看，自由变异与系统变异在系统重组时相对较高，而在相对稳定的系统中则相对较低。通过对个体变异的程度和模式的研究，我们可以对二语发展过程有更好的了解。

第三章，为数据编码及提取。Schmid、Mac Whinney 和 Verspoor 讨论了如何有效地对自然数据进行编码和分析，介绍了 Word 和 Excel 等一些常用工具的使用，以及由 CHILDES 项目组开发的 CLAN 套件，并通过一个高级二语学习者词汇和句法发展的个案向读者详细展示了这些工具的用法。

第四章，为变异性与动态系统理论。van Dijk、Verspoor 及 Lowie 探究了以变异作为研究对象的可能性。作者首先回顾了二语发展中的早期变异研究，指出传统研究要么觉得变异是噪声而忽略，要么致力于找出导致变异的外部因素。动态系统理论下的二语变异研究则认为，变异是语言发展中的一个重要现象。该流派的研究者想通过对变异的研究揭示语言发展过程中的变化，如子系统之间的发展与互动、不同的学习者之间的不同发展模式等。随后作者展示了几种不同的描述技巧，包括描述总体趋势的平滑法（smoothing techniques），展示变异程度变化的极值图（min-max graphs），以及用以测试变异模式是否有意义的重新取样（resampling）技巧。并从动态系统理论视角对 Cancino et al. [7] 这一经典发展研究进行了重新分析。

第五章，为变量之间互动的视觉化。Verspoor 和 van Dijk 讨论了复杂的语言系统发展过程中变量之间是如何互动的。他们强调，变量互动的研究要建立在一定的理论见解基础之上。变量之间可以相互竞争、支持或互为条件。他们研究了一名高级二语学习者语言中的词汇复杂性和句法复杂性之间的互动关系，发现两者是相关的。

第六章，为发展与变化建模。Lowie、Caspi、Steenbeek和van Geert首先介绍了几种不同形式的模型，包括静态模型、线性模型与非线性模型、传统的确定性模型与动态随机模型之间的不同，然后描述了他们开发的一种动态增长模型的特征。应用这种模型，作者阐释了如何通过对发展过程的模拟来考察我们对于语言增长或变化的理论假设是否正确。

在结语中，de Bot总结了动态系统方法的本质：它专注于变异和变化，对变量的互动感兴趣，其目的是描述（而非预测）发展模式，并专注于那些行为存在变异且变异值得研究的个体学习者。“设计一个变量互动的理论模型，用实证的跟踪数据验证该模型的效度，然后通过模拟数据与实证数据的比较验证理论，这是最理想的策略。（125页）”

如何操作部分，主要对前面的研究方法部分所提到的方法和技巧进行详细的解释，并在网站SLD_Methods（DOI：10.1075/lllt.29.website）上放置了许多实践材料，鼓励读者使用这些材料作为模板进行编码和分析。

简评如下：

该书内容全面、条理清晰。书中所提供的数据编码、分析及模拟方面的方法和技巧不仅对动态系统理论角度做研究的人很有帮助，而且对于研究方法、语言测试及评估方面的研讨都是非常有用的资源。总体而言，本书有以下几个特点：首先，该书不仅用文字介绍了研究方法，而且通过例子演示了如何进行数据处理，如何使结果可视化，以及如何对结果进行解释等。其次，作者还提供了一个配套的网址http：//www.let.rug.nl/sldmethods/，将书中的数据文件放在该网站，方便读者下载。这种线上和线下相结合的方式，为读者学习相关软件的操作提供了很大的帮助。

该书对如何进行个体学习者的语言跟踪研究提出了有用的建议，包括如何编码、分析及测试等，极大地丰富了应用语言学的研究。同时，该书关注二语习得中的动态变化，指出个体之间的差异是研究二语习得过程中的一个重要变量，应该得到重视。

参考文献

[1]LARSEN-FREEMAN D. Chaos/complexity science and second language acquisition[J]. Applied Linguistics, 1997, 18: 141-165.

[2]DE BOT K, VERSPOOR M, LOWIE W. A dynamic systems theory approach to second language acquisition[J]. Bilingualism, Language and Cognition, 2007, 10: 7-21.

[3]LARSEN-FREEMAN D. The emergence of complexity, fluency and accuracy in the oral and written production of five Chinese learners of English[J]. Applied Linguistics, 2006, 27: 590-616.

[4]ELLIS R. The study of second language acquisition[M]. Oxford: Oxford University Press, 1994.

[5]THELEN E, SMITH L B. A dynamic systems approach to the development of cognition and action[G]. Cambridge, MA: The MIT Press, 1994.

[6]SIEGLER R S. Cognitive variability[J]. Developmental Science, 2007, 10: 104-109.

[7]CANCINO H, ROSANSKY E, SCHUMANN J. The acquisition of English negatives and interrogatives by native Spanish speakers[M]//HATCH E M. Second language acquisition: A book of readings[G]. Rowley, MA: Newbury House. 1978: 207-230.

“意识提升”理论综述

王秀珍

摘　要：本文对“意识提升”理论以及国内外对其展开的相关研究进行了综述，针对教学实践中如何开展意识提升活动提出了几点看法。

关键词：意识提升；教学实践

1　“意识提升”理论

“意识提升”是二语习得领域备受争议的一个话题。Sharwood Smith在1981年提出了“意识提升”（consciousness-raising）这个概念，认为“意识提升”是研究人员为了增强学习者对目标语言形式特征的注意所进行的专门尝试。Sharwood Smith指出，学习者在处理语言时将经历以下四个步骤：①注意到被处理输入语言的特征；②把现有的语言知识与新输入的语言进行比较；③根据新信息与目前语言知识之间的差异建立新语言假设；④通过注意输入并且根据学习者应用新形式产生的输出验证新假设。Schmidt在1993年提出了“注意假设”，他认为，有意识地学习可以为第二语言学习者提供形成和检验假设的机会，会促使学习者在记忆中寻找相关知识，由

基金项目：本文是北京工商大学青年基金项目“意识提升活动对学习者产出性词汇应用能力产生影响的行动研究”（编号：QNJJ2014-01）的部分研究成果。

作者简介：王秀珍，北京工商大学外国语学院讲师，主要从事第二语言习得、英语教学法和英语语言学等方面的研究。

此确定是否理解了新学的知识。Ellis在2003年认为意识提升活动可以增强学习者对目标语形式的注意，以此提升学习者产出的正确率。

2 国外在意识提升活动方面的研究

Schmidt & Frota1986年学习巴西葡萄牙语经历的日记研究，为注意和学习语言特征之间的紧密联系提供了有力证据。他接受了为期四个月的正式语法指导，在课外和本族语人进行交流。他用日记记录了本族语说话者的语言特征，还录制了几段和本族语交谈者的内容。仔细分析会话以及录音内容中Schmidt的葡萄牙语言形式，两位研究人员发现，要想学习特定的语言形式，课堂上的教授和练习根本不够，在输入中出现语言形式也不够，学习者必须得注意到输入中的语言形式。Schmidt在1990年又做了同样的研究，他用更多的日记记录说明，尽管他听到说话者语言中的特定形式，但由于没有注意到，因而也没有应用；当他在几个月后注意到这些语言形式时，就开始应用它们。Schmidt得出的结论是，注意是把输入变为摄入的必要充分条件。

White等在1991年研究了意识提升对说法语的学习者在学习英语问题构成时产生的效应。在实验前，研究对象接受了三个月的强化英语指导，以交际为基础，很少有明确的形式指导以及错误纠正。研究包括两个阶段，每个阶段持续两周。在每一阶段，实验组在第一周接受几个小时关于问题构成的明确指导，然后在第二周继续参加活动，教师也给出修正性反馈。控制组获得不同结构的指导。结果表明，实验组在问题结构方面的准确性大大提高，而且在后续的测试中仍然能够保持学到的知识。White等在1991年认为这些结果是“输入强化可以导致学习者中介语系统产生真实变化”的证据。

Xin Qi在1994年研究了意识提升对二语学习者写作中句式技能和写作水平的影响。研究表明，在语境中的语法意识提升对学习者的句式技能和写作水平影响很大。Willis & Willis在1996年设计了一系列“意识提升”的活动，例如：识别与合并、分类、建立假设并且检测假设等。Leeds大学教育学院的Tuula Hannele Lehtonen1998年在其博士论文 *Consciousness raising in foreign language vocabulary learning and reading* 中，对以芬兰语为母语的在校大学生开展研究，通过三周的课程指导获取的数据以及课程结束后五个月的采访，得出了意识提升法在词汇和阅读学习中的运用结论。他给出了学习者主动意识提升有益于学习的有力证据，具有很大的参考价值。

2013年在给波斯本族语人教英语词汇时，Hadi & Iman对三种方法的有效性进行了对比：传统方法、经典的完型方法和以附带学习、注意和意识提升为基础的邻近词汇方法。结果表明，邻近词汇方法比经典的完型方法在长时间的记忆保留方面更有效。

3 国内在意识提升活动方面的研究

国内有不少学者对意识提升活动的理论进行了介绍，也有少数学者对意识提升活动进行了实践。丁兰早在1996年就介绍了意识提升法，并阐述了意识提升的理论基础以及如何将其应用到英语教学中去。她指出：在开展意识提升活动时，需要考虑教学对象，因为意识提升教学法要求学生运用思维能力去理解语言，在大学学生或成年人学生中运用意识提升教学法效果似乎较好；意识提升教学法在语法、词汇和写作中应用效果会更好。卢申2000年指出：教师可以在教学中运用意识提升法让学生接触一系列实际例子、逐步意识到教师想要教授的语法知识，教师无须做详细的语法讲解。邵慧娟通过教学实践于2004年指出：增强语法意识能有效地促成目标语语言形式的习得，激发学习者进行深刻理解、准确使用该语言形式。胡建伟于2007年明确指出，意识提升理论再次获得关注反映出外语教学走向理性和成熟。刘艳和曾瑜微2008年客观地分析了意识提升法，她们认为：让学生去发现并有意注意所学的语法规则非常有益，但是提升意识不能代替交际活动，它只是一种补充；在教学中教师应该设计适合中国学生的语法教学方法，不能完全照搬国外的教学方法。胡明于2011年指出：意识提升与内隐式语法教学有效结合，有利于学生构建自身的语法能力，是促进语言理解和输出的良好途径。赵丽丽2008年结合我国外语教学的现状，运用意识提升和建构主义教学理论的观点，开展了语法教材设计的研究，探讨了建构主义和意识提升理论在英语教学实践中的可行性。胡艳2008年以Schmidt的注意假说等认知理论为理论依据，设计了意识提升式语法教学方案，并进行了实证研究。她通过实验和后测问卷，证明了语法意识提升式教学法在中国国情下是可行的。王伟2009年把100名高一学生作为受试，分为实验组和控制组，通过不同的方式激发学生对目标语法的注意（实验组），或阅读相关的实验材料（控制组），在教学实验后通过测试和问卷调查的方式得出结论：受试者的意识层次和目标语法的学习效果呈正相关——对目标语法的意识越深，学习效果越好。Jiang & Shu 2011年开展了与教学动词语块和动词句型有关的意识提升活动。结果证实，意识提升活动可以促使学习者使用参考资料中的内容，提升学习者注意到语言意义中的差异，引导学习者有效学习词汇。

4 结语

总的来说，国内外学者对意识提升的研究既有理论介绍也有一部分实证研究。这些都有助于研究人员对意识提升理论有更好的认识和理解。在教学实践当中，教师应当根据意识提升的特点，用各种手段激发学生对目标语言形式的注意，把有效输入和输出任务结合，由此激发学生在学习过程中目标更加明确，有清晰的产出导向，从而提高教学和学习效率。

参考文献

[1]胡明.意识提升及其课堂教学任务设计[J].山东外语教学,2009(4):42-44.

[2]QI XIN. Consciousness-raising in ESL writing: Its effects on the syntactic skills and writing proficiency of university students [D]. Buffalo: State University of New York at Buffalo, 1994.

[3]徐敏.意识提升法在高中英语阅读教学中的应用研究——以徐州一中高一年级学生为例[D].上海:上海师范大学,2013.

从译者角度探讨翻译技术的运用

陈 瑾 苗天顺

摘 要：随着全球化趋势不断加强，翻译需求量不断增加，译员亟须提高翻译效率。为此，翻译技术成为翻译过程中必不可少的要素，如何高效运用技术成为翻译的重要课题。本文将从译前、译中和译后三个阶段讨论翻译软技术的使用，以期翻译实践者能更好地整合和运用各类技术，走在行业前列。

关键词：翻译技术的运用；计算机辅助翻译；机器翻译

1 引言

随着翻译产业的扩大以及信息技术的发展，互联网检索、语料库技术、计算机辅助技术被广泛运用于翻译领域。翻译技术的进步极大地促进了语言服务行业的发展，减轻了译员的工作强度，提高了翻译质量和效率。在此背景下，掌握翻译技术及工具成为译员的必备技能，高效运用翻译技术成为译员的重要课题。本文将主要从译员的角度出发，探讨如何依照不同的翻译目的及质量要求，在翻译的各个阶段综合运用各类翻译技术。

2 翻译技术的发展与分类

早在古希腊时期，人类就开始梦想着使用机器翻译多种语言。1954年，

作者简介：陈瑾，北京工商大学外国语学院2015级翻译硕士。苗天顺，北京工商大学外国语学院副教授，副院长。

美国乔治敦大学（Georgetown University）与IBM公司共同研发了首个翻译机器——英俄双语IBM-701，拉开了机器翻译研究的序幕。但之后语言自动处理咨询委员会（ALPAC）出具的报告全面否定了机器翻译的可行性，机器翻译陷入停滞期。新时期以来，随着计算机科学、语言学研究的发展，采用翻译记忆（translation memory）的计算机辅助翻译（CAT）应运而生。

目前，国外已经有不少研究者讨论过翻译技术分类的问题。John Hutchins区分了三种翻译技术：①机器翻译，目的是负责整个翻译过程，但翻译结果需要反复修改；②计算机辅助翻译，为专业译员提供强有力的支持；③适用于临时的非专业译员的翻译系统，只提供粗浅的译文以供人们参考。Quah提出“翻译技术”主要包括机器翻译（machine translation， MT）、人助机译（human aided machine translation，HAMT）、机助人译（machine-aided human translation，MAHT）和本地化（localization）。王涛、鹿鹏则将“翻译技术”分为计算机辅助翻译工具（computer-assisted translation tools）、机器翻译工具（computer translation tools）、一般工具（general tools）和电子资源（electronic resources）。

由于本文从微观角度，分译前、译中和译后三个阶段讨论具体软件和工具的使用，故而采用王涛的框架。但为了便于本文的分析，对每个类别下的具体内容进行了调整，详见表1。

表1 翻译技术分类

类 别	内 容
机器翻译工具	SYSTRAN,在线翻译
计算机辅助翻译工具	Déjà Vu,Traods,MemoQ等
一般工具	文字处理软件,OCR软件,语音输入软件等
电子资源	电子词典,语料库,在线工具书,搜索引擎等

3 翻译技术的选择

下文将基于不同的翻译目的和质量要求，从译员的角度出发，分析翻译过程中的翻译技术的选择和运用。

3.1 译文质量要求不高：机器翻译+译后编辑

长期以来，很多学者和译员都对机器翻译嗤之以鼻，认为MT就等于“mad translation”，译文不具有可读性，因而天然地排斥机器翻译。实际上，虽然目前机器翻译尚未实现“用机器代替人，实现ST到TT的完美转换”的目标，但译员仍可以利用机器翻译辅以译后编辑，提高效率，节省时间。原因在于，一方面，基于规则的机器翻译和基于统计的机器翻译，在算法和技术上都有提升，如SYSTRAN公司在传统的规则系统翻译基础上，融入了多种统计方法，实现了混合机器翻译（hybrid machine translation）。另一方面，实际工作中，结合译本的不同用途，对译文质量的要求也会不同。

对译文质量要求不高的翻译任务，翻译目的只是为了让读者基本理解文本内容时，显然没有必要以“信达雅”为标准，投入过多的时间精力，此时可以用Google翻译等在线翻译工具，直接获取原始机器译文进行调整编辑；或者使用SYSTRAN工具条，无须打开网页，直接在文字处理软件Word、Excel、PowerPoint、Outlook中单击Translate按键获取机器翻译。

3.2 译文质量要求较高：CAT软件（以Trados、Déjà Vu为例）+搜索引擎

3.2.1 译前

（1）文本处理。由于目前大多数的计算机辅助翻译软件，如Trados、Déjà Vu都支持主流格式的文本，大多数情况下直接导入CAT软件即可，但是如遇到扫描后的PDF文档，就需要事先处理。目前虽然Trados2015集成了solid convert，可直接将PDF转化为可译格式，但遗憾的是此功能尚无法识别中文，为此，中文文本在翻译前需要运用OCR识别软件，如ABBYY FineReader，将原文本转化为可翻译格式。

（2）术语库的建立。译者在翻译专业性较强的材料时，往往要查阅大量术语，耗时又费力，而术语的一致性也是衡量译文质量的重要指标，因此建立术语库是一个重要步骤。有经验的译者经过长期积累，往往会有对应的术

语库，而处于起步阶段的译者或学生，可以事先找到该领域的一些专业词汇双语对照表导入术语库。Trados采用Multi-term术语管理模块，在翻译时自动识别文本中已定义的术语；而Déjà Vu的术语管理包括术语库（terminology）和项目词典（lexicon）两个层级。实际在翻译中，软件会先搜寻项目词典，再搜寻术语库，最后才调用记忆库，更具针对性。

（3）记忆库的建立。Trados2015的新功能Any TM，可以转换TM语言方向，添加不同语言对的TM，或者组合各种源语言并翻译成同一种目标语言，从而显著缩短设置和完成项目的时间。同样，Déjà Vu X3的记忆库也新添加了Reverse属性，用以改变语言对的方向。

另外，由于CAT软件基本都可以添加多个记忆库，因此除了项目本身积累外，译者也可以使用CAT软件的文档对齐功能，将自己以往未使用CAT翻译的文本，或者收集到的高质量双语语料添加到记忆库。值得一提的是，DéjàVu X3的文档对齐继承了其句段分割的优势，可直接在原文译文两边提供合并的选项，操作简单。

（4）预翻译，实际上是机器翻译与计算机辅助翻译的集合。Trados2015和Déjà Vu X3都整合了机器翻译，但是Trados2015中的Google翻译需要收费，而且价格不菲。而Déjà Vu X3除Google翻译外，还集合了微软机器翻译，译员可以通过在Windows Azure Marketplace订购Microsoft Translate API免费的服务，每月获取2000000字符的免费使用量，并在输入账号、密钥后便可进行预翻译。操作时，Déjà Vu会先对记忆库和术语库进行分析，再利用机器翻译进行修复，得出完整预翻译文本。

3.2.2 译中

（1）翻译协作与管理，由于目前多数翻译项目时间紧、任务重，由单个译员很难完成，故只能依靠翻译协作。计算机辅助软件凭借其自身优秀的项目管理和辅助翻译功能，成为处理大型翻译项目或无法独立完成的翻译项目的必然选择。TradosGroupShare以及Déjà Vu工作组版都可以在服务器上实现拆分项目、翻译记忆库和术语库共享、任务分配，以及译审工作。在这种协作模式下，译员可以实时共享翻译记忆库和术语库，提高的准确性和一致性，而项目经理也能实时查看进度，进行管理。

（2）对初始译文进行编辑，综合运用电子资源。目前的CAT软件发展的趋势是高度集成化，崔启亮认为："这种集成翻译环境输出的初始译文往往是翻译记忆的模糊匹配翻译、机器翻译和人工翻译（human translation，HT）相结合的产物。为了提高译文质量，需要对此种初始译文进行译后编辑。"

翻译的过程不仅是单词、句子结构等语法层面的转换，有时也涉及文化和特定语言表达的转换，例如当遇到网络新词新语、习语、背景知识习惯搭配等问题时，要充分调动一切资源，力求使译文精准地道。首先，译员须灵活使用在线工具书以及搜索引擎。在使用搜索引擎时要特别注意以下几点：①选对搜索引擎；②用准关键字；③使用语法及高级检索，例如检索PPT文档时，可输入"关键字［空格］filetype：PPT"。其次，动宾搭配不当，形容词搭配不当是中译英中最常见的问题。为了避免搭配冲突，译员可以利用搭配词典或者语料库进行验证，根据语料库中的词频判断译文是否符合目标语的表达习惯。

3.2.3 译后

翻译质量检查工具，在译文完成之后，还需要对文本审校和检查，这时可以采取多种方式，要么利用CAT软件自带的审校、拼写语法检查功能进行修改，要么从CAT软件中导出双语对照格式的文件，利用外部文字处理软件如Word进行修改。后者适用于校对人员不会操作CAT软件的情况。

4 结语

本文依照翻译的不同阶段，尽可能多地列出了译前、译中和译后可能涉及的各种技术，目的有二：一是抛砖引玉，引起更多这方面的讨论；二是帮助译者拓宽思路，转变传统的行业观念，从原来的语言转化者，成为既懂语言又懂技术与管理的语言服务专家。目前很多译者及翻译专业的学生仍处于闭门造车阶段，"两耳不闻新技术，一心只做好翻译"。或者即便对某些技术有所耳闻，但出于认识的局限性，仍无法有效整合它们，实现翻译效率的最优化。当下，翻译实践者要想走在行业的前列，就必须拥抱一切可以提高效率的技术，不断整合新技术，让技术为自己所用。

参考文献

[1]QUAHCK. Translation and technology[M]. New York:Palgrave Macmillan,2006.
[2]王涛,鹿鹏.翻译技术的理念与分类[J].中国科技翻译,2008.
[3]朱玉彬,陈晓倩.国内外四种常见计算机辅助翻译软件比较研究[J].外语电化教学,2013(1).
[4]张霄军,王华树. 计算机辅助翻译:理论与实践[M].西安:陕西师范大学出版社,2013.
[5]崔启亮.论机器翻译的译后编辑[J].中国科技翻译,2014.
[6]周兴华.计算机辅助翻译协作模式探究[J].中国翻译,2015.

社会符号学视角下的多模态话语分析——以第十一届G20会徽为例

张 萌

摘 要：随着科技与多媒体的发展，多模态话语分析渐渐成为语言学研究的重点之一。本文主要依照社会符号学视角下的多模态话语分析理论，以第十一届G20会徽为例，从视觉语法下的“再现意义”“互动意义”“构图意义”对会徽进行多模态话语分析，揭示在各种符号资源的共同作用下如何构建意义，进而提高人们对多模态语篇的识读能力。

关键词：多模态话语分析；社会符号学；视觉语法；杭州G20会徽

1 引言

随着社会以及多媒体技术的发展，人们的需求及情感表达已不仅仅局限于语言这一方面了，而是借助各种符号来构建意义，常见的符号资源有图像、颜色、声音、动作等。20世纪90年代以来，多模态话语分析得到了人们的重视，一些语言学家根据Halliday的系统功能语言学，将分析语言的研究方法运用到分析其他符号资源上，阐述了视觉语法，主张图像也是社会符号的一种。Kress提出，所有的交流都是多模态的。[1]

第十一届G20峰会在中国杭州举行。此届G20会徽图案，用20根线条描

作者简介：张萌，北京工商大学外国语学院硕士，主要研究方向为英语语言学。

绘出了一个桥形轮廓，同时辅以“G20 2016 CHINA”和篆刻隶书“中国”印章。桥梁寓意着G20已成为全球经济增长之桥、国际社会合作之桥、面向未来的共赢之桥。同时桥梁线条形似光纤，寓意信息时代的互联互通。图案中G20的“0”体现了各国团结协作精神。中文印章彰显了中国传统文化内涵，与英文CHINA相呼应。

本文从社会符号学视角下的多模态话语分析理论出发，以第十一届G20峰会会徽为例进行分析，解读图像是如何构建意义的。

2 多模态话语分析以及理论基础

2.1 多模态话语

多模态话语指运用听觉、视觉、触觉等多种感觉，通过语言、图像、声音、动作等多种手段和符号资源进行交际的现象。[2] 人们在自我意识中认为只有语言对构建意义起决定作用，但随着多媒体技术以及社会的进步，人们越来越意识到，不仅语言，其他的符号同样也能构建意义。因此在多模态话语中，语言已经不仅仅是唯一的构建意义的手段，图像、声音、颜色、动作等其他符号也发挥着重要的作用。多模态话语分析从系统功能语言学那里接受了语言是社会符号和意义潜势的观点，认为语言以外的其他符号系统也是意义的源泉；多模态话语分析接受了系统理论，认为多模态话语本身也具有系统性；多模态话语分析接受了纯理功能假说，认为多模态话语与只包含语言符号的话语一样，也具有多功能性，即同时具有概念功能、人际功能和语篇功能。[3] 李战子认为，多模态是除了文本之外，还带有图像、图表等的复合话语，或者说任何由一种以上的符号编码实现意义的文本的一种模态。Kress & Leeuwen认为语篇的多模态性是当今世界人们各种交际语篇中的一个重要特征。

2.2 社会符号学视角下的多模态话语分析理论

多模态话语分析是根据Halliday的系统功能语法为基础的而形成的一种分析方式。Halliday认为语言是社会符号系统，并提出了三大元功能理论，即概念功能、人际功能和语篇功能。因此，基于Halliday的系统功能语法而发展的社会符号学视角下的多模态话语分析理论是把语言所具有的三大元功能扩展到除语言之外的其他符号，分析各个符号资源在整体中所发挥的作用。Kress & Leeuwen在此基础上，阐释了图像的社会符号性，将多模态话语意义分为再现意义、互动意义和构图意义，相当于系统功能语法的概念功能、人际功能和语篇功能。再现意义分为叙事再现和概念再现，叙事再现包括行动过程和反应过程及言语和心理过程，而概念再现相当于关系过程和存在过程。互动意义包括四个方面，即接触、社会距离、视角和情态，其中接触又分为索取和提供。构图意义分为信息值、取景和显著值。

3 第十一届G20峰会会徽的多模态话语分析

第十一届G20峰会会徽（见图1）是一个由图像、颜色、文字组成的多模态语篇。整个语篇是由文字、颜色、图像构成，以蓝色为主要基调，由红色和黑色搭配而成。桥梁创作来自杭州的西湖断桥，以及其他大大小小的桥，意喻此次峰会已成为全球经济增长之桥。

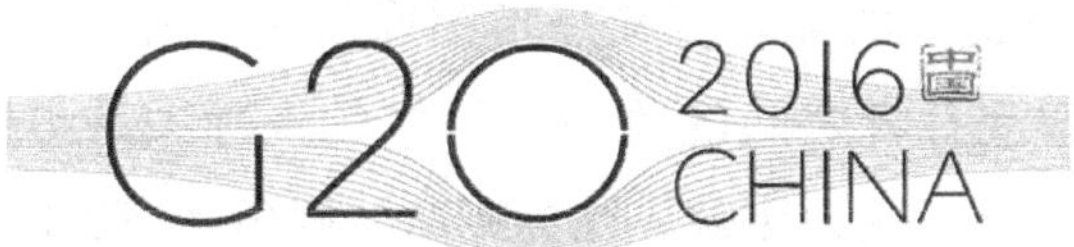

图1 第十一届G20峰会会徽

3.1 会徽的再现意义

多模态话语分析中的再现意义是指将图像或者其他符号所展现的内容呈现出来。Kress & Leeuwen把图像分为叙事和概念两类。在图像中，使图中的元素形成斜线，通常是强烈的对角线，形成矢量，矢量是叙事图像的标志。[4] 叙事再现指图像的参与者与所呈现出来的图像标志即矢量，来叙述图像的意义。而概念再现指通过图像的抽象化及“象征属性”来展现图像的意义。

李战子在分析图像的再现意义时指出：“动作者即发出向量的参与者在图像中的位置通常最为突出，这可以从尺寸、构图中的位置、与背景的对比、色彩的饱和度和显著性、聚焦程度，以及‘心理凸显程度’等方面来判断。”第十一届G20峰会的会徽属于可以看作一个象征过程。在这个会徽中，20根线条所描绘出的桥形轮廓象征了这个主要有西湖而闻名的杭州，占据着整个会徽最显著的位置，构图流畅，线条清晰。并以蓝绿色填充，蓝色是为了便于媒体直播等实际使用，以及对经济增长和保护环境共生的一个期许。与蓝色相呼应的绿色对于G20的举办城市杭州来说特别契合，西湖的烟雨朦胧、水天一色的柔和美也是蓝色和绿色相间的一个原因。整个会徽的向量是由20根线条以及桥洞与倒影所形成的圆形所构成。20根线条同样代表着20个国家，等粗等距代表了各国的平等地位，线条形似光纤，寓意着信息时代的互通互联。圆形的桥洞代表了G20中的“0”，象征着这是一次平等、互通、开放的圆桌会议。

3.2 会徽的互动意义

多模态话语分析中的互动意义是指图像的制作者、图像所表征的事物（包括人）和图像观看者之间的关系，图像的人际关系可以体现为一种互动，而这种互动主要表现为接触、社会距离、视角和情态四个方面[5]，也相当于系统功能语法的人际功能。

接触是指图像参与者与观看者之间建立起来的一种想象中的接触关系，Kress & Leeuwen将图像的参与者直接看着观看者的过程叫做索取，即图像的参与者观察观看者想要观看什么内容；将图像人物的展示叫做提供。图像中20条线条及中间的圆圈所代表的意义，是指那些参加G20的国家希望通过交流和沟通，解决全球发展中的问题。当会徽图像参与者的目光投向其他元素时，图像参与者向图像观看者传达的是一种提供信息。显然，会徽图像属于提供信息类，传达了G20会议作为象征着一座沟通的桥梁，一种开辟新未来、取得共赢的精神。

社会距离体现了图像中参与者与观看者之间的亲疏关系，主要包括亲密、非个人、社会距离的展示。[5]社会距离可以由远景、近景和中景等取景方式来实现。远景是指通过大量的留白，给予人们大量的想象空间。中景体现的是一种客观的陈述，而近景则体现人物与受众的亲密关系。会徽的整体背景由20根线条构成，中心位置则呈现了G20会议举办地点杭州，期间隐约透漏出杭州的特色标志，留给人们一定的空间，体现了G20会徽所要表达的内涵，即此次会议是G20峰会，地点在中国杭州举行，所以把它理解为近景比较妥当，属于公共事物的互动，传达出杭州G20提供的是一种公正、平等的会议精神。

态度通过视角来体现，第十一届G20峰会会徽采用的是一个水平角度来呈现的。当采取水平角度来呈现表征事物时，它和图像的观看者是保持平行的状态，而水平的视角传递观看者一种归属感，代表参加会议的20个国家的20根蓝绿相间的线条与G20会议的地点时间遥相呼应，构建的意义是在2016年，中国杭州将要举行G20会议，此会议是一个平等、互通、开放的会议。

情态指我们对关注的世界所做出的陈述的真实度和可信度，其所体现的资源在图像中非常丰富。同在功能语言学一样，情态被归纳为高、中、低三类。[5] Kress & Leeuwen也从八个视觉标记探讨了情态量值的高低，即色彩饱和度、色彩区分度、色彩调和度、语境化、再现、深度、照明和亮度等。第十一届G20峰会会徽以蓝绿色为主调，白色相称，英文文字与数字以黑色为主调，大红色的隶书嵌入大红色的印章中，因为在中国文化中，红色代表了喜庆、热烈、热情等，也代表了中国的形象，体现了浓郁的中国特色。蓝绿相间的20根线条表达了环境保护的永恒主题。高饱和度的红既表达了中国风，又传达了中国对G20在杭州召开的热情，具有高情态。低饱和度的蓝色、绿色和白色，既传达出了各国潜心改善生存环境的远景与决心，又构建出了杭州优美的自然风光，宣传了中国形象。而黑色则表达了中国召开G20的庄重以及认真的态度。

3.3 会徽的构图意义

图像的构图意义一共有以下三种资源来传达的，即信息值、取景和显著值。信息值是通过元素在构图中的放置实现的，任何特定的元素在整体中的角色取决于它是被放置在左边还是右边，中间还是边缘，或者图片空间的上方还是下方。Kress & Leeuwen认为，上方和下方具有不同的信息值。如果某些因素被放置于上方，而其他因素被放置于下方，那么置于上方的是“理想的”，而置于下方的是“真实的”。“理想的”指它是信息的理想化的或概括性的实质，因此它是信息的最显著的部分。“真实的”指更特定的信息，如细节等，或者说更实际的信息。会徽中的背景图像是蓝绿相间的20根线条，寓意着20个国家，代表了各国平等地位。所形成的圆形的桥洞寓意着此次会议是圆桌会议，再次强调了平等，体现的是“理想的”。正前方的G20、2016、CHINA，表示此届G20会议是2016年在中国举行，是“真实的”、更实际的信息。取景是指通过造成分割线条或实际分割框架的线条割断或连接图像中的元素。[4] 因此便有了远景和前景之分。而元素在图像中程度不同的位置、背景、尺寸、色彩、鲜明度也不同程度地影响观者的注意力。[1] 显著性是这种影响观者注意力的程度。会徽中，代表着20个参加国的线条吸引着观看者的注意力，相对于其他颜色，蓝绿相间可看作是高饱和度色彩，显著性较强。右上方隶书刻制的大红色中国印章，色彩鲜明，最能代表中华民族气质。整个会徽将意象、文字、数字构建了一个多模态的语篇，展示了中国的风采。

4 结语

本文以多模态话语的社会符号学理论，以第十一届G20峰会为例，从图像的再现意义、互动意义和构图意义三个方面，揭示了多模态话语语篇中如何将各种符号运用到一起构建意义的，各个模态之间的相互作用，加深了对会徽的理解，传达了多模态语篇的意义。

参考文献

[1]KRESS G, VAN LEEUWEN T.Reading images: The grammar of visual design[M].London: Routledge, 1996.

[2]张德禄.多模态话语分析综合理论框架探索[J].中国外语,2009(1).

[3]朱永生.多模态话语分析的理论基础与研究方法[J].外语学刊,2007(5).

[4]李战子.多模态话语的社会符号学分析[J].外语研究,2003(5).

[5]HALLIDAY M A K.An introduction to functional grammar[M].London: Arnold, 1985, 1994.

从译者主体性视角看《论语》英译
——以辜鸿铭与理雅各的英译本为例

周 洁 郭 莎

摘　要：《论语》作为儒家的传世经典，英译版本多种多样，有一些学界公认的优秀译本被作为翻译研究和批评的楷模。本文以辜鸿铭与理雅各《论语》英译版本为例，从译者主体性的角度出发，分析二者的翻译策略，为日后典籍英译提供借鉴，促进中华文化的对外传播。

关键词：《论语》；辜鸿铭；理雅各；译者主体性；翻译策略

1 引言

目的论认为，任何事物运动背后都有其自身的目的。翻译这一行为也是如此，因而翻译往往也受到目的论的约束，而译者往往根据目的采取翻译策略，并不会盲目地“忠实”于原文。[1]

2 翻译策略

辜鸿铭是晚清时期的国学大师，他以学贯东西的渊博学识，将《论语》真正的思想精髓以西方人可以理解和接受的方式翻译出来。他主要采取归化、意译和归化性加注等策略，照顾西方读者的接受程度。

作者简介：周洁，北京市西城经济科学大学讲师，主要研究方向为外国语言学及应用语言学、经贸英语、英语教育学等。郭莎，北京工商大学外国语学院2015级翻译硕士。

理雅各以传教士身份受伦敦会的派遣来到中国。经过25年的辛苦付出，他完成了经典著作的翻译，起到了架设中西方文化桥梁的作用。他主要采取异化、直译和忠实性加注等策略，将最真实的中国文化带给世界。

2.1 归化和异化

归化翻译法（domestication or adaptation）和异化翻译法（foreignization or alienation）是美国翻译理论家Lawrence Venuti于1995年提出的两个翻译策略术语。简言之，归化就是译者在翻译过程中将源语言中某些特定的社会文化现象转化为目标语的社会文化现象，以适应目标读者的期望。而异化是故意使译文冲破目的语常规，保留源语中特有的而目的语中没有的语言表达形式或文学形象。

例1：孔子谓季氏："八佾舞于庭，是可忍也，孰不可忍也！"

"八佾舞于庭"大意为"六十四人在自己的庭院中奏乐舞蹈"。

辜鸿铭将"八佾""和"庭"分别译为"eight sets of choristers（an Imperial prerogative）"和"their family chapel"。其中"choristers"和"chapel"都带有西方宗教色彩，分别意为"唱诗班歌手（教堂）""小教堂；举行礼拜仪式的地方"，又用增译手法补充为"一种君主特权"。而理雅各将"八佾"译为"eight rows of pantomimes"（八组表演）；将"庭"译为"his area"比较平实。

例2：子语鲁大师乐，曰："乐其可知也……"

大（音tài）师是乐官名。辜鸿铭将"大师乐"译为"the Grand Kapel Meister"。Kapel Meister是德国的合唱团（管弦乐队）指挥，利用目的语文化中对等的词来替换源语言文化词，充分考虑了西方读者的可接受程度；而理雅各将"大师乐"译为"the Grand music master"。

例3：子曰："夷狄之有君，不如诸夏之亡也。"

夷狄，古代中原地区的人对周边地区的贬称，谓之不开化，缺乏教养，不知书达礼。辜鸿铭将"夷狄"译为"the heathen hordes of the North and East"（异教徒；不信上帝的人）；而理雅各将"夷狄"译为"the rude tribesof the east and north"（粗野的；狂暴的；未开化的）。

2.2 直译与意译

直译（literal translation）是指在转达原文意思时，使译文的表达形式和句法结构尽量同原文一致起来，能完全对等的就完全对等，不能完全对等的也应做到尽量对等，以便更好地吸收外来新事物，反映异国风情。

意译（free translation）是指通过对原文深层意蕴的理解将原文的表层结构转化为译文的表层结构，即打破原文的语言形式，用译文的习惯再现原文意蕴。其优点是语言通顺，地道自然，避免由于文化障碍引起的理解困难，使译文更加明白易懂。

例1：三家者以《雍》彻。

《雍》是《诗经·周颂》中的一篇。古代天子祭宗庙完毕撤去祭品时唱这首诗。辜鸿铭将“雍”译为the hymn（圣歌；赞美诗），同时又增译used only on occasions of imperial worship，进一步解释说明，使西方人能够更好地理解。而理雅各直译和音译同时使用，将其译为YUNG ode，原汁原味地保留了中华文化。

例2：子曰：“‘相维辟公，天子穆穆’，奚取于三家之堂?”

“穆穆”意为“庄严肃穆”。辜鸿铭将“穆穆”译为august（威严的，奥古斯都典故），“天子”直译为“the Son of Heaven”，并当作专有名词特别大写。奥古斯都（August）是古罗马帝国开国皇帝，拉丁文Augustus，原意为“神圣的”“高贵的”，带有宗教与神学式的意味。现意为“尊严的；令人敬畏的；威风凛凛的”。“the Son of Heaven”大写在西方特指基督教中的“耶稣”。而理雅各直译为“the son of heaven looks profound and grave”，简洁明了。

2.3 忠实性加注与归化倾向加注

翻译的一个普遍原则是，译者不应该对原文的内容随意增减。但辜鸿铭采取文内加注方式，在译文中添加了自己对原作的理解，进一步阐释中国文化。同时引用西方众多名人和历史，具有归化倾向，使西方读者能联想和类比本民族的文化意向，给他们以直观感受。而理雅各译文最大的特点就是“忠实原文”，标注拼音和汉字，然后用英文详尽地解释，每个词句都附加详细注解，将原汁原味的中华文化呈现给外国读者。

例1：子曰："禘，自既灌而往者，吾不欲观之矣。"

禘，音 dì，古代只有天子才可以举行的祭祀祖先的非常隆重的典礼。理雅各将其译为"the great sacrifice"。注解为："禘" is the name belonging to different sacrifices, but here indicates the "禘", "great sacrifice" which could properly celebrated only by the sovereign。而辜鸿铭译为"the great Ti sacrifice (the 'Mass' in ancient China)"，文内加注，表明"禘"是一种宗教仪式"弥撒"。

例2：管氏有三归。

管仲，姓管名夷吾，齐国人，春秋时期的法家先驱，齐桓公的宰相，辅助齐桓公成为诸侯的霸主，公元前645年卒。

理雅各译其为Kwan Chung，注解为：Kwan Chung, by name 夷吾，is one of the most famous names in Chinese history. He was chief master to the duck 桓 of齐（B.C.683—642）, the first and greatest of the five Pa（伯或霸）, leaders and princes of the nation under the Chau dynasty。而辜鸿铭译为"a famous statesman（the Bismarck of the time）"，增译"德意志帝国首任宰相（1871—1890年），人称'铁血宰相'"。

三归：相传是三处藏钱币的府库。

理雅各译其为"the San Kwei"，注解为：三归，in the dictionary, and the commentary of Chu His, was the name of an extravagant tower built by Kwan. There are other views of the phrase, the oldest and the best supported apparently being that it means "three wives".（a woman's marriage is called 归）The San Kwei and having no pluralists among his officers proved that he could not be parsimonious.

而辜鸿铭译为：that magnificent Sansouci Pleasaunce 。Pleasaunce是游乐园的意思；Sans souci palace 是18世纪德意志王宫和园林，模仿法国凡尔赛宫所建，位于德国波茨坦市北郊。

3 结语

理雅各呕心沥血，孜孜不倦地翻译《论语》等典籍，从客观上来讲，促进了东西方之间的文化交流与传播；但从主观上来讲，他的翻译动机和实践中的术语都非常明确地表明其文化身份——基督教传教士。《中国经典》第一卷的《论语》英译本更被学术界认为是“在西方传教士、汉学家翻译的译本中影响最大的”。

而辜鸿铭认为，西方传教士及汉学家翻译的儒家经典并没有真正反映儒家思想的精髓。他以国学大师的身份，充分利用精通东西方文化，通晓多国语言之便，翻译国学经典。因此他努力“使孔子及其弟子的谈话方式，就像有教养的英国人在表达与这些中国俊杰同样的思想时一样”。

由此可见，译者的文化身份和文化取向不可避免地会体现在他的翻译选择、翻译方式等方面。译者为了充分实现其翻译的价值，使译作在本土文化语境中得到认同或发挥特定的作用，他在原文选择和翻译过程中，就必须关注其潜在读者的“期待视野”（horizon of expectation），充分运用译者主体性，决定相应的翻译策略。

参考文献

[1] VENUTIL.The Translator's invisibility: a history of translation[M].New York: Routledge, 1995.

[2] VERMEERH J.Skopos and translation commission[M]. 2nd ed.Heidelberg: Universitat, 1990.

[3] 理雅各.论语·大学·中庸[M].上海：上海三联书店，2014.

[4] 辜鸿铭.论语[M].辜鸿铭，译.昆明：云南人民出版社，2011.

[5] 杨伯峻.论语译注[M].北京：中华书局，1980.

[6] 查明建，田雨.论译者主体性——从译者文化地位的边缘化谈起[J].中国翻译，2003(1).

[7] 王延芬.《论语》辜鸿铭译本与理雅各译本之对比[J].新疆职业大学学报，2015(2).

[8] 章亚琼，理雅各文化身份研究——以《论语》英译为例[J].重庆三峡学院学报，2012(4).

西班牙语连接词“mientras”和“cuando”的比较

张馨予

摘　要：时间状语从句是西班牙语学习中的一个重点和难点，其中时间状语从句连接词更是重中之重。“mientras”和“cuando”这两个连接词非常相近却又有不同，中国学生经常用错。因此本文将深入讲解这两个词的区别。

关键词：时间状语从句；连接词；mientras；cuando

1　序言

在西班牙语的时间状语从句中，主句和从句之间存在着时间上的关系。表示时间关系的连接词在时间状语从句中是不可或缺的，同时这也是母语非西班牙语的学生在学习西班牙语时的一大难点，尤其是连接词“mientras”和“cuando”。因为这两个词有很多的共同点，所以许多外国学生在学习西班牙语时会混淆这两个用在时间状语从句中的连接词。但是，这两个连接词也有很多不同的用法。因此，本文致力于区分“mientras”和“cuando”这两个时间状语从句连接词。

2　何为“mientras”和“cuando”

连接词“mientras”和“cuando”是表示“同时”的连接词。很多人都

作者简介：张馨予，北京工商大学外国语学院助教，主要研究方向为西班牙语教学。

误认为“mientras”和“cuando”的意义相同。然而，实际上，这两个词之间存在细微却重要的差别。

2.1 Mientras

在这部分，我们将从含义、句法结构、语序和功能等角度解析“mientras”。

当“mientras”用作时间状语从句连接词时，意为“在某个时间段内”。例如，Mientras tú te diviertes， Juan estudia.（当你在玩的时候，胡安在学习。）

含有“mientras”的时间状语从句的动作如果发生在现在或者过去时，通常都使用陈述式。如果是发生在现在，我们使用陈述式一般现在时。如果发生在过去，主句则使用过去未完成时。例如：Mientras Elena hacía la comida， Juan se ocupaba del bebé.（当艾蕾娜在做饭时，胡安正在照顾孩子。）

当“mientras”用于表示将来或者表示推测的时间状语从句中时，有时会更接近于条件式，我们就要在句子中使用虚拟式。例如：Mientras esté descontento， no esperes que te hable.（当他不高兴的时候，你就别指望他跟你说话了。）当“mientras”的用法是一种类似于条件式的推测时，通常都会暗示“只要继续做某事，就会有消极的结果”。例如：Mientras siga no hacer nada， no aprobarǘs el examen.（只要你继续什么都不做，你就别想通过考试。）[1]

众所周知，“mientras”可以用作时间状语从句的连接词，换句话说，“mientras”这个词用于表示一种时间上的关系。这种时间关系是表示主句的事件和从句的事件是同时的，没有先后关系的，这点正和“cuando”相反。[2] 主句可以使用任何类型的动词，而“mientras”所引导的从句只能使用持续性动词。[1] 也就是说，“mientras”更强调动作的持续。“mientras”可以放置在主句之前用逗号隔开或者放在主句之后，主句和从句之间不使用逗号。

例如：Mientras hablaba con la profesora， otro alumno entró en la oficina.

No puedo estudiar mientras escucho la música.

2.2 Cuando

在这部分，我们也将从含义、句法结构、语序和功能等角度解析“cuando”。

在西班牙皇家语言学院的字典中写道：“作为时间状语从句的连接词，‘cuando’表示‘在那个时间点，在某事发生时’。”例如：Me compadecerás cuando sepas mis desventuras.（当你得知我的不幸时就会同情我了。）[2]

由“cuando”引导的从句在表示将来或者不可能的事的时候，使用虚拟式。这类虚拟式的用法和si引导的从句相同。

例如：Iré a estudiar en E.E.U.U. cuando obtenga la beca nacional.（当我获得国家奖学金时我就去美国留学。）

当“cuando”引导的从句表示的动作是习惯性的或者惯例时，则使用陈述式。当然，“cuando”也可以引导过去发生的事情。这时主句我们就要使用陈述式过去未完成时，因为“cuando”引导的是过去习以为常的事情，一系列事情或者两件同时发生的事情。例如：Estaba cocinando cuando me llamaste.（当你叫我时我正在做饭。）“Cuando”之后的动词永远不可能使用陈述式将来时。

表示时间的连接词“cuando”一般表示主句和从句的事件是同时发生的，不分先后。也可以有先后顺序，表示一件事情接着另外一件，这就取决于这个动作的谓语和动词的时态。这就和“mientras”不同了。例如：La clase se acabó cuando María llegó.（当玛利亚到了的时候，这堂课也结束了。）

当“cuando”引导的从句动词使用未完成时的时候，比如过去未完成时，表示两个动作是同时进行的。这时，主句的动作完成时，从句的动作一直在进行中。例如：Manuel se fue cuando Juan veía la televisión.（当胡安看电视的时候，马努埃尔走了。）

由“cuando”引导的从句可以放在主句之前，也可以放在主句之后。如果从句在前，则用逗号隔开主句和从句。

例如：Cuando él era todavía un niño， ya estudiaba en la universidad.

Ya estudiaba en la universidad cuando él era todavía un niño.

有时，“cuando”引导的从句和主句之间还有因果关系。例如：Cuando tú dices， será verdad.（当你一说，就成真了。）

3 “mientras”和“cuando”的不同

（1）连接词“cuando”可以表示主句和从句的先后关系，而“mientras”不可能表示先后关系。

例如：La guerra terminó cuando el rey murió.

La guerra terminó mientras el rey murió.

第一个例句表达的意思是在国王死后，战争结束了。第二个例句则表示国王之死和战争结束是同时发生的。

（2）主句发生的时间包含在“mientras”引导的从句发生的时间之中。

例如：Duermo mientras mi padre trabaja.

Duermo cuando mi padre trabaja.

第一个例句表示我父亲工作的时候我睡觉了，而第二个例句的说法则是错误的。

（3）“mientras”后面不能加名词结构，而“cuando”后可以加名词结构。

例如：Cuando la crisis， muchas personas están en paro.（经济危机时，很多人都失业了。）

Mientras la crisis， muchas personas están en paro.

第二个例句是错的，西班牙语里没有这样的说法。

4 总结

连接词“mientras”和“cuando”因为翻译成中文后意思相近而且用法相似，所以造成中国学生经常混淆这两个词的用法，使得这两个词成为西班牙语学习中的一个难点和重点。通过本文的解释和比较，我们对“mientras”和“cuando”的不同做出了详细的说明，以期帮助中国学生正确区分这两个连接词。

参考文献

[1]BRÍZ GÓMEZ, A. El español coloquial en la conversación[M]. Barcelona:Editorial Planeta, S. A., 2011:115.

[2]BRÍZ GÓMEZ, A. El español coloquial en la conversación[M]. Barcelona:Editorial Planeta, S. A., 2011:110-111.

[3]BRÍZ GÓMEZ, A. El español coloquial en la clase de ELE[M].Madrid:SGEL, 2002:72-73.

[4]中国人民大学现代汉语概论项目组.现代汉语概论.中国人民大学[EB/OL].(2005-05-12)[2016-04-03]. http://202.112.126.101/jpkc/xdhygl/Kecheng/%E7%AC%AC17%E7%AB%A0%20%E8%A1%A8%E8%BE%BE.htm.

法商英语

翻译、语言学与二语习得

外国文学、戏剧与文化研究

教育、教学、实验、管理

浅析跨文化交际中对权力距离的态度之差异

陈秀珍

摘　要：随着全球化的日益深入，人们进行对外交流，与其他国家的人进行接触的机会越来越多，因此，来自不同文化背景，持有不同价值观的人们必须了解不同国家和地区的人的价值观的差异，求同存异，互相尊重对方的价值观，才能更好地完成交流的目的。本文仅根据著名学者Geert Hofstede用来衡量价值观的四个维度中的“对权力距离的态度”方面展开讨论。

关键词：跨文化交际；对权力距离的态度；差异

1　引言

随着国际交流的日益广泛，人们在工作和生活中接触其他国家的人的机会越来越多。在这样的形势下，来自不同文化背景的人们想要顺利完成工作任务，达成共同目标，除了要掌握扎实的外语语言基础知识，还要特别注意不同文化之间的差异。这些差异涵盖了工作和生活的诸多方面，其中价值观的差异最为显著。著名学者Geert Hofstede在他的《文化的后果》一书中提出四个衡量价值观的尺度，即个体主义–集体主义（individualism-collectivism），对权力距离的态度（power distance），对不确定因素的回避程度（uncertainty avoidance），刚性气质–柔性气质（masculinity-femininity）。这些衡量

作者简介：陈秀珍，北京工商大学外国语学院教师。

价值观的尺度在所有文化中对人们的行为都产生影响。本文仅就“对权力距离的态度”这一方面展开讨论。

2 对权力距离的态度是指什么

对权力距离的态度是指人们对于人际关系和社会组织中拥有较少权力的社会成员对权力分配不均衡或者不平等状况的接受程度，是相对愿意接受还是不愿意接受。

3 对权力距离的态度之差异

Hofstede发现，掌握权力的人和受权力影响的人之间的差异非常大。Hofstede曾经做了大量的调查，并对40个国家/地区的人们对权力距离的态度进行了数据测量，我们先参照表1来看一下各个国家/地区的人们对权力距离的态度的差异。

表1 40个国家/地区人们对权力距离的态度的排名

国家/地区	排名	国家/地区	排名
阿根廷	25	日本	22
澳大利亚	29	墨西哥	2
奥地利	40	荷兰	28
比利时	12	新西兰	37
巴西	7	挪威	34
加拿大	27	巴基斯坦	21
智利	15	秘鲁	13
哥伦比亚	10	菲律宾	1
丹麦	38	葡萄牙	16
芬兰	33	新加坡	6
法国	9	南非	24
德国	30	西班牙	20

续表

国家/地区	排名	国家/地区	排名
英国	31	瑞典	35
希腊	17	瑞士	32
中国香港	8	中国台湾	19
印度	4	泰国	14
伊朗	18	土耳其	11
爱尔兰	36	美国	26
以色列	39	委内瑞拉	3
意大利	23	南斯拉夫	5

注：出现顺序根据该国家的英文名称首字母排序。

表1中，排名高的可被列为愿意接受比较大的权力距离，排名低的可被列为不愿意接受比较大的权力距离。

由表1中所列排名可以看出，澳大利亚、加拿大、新西兰、英国、美国和爱尔兰这六个母语为英语的国家都属于比较不愿意接受大的权力距离的国家，但是我们依然不能凭此判定凡是讲英语的国家都是这种情况。众所周知，英语在全球范围的应用非常广泛，世界上还有不少国家或地区将英语作为官方语言或者第二语言来使用，比如新加坡、瑞典、瑞士和以色列等国家，新加坡在此表中排名第六，意味着这个国家的人们比较愿意接受大的权力距离。瑞典、瑞士和以色列则排名非常低，甚至低于一些母语为英语的国家。这说明，一个国家对权力距离的态度与是否有大量人口讲英语没有直接关联。大量的人口讲英语，并未必然使得该国家受英语文化的全盘影响。人们对权力距离的态度仍然源于本土文化的影响。

表1中没有列出中国内地的排名情况，但是根据中国香港和中国台湾两个地区的排名可以初步推断，中国属于高权力距离的国家，即中国人比较愿意接受比较大的权力距离。

通过表1，我们还可以看出，人们对权力距离的接受程度，与本国在地球上所处的地理位置也没有直接的必然的联系。但是，很明显，表中多数的欧洲和北美地区的国家属于低权力距离的国家，而多数的亚洲和南美洲地区的国家属于高权力距离的国家。

倾向于接受高权力距离的国家和地区的人们比较倾向于接受权威的存在，不愿意挑战权威。他们会认为社会本来就是存在不同的阶级或者阶层的。社会地位高的人掌握较多的权力并享有特权是可以接受的。在工作或生活中的具体体现就是，地位或权力低的人们往往把自己的上级或者长辈所说的话作为命令或者指示来服从，而不认为是可以商量或者讨论的意见。人们也通常非常顾及自己和他人的“面子”，为了维护“面子”，一般不会反驳甚至顶撞上司或长辈，会认为反驳甚至顶撞上级或长辈是失礼或者无礼的行为。如果上司或者长辈说的话自己没有听清楚或听明白，人们的表现通常不是当着所有人的面直接让上级或长辈再给自己讲清楚或解释一遍，而是当面表示明白了，但是会私底下去询问其他在场的同级别或地位的人。倾向于接受高权力距离的国家的人们，在做事的时候，也往往会采取间接的方式去处理问题，避免发生直接冲突。

中国，作为接受高权力距离的国家，人们普遍对权威或者权力存在敬畏之心，这是因为受儒家思想的影响，强调“长幼有序，尊卑有别”，人们从很小就被教育要尊敬长辈，即权威。“长者赐，不敢辞”更是晚辈在接受长辈礼物时挂在口头的常用语。对长辈或者上级的称呼也能体现出中国人对权力的尊重。人们极少会对自己的上级直呼其名，往往是姓氏加上头衔，比如“宋院长”“李经理”“王处长”等，称呼长辈也是姓氏加上辈分称呼，如“刘大妈”“赵奶奶”“齐婶”等。与上司或者长辈交谈时也会常用敬语，指对方时用“您”而不是“你”。在古代中国曾有很长一段时间，如果平民状告官员，不管是否有理有据，首先要受到惩罚，然后案件才可能被受理。这也是对权力的一种接受和尊重。

相反，欧洲和北美洲的很多国家与地区倾向于接受低权力距离。在这些地方，人们尽量避免体现出等级差异，强调人人平等。在美国，人人平等的思想甚至被写入了著名的《独立宣言》中（...We hold the truth to be self-evident that all men are created equal）。因此，在社会交往中，人们会尽量避免用自己的身份和头衔给他人带来压力。在与美国人的交往中，人们常常会发现，在非正式场合，无论人们之间的地位或者辈分如何，都存在直呼其名的现象，双方都称呼对方的first name。甚至刚刚认识的人，也都会告诉对方“Please call me John”，让对方直接叫自己的名字而不用敬称。

值得注意的是，Hofstede所做的研究中，数据是来自IBM公司的职员，虽然数据来源可靠，但是也有其局限性。IBM公司在挑选雇员时，会秉承对本公司的企业文化比较认可的态度，选择能够适合本企业的人加入，这就会从某种程度上影响这份数据的代表性。

4 结语

随着全球化的不断深入，中国人的价值观也随着时代的发展发生着变化，现在的年轻人和多年前的人的价值观会有所不同。虽然现在的学生对于师长一贯持有尊敬的态度，但是并不像多年前那样唯命是从，把师长的话当成命令来服从，而会出现更多向教师或权威发出挑战的事例。对于父母，中国的新一代年轻人也有着不同于多年前的态度。《弟子规》中有云“父母呼，应勿缓，父母命，行勿懒，父母教，须敬听，父母责，须顺承”。而现在，年轻人也不再把父母当成权威。家庭氛围也更加民主，父母也常常倾听采纳子女的建议和意见。所以中国人在与外国人交流时，要及时关注对方的价值观与己方的差异，互相尊重这样的差异，从而达到顺利沟通的目标。

参考文献

[1]胡文仲.跨文化交际学概论[M].北京:外语教学与研究出版社,1999.

[2]贾玉新.跨文化交际学[M].上海:上海外语教育出版社,1997.

[3]HOFSTEDE G H. Cultural consequences: International differences in work-related values [M].Sage: Beverly Hill, 1980.

[4]SAMOVAR L A, PORTER R E, STEFANI L A. Communication between cultures[M].Beijing: Foreign Language Teaching and Research Press, 2000.

论日本人的生死观

侯丽颖

摘　要：日本是当今世界经济发达、人民生活富裕的国家，然而日本人民的自杀事件却频发。本文试从日本民族的传统文化、宗教信仰、媒体传播等角度加以分析，试阐述日本人的生死观的形成。

关键词：日本人；生死观；宗教；无常

近年来，自杀成为日本最大的社会问题，我们经常在报刊、互联网等媒体上看到有关日本人自杀的报道。1998年起连续14年每年有三万多人自杀，2011年自杀人数有所减少，2014年减少到2.5万人，其中年轻人的自杀死亡率依旧处于高位。据2016年的统计：每天约有100人自杀，日本成为了名副其实的自杀大国。日本人的自杀现象与其民族特殊性有关，受着诸多方面的影响。笔者试从以下几个角度加以阐述。

首先，日本人的生死观深受其传统文化的影响。一个民族的生死观的形成有诸多因素，但是起决定作用的是传统价值取向。在日本人的宗教里神道教与佛教并存，日本民族自古以来就信仰神道教，认为万物皆有灵，死后都会成为神。而佛教所推崇的"无生无死、生即是死、死即是生，生死如意"的观念更是植根于日本人的思维之中，佛教在日语的发音有两种，一种是"佛"，另一种是"佛陀"，佛陀的道义传到日本后深受神道的影响，被赋予

作者简介：侯丽颖，北京工商大学外国语学院讲师，主要研究方向为日本文学、日语教育。

了新的意义：人死后会成佛。死亡对日本人来说并不是件可怕的事情，他们认为人死后会在天堂重生，在死别之际能体验到人格升华的凄凉之美，这与日本文化中的物之哀也是一脉相承的。从古至今日本人认为：人死后其灵魂会在凡人看不见的世界继续生存。在每年的盂兰盆节（鬼节），日本很多家庭会点燃火把，迎接已故亲人的灵魂回家，日本人认为逝者在天堂能够看到人间点燃的火把。西方的基督教和伊斯兰教认为自杀是违背神的意愿行为，是种罪恶，被视为重罪。而日本的传统文化则认为自杀是一种对失败负责的行为、能够洗清污名、一种合理的被大家接受的谢罪方式。

谈到日本人的生死观，不得不提的是深受日本国民推崇的武士道文化。《叶隐闻书》是著名的武士修身之书，里面即有“武士道即通向死亡之道”的论述，赞美剖腹和殉情。武士是日本社会的独特阶层，兴起于中世纪的封建社会，但其文化对日本人生活和精神却产生了深远影响。以死于而生是日本固有的生死观，日本人的自杀率之所以居高不下，与这种生死观有很大的关系，已渗透到日本民族的文化中，形成特殊的民族心理。

细看日本人的生死观，不单在一般民众中，在作家这一特殊的社会群体中也形成了一种传统：日本作家自杀率之高举世闻名。有许多著名的文学家选择了自杀，其中包括有岛武郎、芥川龙之介、川端康成、太宰治和三岛由纪夫、北村透谷、小林美代子等人，他们以自杀传承了传统，震撼世界文坛。诺贝尔文学奖获得者川端康成十分欣赏自杀身亡的画家古贺香江的一句口头禅：“再没有比死更高的艺术了，死就是生！”这种对死亡的向往可以说超越了他的文学虚构，主宰着生活，以致最后以煤气结束自己的生命。

日本的一些作家把这种生死观带到艺术作品当中。江户时代的大文豪近松门左卫门，在20年间写出了15部有关自杀的书，高度美化情死，确立了情死美学的文学思潮，受到当时人的欢迎。文学作家在文学作品中描绘殉情，宣扬死亡之美的不在少数。如大家熟知的渡边淳一的《失乐园》，故事的男女主人公由于相爱最后走向死亡。太宰治的小说几乎都是自传体的，人物的最后结局，也大都是以自杀而告终。正如《人间失格》的主人公所自责的，苟活就是罪恶的种子。我的不幸，是无力拒绝他人的不幸；一旦拒绝，不论对方或是自己心里，永远都有一道无法弥补的白色裂痕。日本文学评论家加藤周一谈到日本人的生死观时指出："自杀的主题，在日本文化中有其特殊的重要性。"现代日本人的自杀心理一如以往，往往不是由于具体事件，而是充满了对生命本身的凄楚之感。渡边淳一在回答记者为什么作品中屡屡出现死亡的结局时谈道：在日本的文化当中，死亡可能并不是一种消极的东西，它是一个更精彩、更耀眼、更能放射自己的手段。这一点在欧美可能不太容易被理解，可是在东方，应该更能引起共鸣。

不单是作家在作品中大肆描绘死亡，日本的媒体对自杀事件也似乎是饶有兴致，正是对自杀死亡事件的追踪报道，三原山成为世界闻名的自杀圣地。现代日本是大众传媒发达的国家，日本媒体对自杀的报道更加美化了凄美的死亡，固化了日本人的生死观，也间接地催化了人们对死亡的无所畏惧。随着科技的发达，网络的普及，在20世纪90年代后半期出现了通过网络而结成的自杀集团，很多自杀网站讲解自杀的方法，或者销售毒药等自杀工具。据资料显示，2005年网络自杀的人数是2003年的3倍，这些网络自杀事件对青年人起到了不良的引导，导致了很多年轻人通过网络结伴集体自杀悲剧事件的发生。

日本人的生死观形成与无常的自然风土也有关。一直以来，日本民族被大海包围生活在孤岛上，从地理位置上看日本人是孤独的，而且资源十分匮乏，自然灾害如火山、地震、海啸等频发，让日本人民感到了"自然的无常"，在自然界面前束手无策，造成了脆弱的民族心理。日本人天性脆弱和爱走极端，特别是近年来由于日本经济的长期萧条，一些人经历挫折后，看不到希望，脆弱的心理承受能力已经达到承受极限，往往走向极端。人际交往的孤独、苦闷、自卑，工作的艰辛，使日本人存在着严重的危机意识，这也是造成自杀的一个因素。日本人心存强烈的危机感和浓重的生存意识，心理承受能力脆弱：青少年畏惧学校的恃强凌弱，中年人恐惧失业，老年人担心经济保障，日本政局的动荡以及社会不安定因素给国民带来了沉重的心理负担，这也是造成日本自杀率高的原因之一。正如美国人类学家鲁思·本尼迪克特在《菊与刀》中所描述"日本人勇敢而懦弱"。日本人拘泥于细小的事情，视小的失败如要命的大事，并因此而陷于绝境走向极端。日本人是一个注重自我的民族，他们通常把自我放在对方的角度去思考权衡问题，然后采取行动。在日本人的心目中存在多个自我，苦恼于寻找自我的定位，加上危机意识，时刻担心工作生存的有无保障的外在压力，遂使他们走上了不归之路。

文化影响人的观念，现代文明社会愈来愈看重人的生存价值，世间一切最宝贵的便是人的生命，人的生命和生存权是社会公认的人权中的最高层次。自杀成为日本的一种社会现象是不合理的。2003年9月10日被世界卫生组织定为“首次世界预防自杀日”。日本政府为了减少自杀事件的发生，采取了一系列可行的措施，如拨专款成立了“自杀预防综合对策中心”，在Facebook官网上开辟出自杀对策预防专栏，出版业出版了预防自杀的书籍，建筑师建造楼房桥梁时增加护栏高度，在车站安装障碍物，保险公司取消了自杀死亡保险，等等。但是，这些措施并没有从根本上即人的思想深处解决问题。北京大学社会学系教授夏学銮评论道：“自杀心理像一种瘟疫，也会传染。”自杀不仅是个人的一种极端消极行为，也是社会的悲哀。在少子化的今天，人力资源是日本发展经济不可或缺的宝贵资源，不难想象，如果日本民族的这一心理症结不解开，日本的明天会在哪里。

参考文献

[1] 徐静文. 日本人と中国人の死生観を読み解く[J]. 臨床哲学,2013,15(1):35-54.

[2] 島薗進. 日本人の救済観と死生観[J]. モラロジー研究,2009,63:1-57.

以“小费”为例初探跨文化旅游中的文化休克

许兰贞

摘　要：由于中美文化背景的差异，中国人在美国旅游时通常会感受到一定程度的文化差异以及因此而产生的文化休克，这从某种程度来讲影响了中国人在跨文化旅游经历中的情感与体验，同时也对当地文化和居民造成了一定的冲击和影响。本文重点讨论中国游客在美国旅游时的旅游消费行为尤其是小费等服务性消费方式，并探究现象背后所隐藏的中美文化差异及其对于中国游客和美国本地人所带来的文化休克。

关键词：跨文化旅游；旅游消费；小费；文化休克

全球化背景下，随着中国经济文化水平的不断提高，越来越多的中国人外出旅游度假。据世界旅游组织2016年2月9日发布的数据显示，中国赶超美国成为国际游客最大的来源国，而且中国人也是境外旅游花销最多的群体，据《人民日报》援引中国商务部消息，2015年中国游客在境外旅游时消费支出高达约1.2万亿元，超过美国人、英国人和德国人成为世界头号旅游消费群体。

随着中美十年旅游签证的推出，2015年中国赴美游客数量继续快速增长。根据美国国家旅游局给出的最新数字，中国赴美旅游的总人数在2015年再创新高达到了300万。在消费方面，中国游客的人均消费远超其他国家，人均消费金额在6000~7000美元，中国游客的消费实力可见一斑，绝对

作者简介：许兰贞，北京工商大学外国语学院教师，承担大学英语教学和商务英语教学。

称得上是慷慨大方的消费者。

然而，中国游客的超强消费能力并没有使之成为美国最受欢迎的游客或消费者，相反他们在美旅游期间的消费方式饱受诟病。这主要是因为中国游客过分重视有形物质的硬性消费而极度轻视劳务服务等软性消费。所谓的有形物质消费主要指饮食、住宿、购物等方面，尤其是购买世界知名品牌的箱包、服装和化妆品，这是许多人赴美旅游的主要目的之一。与之形成强烈反差的是中国游客对于劳务服务等软性消费的轻视甚至漠视，比如很少有人愿意花费几十美元去百老汇看一场歌剧，到了纽约大都会博物馆却吝啬花几美元享受专业讲解。至于餐厅服务和酒店服务，许多人愿意为价格不菲的美食和高昂的住宿费用买单却很不情愿为殷勤服务的服务生留下小费。凡此种种消费习惯使得中国游客饱受诟病，甚至于许多美国服务人员不愿意接待中国游客，认为中国游客不尊重他们的劳动，没有给予他们应得的劳动报酬。这样的观点确实有一定的事实基础，却有失偏颇，究其原因，主要有以下两点。

1 跨文化旅游中不可避免的文化休克

中国人到美国旅游是跨国跨文化的旅游，要经历中美不同文化的碰撞、冲突与交融，这种文化差异性一直伴随着旅游者的空间流动和旅游活动。当然，跨文化旅游的一项重要意义就是不同文化间的交流、碰撞与传播。然而，这样的交流从来就不是一帆风顺的，文化休克是不同文化交流过程中最常出现的一种现象，也是旅游者进入外国文化或外族文化所遇到的最大困难之一。比如中国人因为不给或者少给小费而在美国备受指责，其实这并非因为他们小气、抠门或不懂得尊重服务人员的劳动，很多时候只是因为他们的源文化和本地文化有着太多的差异以至于他们在跨文化旅游中有点不知所措，他们某些有意识或无意识的行为给自己和他人都带来了一定的困惑和烦恼。这样的困惑和烦恼正是跨文化旅游过程中旅游主体所经历的文化休克，而且源文化和目标文化的差异越大，人们就会越困惑因而经历更强烈的文化休克。

2 天壤之别的中美服务业和小费文化

众所周知，儒家思想是中国传统文化的核心，历来主张尊卑有别，长幼有序，这种浓厚的等级观念根深蒂固，即使在当代中国仍然深得人心，因此人与人之间的交往不可避免地受当事人双方的社会地位和角色所影响和制约。在中国，服务工作一直不是体面的工作，从事服务性行业的人员社会地位较低，在客人面前往往有较强的自卑心理。如果客人给服务员小费，就很容易触动其自卑心理，认为这是一种居高临下的施舍，是地位高的人对地位低的人的一种炫耀，甚至是羞辱。此外，因为服务行业向来难登大雅之堂，服务者的劳动历来不受尊重，因此中国消费者从来不会也不愿额外付小费作为对服务人员的认可和感激。比如在餐馆结账时，中国人大都认为自己该交的费用就是一顿饭的饭钱，凭什么还要给端茶倒水的服务员额外的钱？显然没有把服务员劳动的因素考虑进去。

相反，欧美国家大都讲究人人平等，不崇尚权威，强调个体都是平等的、崇高的，无论年龄大小，职务高低，每个人都应受到同样的尊重。在美国，只要是服务行业，如餐厅服务生、出租车司机、酒店服务人员，他们的基本工资都很低，他们的主要收入来源就是顾客给的小费，因此通常他们会使出浑身解数提供热忱、周到的服务，以便让顾客满意并为自己争取好的小费收入。作为消费者，他们只要接受了某种服务，都会给予一定的小费表示对服务者的认可和感激。从某种意义上来讲，小费是建立在相互尊重基础上的一种表达谢意的方式，小费的施与和接受双方其实都在感谢对方。消费者通过付小费向服务人员表达尊重与谢意，而服务员接受小费则表达对顾客的感谢，感谢顾客对自己工作的尊重与肯定。

时至今日，小费仍然不是法定消费项目，数额也没有明文规定，但是美国人普遍把小费视为一种社交礼仪，是保证服务人员和顾客之间良性循环、互惠双赢的不可或缺的礼仪。所以，在美国享受服务之后给付一定数额的小费既是约定俗成的惯例，也是基本的消费认知。从根本上来讲，美国人付小费不仅仅是为了得到更好的服务，更是一种整体的社会契约精神和基本道德义务感。正如消费心理学方面的专家美国康奈尔大学教授迈克尔·林恩

（Michael Lynn）所说："在美国需要支付服务业人员小费，这是一种社会契约。"他如此阐述小费在社会经济学方面的重要影响，"游客来到美国，接受这里的服务人员提供的各项服务，就相当于默认了契约成立，约定俗成地付小费符合我们国家的规范"。

3 结语

了解了中美不同文化背景下的小费文化，我们就不会一味指责中国游客的礼数不周，当务之急是增强跨文化意识，减轻跨文化旅游者的文化休克。

首先，在旅游准备过程中，中国旅游者要尽可能地了解中美之间的文化差异，努力了解其社会行为规范，提高社会文化能力。在跨文化旅游中，旅游者在面临差异性极大的旅游环境时，要有耐心、宽容心，循序渐进。其次，要想避免文化休克，必须提高跨文化交际能力，而这种能力的核心就是适应能力，也是克服文化休克的最自然的方式。跨文化旅游是旅游者不断变化、调整、适应环境的过程，面对跨文化交际的具体情况灵活而恰当地进行自我调整，以宽容的心态对待不同的文化，对其认识、了解以及接受，入乡随俗，以便为自己和他人减少文化休克并且创造更多的愉悦情感体验。

另外，作为旅游目的地的东道国，美国旅游业及相关餐饮、酒店接待业的所有从业人员都应该参加必修的跨文化培训，使其了解自己的文化以及不同国家旅游者的文化，学会与来自不同文化的游客进行有效的沟通，懂得包容甚者鉴赏不同文化之间的差异性。这种跨文化培训能使相关服务业人员懂得尊重具有不同文化背景的旅游者，即使面对文化休克，也能积极地调整自己的心态，克服自我的种族中心主义心态，在不同文化面前表现出理解和宽容，同时也能减轻文化休克对旅游活动和游客的负面影响。

参考文献

[1] 朱路平. 旅游跨文化行为研究[M]. 天津: 南开大学出版社, 2004.

[2] 胡冰,刘景慧,张瑾. 跨文化交际中的文化休克及化解策略[J].河北学刊,2013(9).

[3] 宫斐.中西小费差异的文化对比探究[J]. 桂林旅游高等专科学校学报,2007(6).

中西悲剧异同浅析及西方悲剧对中国悲剧影响研究一览

高瑾玉

摘　要：本文分析中西悲剧不同的源起、类型、特点及引起差异的原因，并介绍早期研究西方悲剧对中国悲剧影响的代表著作。

关键词：悲剧；异同；影响

悲剧是人类文化共有的现象，一种没有悲剧的文明是有欠缺的文明。只有人能有对处境的担忧，意识到环境对自己的约束，并在对这种约束的反应中彰显人的精神性。因此对悲剧的研究是对一种文化研究的重要方面。中西文化的社会、政治及宗教传统形成了特色鲜明的不同悲剧风格和精神。自晚清始，由于梁启超提倡的小说新民论的影响，西方悲剧开始传入中国，渐次影响了中国悲剧的内容、风格及精神品质。

谢柏梁认为，西方悲剧可大体分为两类，古希腊式悲剧与基督教悲剧。亚里士多德对希腊式悲剧给出了经典的定义："悲剧是对于一个严肃、完整、有一定长度的行动的模仿"；"借引起怜悯与恐惧来使这种情感得到净化"。古希腊悲剧往往表现人和命运的强烈冲突，人面对不可抗拒的命运，一方面承认其绝对的主宰性，却仍然选择挺身而出与命运抗争，凸显作为人的自由与高贵。古希腊悲剧在描绘人对命运与苦难的平静接受的同时，彰显了人做出选择的自由及由此达到的精神超越，使崇高和悲壮成为古希腊悲剧

作者简介：高瑾玉，硕士，北京工商大学外国语学院讲师，研究方向为翻译理论研究、文学。

的特征。

基督教悲剧则呈现另一种维度，按照基督教观念，悲剧的起因，并非由于人的过失，而是因为人与生俱来的罪孽——原罪。人是上帝的造物就意味着，人是有缺陷的存在，无法与上帝等同，在人的经验世界以外还存在一个更高的无限存在，人在向着这个更高存在的努力中，将纠缠于内心的冲突。对彼岸世界的追求与现世的享乐，欲念的满足与神性的召唤，撕裂着人的灵魂，使其处于永无休止的痛苦之中，而这种痛苦构成了基督教式悲剧的基础。

相较于起源于祭祀活动的希腊悲剧，中国悲剧起源于早期的巫舞、宫廷歌舞，及优伶为帝王表演的滑稽调笑，宋杂剧又广泛吸收说唱、杂耍等多种民间技艺，形成较为成熟的综合戏曲艺术，虽然也有《赵氏孤儿》《精忠旗》等古典高悲剧及一些变异古典高悲剧，如《长生殿》等，大多是《窦娥冤》《桃花扇》这样的社会剧，是一种娱乐大众的通俗文学样式。其中的苦戏，也叫苦情戏，描写一个人的悲惨遭遇，激发观众哀怜与同情的感情。

中国的内陆农耕文化，决定了以宗法关系为基础，注重人伦和谐，互助互爱的文化倾向。

道家天人合一的思想，注重人与自然的和谐相处，及矛盾对立双方的相互转化与渗透，直至最终的合一。佛教的因果报应论及转世说，也决定了中国悲剧善恶有报，奖善惩恶的大团圆结局。深受儒家浸润的中国文化，秉持孔子“未知生，安知死”的理念，敬鬼神而远之。关注人的世俗生活，及生存困境，而对人类悲剧的终极性并不过问。正如王国维所说：“吾国人之精神，世间的也，乐天的也。故代表其精神之戏曲小说，无往而不着乐天之色彩；始于悲者终于欢，始于离者终于和，始于困者终于亨……”所以，无论是多么悲惨的故事总会有一个光明的尾巴，这个光明的结局或者是现世的荣华富贵，或是来世的宿愿得偿，使之既符合了道家与儒家的和谐中庸之道，又配合了佛家的因果报应说，观众带着满意的情绪离去。相较于西方悲剧将人生撕裂开来展示给观众的崇高与壮美，中国悲剧是优美的戏剧。

纵观西方，无论是希腊式悲剧还是基督教式悲剧，都回荡着人对于人生终极意义的追问，他们关心的不仅是此在的生存，更有永在精神与灵魂。而自由意志在两者中都扮演着举足轻重的角色。在希腊式悲剧中，悲剧主人公以自由意志对抗命运莫测的律令，明知将堕入命运的落网，而陷于万劫不复的毁灭之中，却仍然选择听从意志的召唤，显示出人存在的自由。在基督教式悲剧中，虽然人的被造决定了他的被动型，但上帝依然赋予他自由意志，选择为善还是为恶，决定着其灵魂的拯救与惩罚。而在中国式苦情戏中，人接受伦理的规约，关注的是现世的苦情苦状。如果说他们还关心除了此生以外的另一个世界的话，那也只是为了完成此生未能完成的愿望，一切的考虑都是从现世出发的，也会归于现世。他们从不关心是否有一个彼岸世界，仿佛从未向可能存在的这个终极世界哪怕投下匆匆的一瞥。所以相较于西方悲剧，中国悲剧缺少一种终极的追问。

始自20世纪80年代，1983年梁锡华的论文集《且道阴晴圆缺》中收入《冰心的宗教信仰》一文。20世纪90年代，这方面的论文开始增多。《金陵神学志》《鲁迅研究月刊》《文学评论》等杂志先后发表多篇相关论文。1992年由路易斯·罗宾逊著，傅光明、梁刚译《两刃之剑——基督教与二十世纪中国小说》出版，该书系统分析基督教与20世纪中国小说的关系，眼光独到，发人深省。1995年12月，学林出版社出版了马佳的《十字架下的徘徊》，是第一部本土学者对相关课题的研究专著。2002年出版的王列耀所著的《基督教文化与中国现代戏剧的悲剧意识》深入探讨了基督教对中国现代戏剧的影响。研究中西悲剧的异同，从中梳理出两种悲剧传统从开始的略带排斥，再到小心接纳，直到后来的不断融合，是一个值得研究的领域。

参考文献

[1] EVAN-ZOHAR I. Special issue of poetics today[M].Durham NC: Duke University Press, 1990.

[2] LEFEVERE A. Translation rewriting and manipulation of literary fame[M]. London: Rout-

ledge. 1992.

[3]STOWE H B. Uncle Tom's cabin[M]. London: J.M.Dent and Sons, 1968.

[4] TOURY G. Descriptive translation studies- and beyond [M]. Amsterdam and Philadelphia: John Benjamins, 1995.

[5]陈福康.中国译学理论史稿[M]. 上海:上海外语教育出版社,2000.

[6]陈平原,夏晓虹.二十世纪中国小说理论资料[M]. 北京:北京大学出版社,1989.

[7]陈平原,等.历史传承与文化创新[M]. 北京:北京大学出版社,2001.

[8]郭延礼.中国近代翻译文学概论[M]. 武汉:湖北教育出版社,2001.

[9]王宏志.翻译与创作:中国近代翻译小说论[M].北京:北京大学出版社,2000.

[10]王列耀. 基督教文化与中国现代戏剧的悲剧意识[M].上海:上海三联书店,2002.

[11]吴士余,倪为国.中国文化与小说思维[M].上海:上海三联书店,2000:44.

[12]谢天振.译介学[M]. 上海:上海外语教育出版社,1999.

[13]谢柏梁. 世界古典悲剧史[M].北京:中国戏剧出版社,2004:66.

[14]张法.中国文化与悲剧意识[M].北京:中国人民大学出版社,1989.

英语学习对提高文化软实力作用探究

邱国红　王珂朦　田彦花　颜贝佳

摘　要：随着科技与经济的发展，中国所面临的国际竞争也日益激烈。在注重经济发展和提高经济硬实力的同时，文化、价值观等软实力的提高也不容忽视，本文旨在从如今英语学习方式、动机等方面对提高文化软实力进行探究。

关键词：英语学习；文化软实力

十七大报告中首次提出了“文化软实力”的概念，并强调：“当今时代，文化越来越成为民族凝聚力和创造力的源泉、越来越成为综合国力竞争的重要因素。”文化作为一个民族的灵魂，一个国家的身份，其发展的必要性不言而喻，尤其是在当今国外大力传播其文化思想进行文化入侵，而我国传统文化传承出现问题的大环境下，提高我国文化的软实力已是迫在眉睫。

关于提高文化软实力的相关研究有许多，但鲜有关注英语学习对提高文化软实力作用的研究。英语作为全球通用的语言，对提高国家文化软实力具有不可或缺的重要作用，因此从英语学习入手，可以为提高文化软实力提供一种新的途径。

作者简介：邱国红，文学硕士，北京工商大学外国语学院英语副教授，主要研究方向为英美文学。王珂朦、田彦花、颜贝佳，北京工商大学金融学专业学生。

1 英语学习对于文化软实力的提升作用

1.1 提升中国文化在国际社会的认同感，协助阐明国家立场

根据哈佛大学约瑟夫·奈教授的观点，文化软实力是指一个国家维护和实现国家利益的决策和行动的能力，其力量源泉是基于该国在国际社会的文化认同感而产生的亲和力、吸引力、影响力和凝聚力。相对于硬实力依靠“施压”迫使他国非自愿接受，软实力则通常依靠“吸引”得到他国自愿认同，是间接的、历史的、弥散的、隐性的。英语作为通用于世界的交流工具，选取其作为传播中国文化的媒介具有优势，从而在世界范围提高中国文化的渗透力。因此，这就要求国人能够运用英语向世界介绍中国文化内涵，描述中国特有的文化与事物，彰显中国文化的独树一帜与博大精深。只有能准确描述甚至令其亲身体验中国文化精粹，才能让中国文化在世界范围的魅力愈久弥香，在潜移默化中提升中国文化在国际社会的认同感。与此同时，国际事务变幻莫测，英语学习有利于我们自身了解时事事态发展变化，也有利于我们向世界阐明国家立场。

1.2 掌握传播中国文化的主动性，防止文化精粹流失于他人

文化传播是一个过程，包括传播者、传播途径和接受者。中国文化的接受者是世界上其他族群，而国人则是中国文化传播者的主力军。中国目前仍为发展中国家，国际形象不免受一些西方国家偏激言论的影响，引发他人对中国的价值体系的不了解和偏见。同时，世界上有些国家与我国有文化传统源流的争执，也包括领土纷争，其中涉及的有中国历史和中国文化特产等知识。因此，在作为一个求同存异途径的中国文化的传播中，掌握主动性就显得尤为必要。而英语作为中国文化传播中的重要媒介，学习运用好英语是直接影响能否掌握传播主动性和防止中国文化流失于他人的关键。

1.3 学习其他优秀文化以不断改进自身

“引进来，走出去”这样的全球视角下的发展战略同样适用于文化软实力的建设。英语学习在助力于中国“文化走出去”的同时，也作用于将其他

优秀文化“引进来”加以学习利用。好莱坞电影以及英文期刊书籍的进入都是引入国外优秀文化的良好例证。因此，通过英语深入了解其他国家的优秀文化，对自身文化去糟取精乃至对文化产业创新都有很好的借鉴性和启发性。深入来说，许多前沿学术科技的学习方法乃至理论成果都不乏英语文献，利用好英语这个工具，让自身在学术学习与探讨中更具有辨别能力与更开阔的视角，以这样的英语学习氛围去推动经济科技领域的进步，与国家软硬实力相得益彰。

2 提高英语学习以提升文化软实力的途径

2.1 增强教学者的文化素养，转变学习者的学习观念

文化传播要从源头抓起，所以教师应多了解中国文化，提高用英语表达中国文化的能力，并在课堂上把英语和中国文化融会贯通。据调查，许多大学生学习英语的目的是通过四六级考试，而英语的吸引力却极小，所以教师在讲授丰富多彩的文化知识的同时，可利用经典电影等资源来激发学生的兴趣，引导学生改变学习英语的观念。

2.2 平衡英语教材中中外文化的比重

教材是教师传授知识，学生接受知识的直接途径，英语教材的编写内容是以英美文化为主体，西方文化的冲击加剧了学生对本国文化的淡化。如果把中国的传统文化、民俗风情等融入英语教材中，一定会加强学生对本国文化的了解，从而促进本国文化的传播，引导中国文化走向世界。

2.3 改善英语课程结构，适当增加英语文化课

现在英语的课程结构，还是以听、说、读、写为主体。对于中学生来说，听力口语、阅读、写作的基本练习对他们英语水平的提高会有明显的作用。而为了培养学生在学习英语之初就有结合中国文化的意识，可以在学习中穿插中国谚语俗语、中国节日以及相关活动的英语表达，如团圆饭、端午节、赛龙舟、中国结等。同时也要关注当下时事，用英文描述并且表达中国

的立场与观点，用这种国际化的方式表达中国文化与思想。对于大学生群体，他们已经具备了一定的英语基础和专业知识。在基本的听说读写的练习之外，应该增加文化课程，通过外国文化、中国文化以及中外文化结合对比，拓宽学生的眼界，提升他们的文化素养。同时可以增加与他们专业知识相联系的英文课，让大学生更好地把专业知识与英语学习融合，在学习专业知识的同时提升英语水平，在世界的大平台展现自己的卓越身姿。

3 结语

英语学习与文化软实力的提高会是一个漫长艰苦的过程，我们只能稳步前进，不能急于求成。只有不断发掘现存的问题与不足、改进英语学习的方法和模式，才能更好地促进中国文化的“走出去”与国外优秀文化的“引进来”，最终增强我国的文化软实力。

参考文献

[1]阮军,赵志敏.文化软实力建设背景下的大学英语教学[J].现代企业教育,2014(5).

[2]张璐.提升文化软实力视角下的大学英语人才培养探论[J].学校党建与思想教育:普教版,2015(1).

[3]奈.软力量——世界政谈成功之道[M].吴晓辉,译.北京:东方出版社,2005(1):1.

[4]李镭.如何提升文化软实力[J/OL].(2007-11-06)[2016-07-26].http://politics.people.com.cn/GB/30178/6486623.html.

To Love or not to Love, That Is a Question

杨文彦

Abstract: The attitude of Hamlet towards Ophelia is, doubtless, the greatest of all the puzzles in the play. Whether his love for Ophelia has changed or not is the focusing attention many critics are hotly debating about. I believe, under the effect of his father's obscure death, his mother's over-hasty remarriage and Ophelia's ruthless rejection of him, Hamlet shows a complex and complicated feeling toward Ophelia. His love is not as simple and affectionate as before, instead, mingled with suspicion and resentment. Fromm's psychological insight about the concept of love reinforces my argument.

Key words: Hamlet; Love; Ophelia; contradictory; doubtless

The most popular view believes that Hamlet's love for Ophelia still remains intact. On the revelation made by the Ghost, Hamlet feels that he must put aside all thoughts about love. And it also seems necessary to him to convince others, through Ophelia, that his insanity is not due to any mysterious unknown cause, but to the disappointment in love, and so to allay the suspicions of the King. Thus, his bitterness to Ophelia is a mere pretence forced on him by his design of feigning to be insane. But if it is true, I wonder why he never alludes to Ophelia in his soliloquies, why he never realizes the effect on Ophelia of his killing or her fa-

作者简介：杨文彦，北京工商大学外国语学院副教授。

ther when he kills Polonius and afterwards; why he constantly insults Ophelia with humiliating words without caring for Ophelia's feelings. All of these cannot persuade me to acknowledge that his love has never changed. As Dr. Bradley says in Shakespearean Tragedy "If his feeling for her had been simple that of love, however unhappy, and had not been in any degree that of suspicion or resentment, would he have adopted a plan which must involve her in so much suffering?"

In fact, Hamlet's mother's over-hasty remarriage with his uncle has poisoned his whole romantic imagination of women and love. In patriarchal society, women are thought to be men's private property and about all the other virtues, women's chastity is of great importance. This idea finds its full expression in Dr. Johnson's exaggerating words "upon female chastity 'all the property of the world depends', [and] 'wise married women don't trouble themselves about infidelity in their husbands', whereas wifely infidelity was unpardonable." As the Queen, the mother of the state, Gertrude is supposed to be the model of wifely virtues for all common women to follow suit. But contrary to patriarch expectations of her womanly duties, she remarried her husband's brother as soon as possible. Her over-hasty remarriage seems indecent and incestuous. Hamlet cannot bear the fact that within a month after his father's death, his mother, should have been wearing the mourning apparel, shedding sorrowful tears, mourning his father, married her brother-in-law with "most wicked speed". He considers his mother's over-hasty remarriage a ruthless betrayal of his father and a profanation of their dignified love. His mother's conduct has plunged him into disappointment of love: of his respect for women. "Frailty, thy name is 'woman' is a terse and vivid expression of his disillusionment in both women and love. He has thought that women are supposed to be full of virtues and less of lust, however, from his mother, he sees shallowness of women and soft animal nature lurking them. The avalanche of his faith ill women and love has swept his values of love and his attitude towards Ophelia.

Under this state of mind Hamlet turns to Ophelia, the woman he thinks loves him. However, beyond his imagination, Ophelia has rejected his love by refusing to meet him and returning his letters, and to be more heart-broken for Hamlet, she even proves unresponsive to an appeal of extreme need of some comfort and help in her company. As Ophelia says to her father, "J did repel his letters, and denied his access to me". Thus, the disillusionment about the values of women's love taught by his mother and Ophelia's seemingly confirmation of the lesson hardens Hamlet the worst suspicions. His love for Ophelia has changed, not as pure and innocent as before, but mingled with suspicion and anger. His failure of figuring out the reason of Ophelia's rejection of him leads to his suspicion about Ophelia's honesty and chastity, which is indicated by his satirical questioning of Ophelia. "Ha, ha! Are you honest"? "Are you fair"? "That if you be honest and fair, your honesty should admit no discourse to your beauty". His belief in her dishonesty and unchastity arouses his resentment towards Ophelia, therefore, he begins to insult Ophelia with his unthoughtful humiliating words. He says to Ophelia, "I did love you once", which is the indication that his love has changed. He says "God hath given you one face, and you make yourselves another", "I say we will have no more marriage". If his love for Ophelia is still as pure and deep as before, how can he utter such pitiless words with the risk of hurting Ophelia and bringing her so much suffering? After Ophelia's rejection, his love and care for her has turned into doubt and anger. He no longer cares about Ophelia's feelings and ignores Ophelia's sufferings, for his appointed duty by the Ghost of revenge for his father's death should be his utmost concern. After Ophelia's rejection, Hamlet scarcely mentions Ophelia's in his daily life and neither does he allude to Ophelia in his soliloquies and even at his death. That he does not mention Ophelia does not mean he has completely forgotten her, which could only imply the focusing center of his life has shifted to some more urgent task facing him. On the revelation of the Ghost, he considers the duty of vengeance for his dead father his greatest concern.

Hamlet's identity determines that he must more or less sacrifice his own feelings. Some background information about patriarchal society will shed light on our understanding of this point. Patriarchal society is of male-domination, and men are the center of the world. As a king, the man has the greatest power in the state. "The state of monarchy is the supremest thing upon earth." The former King, Hamlet's father has led a prosperous state in his life time and is greatly respected by his subjects, therefore, clarifying the facts of his death becomes a responsibility for Hamlet to console the subjects. Parallel to the supreme power of the monarchy in the state, father is the "King" in the family. Growing up under his father's love, Hamlet is saturated with the patriarchal values, which is demonstrated by his great love and respect for his father. How deeply feelings between father and son! His father's obscure death is no doubt gives him a heavy blow. Their blood tie cannot be broken by his father's death. Especially upon the revelation of the Ghost, the embodiment of his father, the Ghost's words are considered as the "authoritative" words which he must abide by. Baktin tells us, the authoritative words usually have the religious, political and moral connotation, and they are "the word of a father, of adults and of teachers, etc." Authority is inseparable with this kind of discourse. "Its authority was already acknowledged in the past", "It is given the lofty spheres, not those of familiar contact." To show the superiority of the authoritative word, it is often spoken in some foreign language, which could not be understood by ordinary people. The lofty, authoritative word of the Ghost in Hamlet is a perfect example of this illustration. "Often the authoritative word is the fact a word spoken by another in a foreign language, (for example, the phenomenon of foreign language religions texts in most cultures)." As far as the effect is concerned, the authoritative word requires submissive obedience, resenting the recipient's resistance of acceptance. "It can [riot] be profaned. It is akin to taboo, i. e., a name that must not be taken in vain." Therefore, binding by the coercive authority of the Ghost for him, Hamlet must do his utmost to ascertain the real cause of his father's death so that plots a plan of revenge for his father. As the Prince of the state and the will-be King, Hamlet must shoulder the responsibility of his state and the subjects and devote his life to governing the country just as his deceased father has done. Thus, Hamlet has no time and energy to attend to his love for Ophelia for "His will is not his own, on his choice depends the safety and health of this whole state."

Ophelia has not been the center of Hamlet's mind and heart. Even at his death, Hamlet mentions nothing of Ophelia. At the graveyard of Ophelia, Hamlet has deeply mourned her, which could be interpreted as a symbolic gesture of bidding farewell to her, to their past. Hamlet's love for Ophelia has ended with Ophelia's death. Ophelia has become a past tense to him after her death. Up his death, Hamlet has will, and just time to think, not of the past, but the future, the future of his country. He asks his friend Horatio to take care for the welfare of the state which he himself should have guided. His profound sense of responsibility finds its expression in his dying words, "I cannot live to hear the news from England, but I do prophesy the election light on Fortinbras, he has my dying voice" . At his death, his great concern is not his love for Ophelia, but the future of his state. If he had not died, he should have become a revered King of his subjects, however, he can never have been a good lover to Ophelia. Judged by the patriarchal values, it is assumed to be a shining virtue to sacrifice one's own private love for the sake of safety of the state.

To say that Hamlet's love toward Ophelia has changed, first of all, we should have some basic concept of love, which is beautifully demonstrated by the famous psychologist Fromm. Erich Fromm, half a century ago, has pointed out that the basic elements of love are care, responsibility, respect and knowledge, in other words, love is the active concern for the life; an voluntary act to bear the duty, a great esteem for the beloved and a deep understanding between both sides. If one element is lacking, love will no longer be considered innocent and pure. In terms of these basic elements of love, Hamlet's love has really changed.

After Ophelia's rejection of him, Hamlet does not care about Ophelia's feelings and is ignorant of Ophelia's sufferings. He kills Polonius, Ophelia's father, but never realizes the effect on Ophelia of his killing of her father. If we consider the event from the foot of Ophelia, we can see the insurmountable suffering she has been bearing. Ophelia has lost her mother, and has only a father, a brother and Hamlet to take care of her. Beyond these three beloved ones, she seems to have eyes and ears for no one. Her love for her father is profound, though mingled with fear. Her brother has gone abroad fighting; and Hamlet becomes estranged from her; and even acts the fantastic action of killing her dear father, the most beloved of her life. How could the simple Ophelia bear the grief of having lost her three beloved ones in the twinkling of an eye? Unfortunately, Hamlet turns a deaf ear to her suffering, let alone his "active concern for her". Even though he kills Polonius by mistake, he never explains it to Ophelia and makes no apology at all afterwards, which must have lessened her bitterness of her life. If his love has not changed, how can he bring Ophelia so much suffering without a little tender affection and confession?

All of these sufferings go beyond the capability of Ophelia's bearing, thus, drive her mad and lead directly to her death of which Hamlet is not innocent. However, during the mourning of Ophelia at the graveyard, we hear the grieving and touching words but repentance. Hamlet shoulders no responsibility for Ophelia's death.

Besides, Hamlet shows no respect for Ophelia. After her rejection, he insults Ophelia with humiliating words in the play scene. He is teasing Ophelia, "Lady, shall I lie in your lap" "That's a fair thought to lie between maids' legs" . Toward whom do we usually tease? With whom are we often playing jokes? Psychologists have given a convincing explanation. Of course, we will not tease our parents or our beloved ones, for we love and respect them. As for our enemy, who will not be our teasing objects, we only have hatred for them. Only those who are neither our beloved nor hatred can be our teasing objects, for we are indifferent toward them and can get laughter from them. We know women's chastity is their top dignity in patriarchal society, especially to an unmarried woman. Therefore, devoid of respect for Ophelia, Hamlet's seemingly joke reveals indifference toward her, and it even becomes a gross insult to her, a virgin. As Dr. Bradley says, "is it conceivable that he would have uttered them, if his feeling for her were one of hopeless but unmingled love?"

Knowledge of the loving objects is an indispensable element of love, which is very difficult to find in Hamlet's love for Ophelia. Hamlet has no knowledge of Ophelia's love for him and her rejection of him. In fact, Ophelia has given to Hamlet all the love of which her nature is capable; her rejection of him is from the command of her father. After her rejection, Hamlet begins his suspicions. "He falls to such perusal of my face/ As 'a would draw it. / Long stay'd be so" . Hamlet s passionate scrutiny of Ophelia's face indicates Ophelia seems to have become unfamiliar to him. There is no mutual understanding between them. Hamlet does not know Ophelia still loves him even after she loses her mentality. As Ophelia sings, "I a maid at your window, / to be your Valentine" .

Judging from these above-mentioned four elements of love, Hamlet's love for Ophelia has really changed, mingled with suspicion and resentment. However, his love has never lost.

If lost, he cannot utter the grieving and .touching words when mourning Ophelia at her grave. "I lov'd Ophelia. Forty thousand brothers/ could not with all their quantity of love/ Make up my sum" . "Be buried quick with her, /and so will I"; he cannot address Laertes "brother"; cannot pardon Laertes by saying

"Heaven make thee free of it"! Though his love for Ophelia has been enveloped a shade of suspicion and resentment, these words uttered by Hamlet are true expressions from the bottom of his soul. His love and passion for Ophelia still remain there, mixed with doubt and anger.

In conclusion, Hamlet's love for Ophelia is complex and complicated. His love has changed after Ophelia's rejection of him. His love is not as pure and innocent as before, instead, mingled with suspicion and resentment, however, his love has not lost Hamlet's feeling for Ophelia is quite contradictory. To love or not to love, that is a question.

References

[1]BAKTIN M. "Discourse in the novel" in the critical tradition: Classic texts and contemporary trends[M]. 2nd ed. Boston: Bedford Books, 1998.

[2]BRADLEY A C. Shakespeare tragedy[M]. 2nd ed. NY: St. Martin's, 1981.

[3]The riverside shakespeare: Vol Ⅱ[M]. Boston: Houghton Mifflin Company, 1974.

法商英语

翻译、语言学与二语习得

外国文学、戏剧与文化研究

教育、教学、实验、管理

浅谈美国大学写作教育

胡艺东

摘　要：对写作的训练渗透在美国高等教育的各个方面。从人文社科到理工科的各个学科的专业课程都十分注重对于写作水平的提高和培养，而诸多大学更是开设了专门的写作课程和写作中心，集中资源对学生的写作进行指导。美国高等教育对于写作的重视，丰富的写作培养方法，对我国大学英语写作教育提供了启示和指导。

关键词：英语写作；美国高等教育

写作一直以来是美国高等教育的核心之一，也是美国教育的长项所在。不管是英语文学、历史学或是社会学等人文社科学科，还是数学、物理、工程学等理工学科，都十分强调写作的重要性。美国学术成果的衡量标准是论文的发表，而一篇优秀的论文不仅要求发表人展示出优秀的科学研究成果，论文本身的写作质量也十分重要。而美国大学教育也是十分注重培养学生的写作能力，无论是哪个专业的课程，都经常会要求学生以论文的形式完成课程不同阶段的考核。而除去常规专业课程所要求的学术写作，美国大学还常常提供专门的写作训练资源，甚至要求学生们必修专门的写作课程。美国高等教育重视写作、视写作为高等教育核心的理念，及其对学生写作能力的培养，对我国大学英语写作教育、甚至母语写作教育，都能提供启示和指导。

作者简介：胡艺东，北京工商大学外国语学院讲师，主要研究方向为英语教育、比较文化。

1 美国大学写作的重要性

写作是美国高等教育的核心内容之一。各种专业，不管是传统人文学科，例如文学、历史、哲学，还是社会科学专业，比如经济学和社会学，乃至理工学科例如数学、物理、工程学和计算机专业，都十分注重对写作能力的训练。课堂上，教授经常会要求学生们以写文章或是短文的形式来展示自己的学习成果。写作也常常被采纳为检验专业课程学习成果的方式。无论是阶段性的期中测验，还是期末考试，各个专业的教授们都经常会采用写论文的形式来检测学生们对专业知识的掌握。这些论文短则两三页，长则二三十页甚至更多。而教授们也经常会花费很多时间和精力对学生们的论文进行指导。这种指导不仅局限于在学生所写的专业内容上，还会涉及文章写作本身，也就是教授和学生们常常说到的“stylistic”问题。教授或是助教们常常会对学生论文的结构、句式乃至用词提出建议。不仅如此，很多教授还会在最终打分前给学生们提供多次修改论文的机会。而忙碌的教授们愿意花诸多精力为学生论文提供指导的原因，正是为了能给学生们机会提高学术写作能力，因为在以发表学术论文为衡量成功的近似唯一标准的美国学术界，教授们也深谙具有优秀的写作表达能力，对于更好的展示自己的专业研究成果，或是自己深刻的思想，有着多么大的助益。除了让学生们花几天甚至数周时间细细打磨的学术论文之外，大学专业课程的当堂考试形式也常常会采取“论文问题”（essay question）的形式。这样的考试题往往是要求学生在有限的时间内，以短则几百长则几千字的文章形式回答卷子上的问题。这样的考试虽然会在文章用词句式等“stylistic”方面降低要求，但是却要求学生拥有短时间内提笔成章的能力，因此对写作水平也有极高的要求。

写作不仅在专业课程拥有重要地位，在大学入学和毕业进一步深造或迈入社会的过程中也扮演着重要角色。和中国考试作为进入大学和研究生院的唯一标准不同，美国大学和研究生申请除了要求学生提交相应的考试成绩，还要求他们提供一篇甚至两篇个人陈述（personal statement）。根据项目的不同，个人陈述的风格和内容也有所不同。比如大学申请中的个人陈述常常是讲故事的形式，风格灵活多样、个人风格强，而研究生院的申请文章则常常比较统一规范，主要是陈述学生为什么要申请这个项目以及过去的相关成就。除了申请学校，大学生们毕业找工作也常常需要向单位提交个人陈述甚至写作样本。这些实用性文书虽然不要求文风优美，但是也需要条理清晰逻辑清楚。由此可见，培养写作能力在美国大学生的大学生涯中是多么重要。

2 美国大学写作教育资源

美国高等教育专业课程注重对写作能力的培养，除此之外，很多大学还会在培养学生写作能力的目标上投入专门的资源，开设了专门的“写作课”。更有很多学校在写作课之外还设有专门的写作中心，那里有专人为学生的写作提供指导。

2.1 美国大学写作课程

除了美国大学专业课程对于写作能力的训练，很多美国大学还会专门开设写作课程，教授如何写作。一些大学甚至会要求学生们在入学时必修专门的写作课程，同时要求学生们在高年级时必须修足若干门以写作为核心考核形式的专业课程。例如，得州大学奥斯汀分校要求学生必须从一系列适合自己情况的写作课程中选择一门。这些分为初级和高级的写作课程包括非母语修辞和写作课、专题写作、数字环境写作课、修辞理论课、期刊写作发表、网络写作等。[1] 杜克大学则要求学生们大学一年级必须修一门写作课，这门写作课分为很多不同的主题，例如“贫穷的诗意”“海水淡化”“社会运动”，等等，学生们可以根据自己的兴趣选择一个主题，而这门课上所有的写作训练都会围绕着这个主题展开，确保学生们既能专注于提高写作能力，又能保持对写作内容的兴趣。而即便是理工院校也十分注重对写作能力的培养，例如美国著名的佐治亚理工学院，则开设了专门针对理工科学生的科技写作课程，并且分为多个等级供不同写作水平的学生们选择。[1]

2.2 美国大学写作中心

很多美国大学都设有专门的写作中心，为学生写作进行辅导。美国大学的第一个写作中心发源于1934年的爱荷华大学。该校的Carrie Ellen Stanley

教授常常在自己的教室里为班上的学生进行一对一的写作辅导，久而久之，学校就开始把一些写作有问题的学生分到她的班上以便她进行写作指导。[2] Stanley教授的课成为后来写作中心的雏形。后来，这种对学生进行一对一写作指导的教学方法逐渐被规范和程序化，各个大学开始设立专门的写作辅导中心。受到20世纪六七十年代美国的“写作危机”的影响，七八十年代美国大学写作中心的数量迅速增长，由70年代的12个迅速增长为80年代的1000多个。[2]

美国大学的写作中心在指导学生写作上扮演着多种重要的作用。首先，写作中心的老师会对学生的写作作品进行指导。然而值得说明的是，写作中心并不是“改稿中心”，写作老师们并不会帮助学生们直接修改文章，而是会向学生提出修改建议，如果学生不会修改，老师们会与学生进行讨论，试图启发学生。写作中心最终的目的是培养好的作者，而不是好的作品。[3] 除了一对一的写作指导，写作中心还会出版各种写作指导材料供学生使用和参考。这些材料涵盖写作的各个方面，除了文章结构、语言句式之外，还有如何引用文献、使用标点。最为著名的写作中心、普渡大学的Online Writing Lab就在网站上为全世界的英语写作者们提供了免费的极其详尽的写作资源，内容包括从写提纲、写中心思想句到详尽的引用文献格式。[4]

3 结语

美国高等教育对于写作的重视渗透在教育教学的各个方面，在专业上取得成功很大程度上需要优秀的写作表达能力，而专门的写作课程和写作中心更是为学生提高写作水平提供了丰富的资源。美国大学对写作的教育方法和重视程度为我国大学英语写作教育提供了启示和指导。采取个人化的、一对一的指导，增加写作指导的资源投入，这些无疑将对提高学生英语写作水平起到积极的作用。然而最重要的是，我们应当提高写作在整个教育中的地位，这才是从根本上提高写作水平的途径。

参考文献

[1]江满情.美国大学的写作教育与启示[J].教师教育论坛,2015(5):60.

[2]芦俊燕,李玉红.美国大学写作中心对写作教育的启示[J].山西广播电视大学学报,2016(3):47.

[3]STEPHEN M. North: The idea of a writing center[J]. College English, 1984(46):5,433,436,438.

[4]范晓晖.利用美国大学写作中心的资源提高我国大学生英语写作水平[J].中国医学教育技术,2012,28(1):29.

中国文化“走出去”战略对大学英语文化教学提出的挑战与对策探讨

梁桂霞

摘　要：在中国文化“走出去”国家战略指导下，如何调整大学英语教学文化内容，提升学生对中国文化的自信，增加学生对母语文化兴趣，提高学生跨文化交际能力？面对中国文化在教学中的失语现象，本文试图探讨大学英语教学中扭转中西文化张力不平衡局面的一些对策。

关键词：“走出去”国家战略；文化失语；大学英语教学；挑战与对策探讨

1　引言

长期以来，大学英语教学中一直没有适当融入中国本土文化元素，大学英语教学中忽略了中国文化和价值观对外传播的文化战略，中国文化“走出去”战略是建设文化强国、提高中国文化软实力的重要战略。扭转中西文化张力不平衡局面意义重大，大学英语教学的文化价值一定要提升到中国文化“走出去”的重大战略意义层面上，让学生了解、继承并传播我们五千年深厚的文化积淀和丰富的文化资源，积极引导学生不要盲目追随和崇拜西方文化，提升中国文化自信，尊重弘扬自己的文化。

基金项目：本论文是北京工商大学2015年教育教学改革研究立项项目(编号：JG155227)的研究成果之一。

作者简介：梁桂霞，留美硕士，北京工商大学副教授，研究方向为大学英语教育、跨文化翻译等。

2 中国文化“走出去”的战略内涵

2000年10月召开的党的十五届五中全会第一次提出了中国文化“走出去”的国家战略，随后，《文化部“十二五”时期文化改革发展规划》提出要树立“文化中国”的新形象。在庆祝中国共产党成立95周年大会上，习近平总书记再次强调坚持文化自信的重要性。[1]因此，大学英语教学必须担当起重大历史使命：要让我们的学生学会用英语表达祖国文化、学会用英语传播祖国文化；要让我们的学生看到一个多元文化的世界，让他们为祖国文化的博大精深而自豪！

3 中国文化“走出去”国家战略对大学英语教学提出的挑战

长期以来，由于我国大学英语教学重视输入性的文化理解而忽视共享性和影响性的文化输出，“中国文化失语症”已经成为我国大学英语教学的重大缺陷。在全球化进程中，中国文化失语的传统大学英语教学忽视了英语语言文化教学本土化的发展趋势，所培养的高素质人才普遍缺乏使用英语传播中国文化的能力。[2]

纵观大学英语各种教材，中西方文化比重都严重失衡，存在着严重的“逆差”。国内常用的教材，比如《新视野大学英语》《新编大学英语》等的选材内容几乎都与英美文化有关，选自英美原版出版物，并且由英美作家所编写。而有关中国元素的题材，尤其是中国文化的内容极其少见。此外，在有限的中国文化内容中，听不到中国文化的时代声音，常见的都是传统的中国文化内容，而鲜有题材反映当代尤其是改革开放之后中国取得的伟大成就。[3]

4 大学英语教学面对中国文化“走出去”国家战略的对策探讨

大学英语教学不仅肩负吸取外来文化精髓的任务，更承担着传播中国文化的使命。教师在教学中要注重中西方文化的交流与相互影响，注重对学生的文化渗透与文化教育，让我们的学生成为中国文化“走出去”的文化使者。[1]

4.1 教师是文化教学的引导设计者

教师应站在东西方文化比较的高度上，引导学生了解并欣赏祖国文化，如果不善于引导学生，学生很容易盲目地接受西方文化中的行为规范、价值观和道德观，很容易疏远甚至忘记自己民族的文化传统。学习本国文化，也有利于加深对外国文化的理解，从而提高学生鉴别和鉴赏外国文化的能力。

4.2 大学英语教材中应融入中国文化

大学英语教材应当提供更多中国文化英文表达的素材，帮助学生熟悉相对应的英语表达，并在跨文化实践中得以运用。在编写视听说教材时，应多加入一些以中国文化语境为背景的听力和口语话题，让学生多看、多听、多说涉及中国文化特色的英语材料，从而提高学生用英语语言表达中国文化的能力。目前涉及中国文化的英语教材和书籍越来越多，可以在大学英语教学中借鉴插入，这些书将中英文化有机地结合在同一教材中，便于学生对比分析两种文化的异同。

4.3 教学拓展和延伸与中国文化的导入和渗透

英文词语所表达的事物或对象在西方和中国文化中经常具有不同的文化象征含义，对此教师必须引导学生分析理解。例如汉语中的“龙”是一个图腾的形象，被视为中华民族的象征。而在西方传统文化中，“dragon”是一种形似蜥蜴，满嘴喷火，长着翅膀、身上有鳞的硕大怪兽。《圣经》中与上帝作对的恶魔撒旦被称为“the great dragon”。一些中国传统文化中的语言、事物、理念等通过音译、意译方式直接进入英语，形成所谓的“中式英语”，教师可以在教学中的恰当时间向学生进行介绍和补充，以便学生学会更好地表达中华文化内涵。适时地导入和渗透中国文化既可以拓展学生的视野，培养学生文化意识，也可以提高文化内涵。

4.4 开展中国文化课后实践活动

如今英语学习资源丰富，教师可以引导学生利用中国文化的双语资料学习英语，如中国日报、中国中央电视台国际频道等媒体，每天节目播报都有大量内容涉及中国时政新闻、人文地理、风土人情，老师可以要求学生经常收听、收看这些播报，既能提高英语学习的兴趣和水平，又能促进对中国文化的理解学习，更加熟悉和了解中国的风土人情、社会发展进程，更加热爱自己的国家，增强文化自信。同时，由于网络已经广泛运用，学生也可登录英语论坛或国际网站进行讨论、交流。学生还可参加各种国际文化活动、国际书信交流、国际征文等竞赛，也可以参加重大国际活动志愿者服务来增进对中国文化的更深理解，提升自己的跨文化交际能力。

5 结语

综上所述，要提升学生的文化自信，增强学生交际中的文化意识，就必须在英语教学各个环节中重视中国文化的导入与渗透；同时，广大英语教师也要不断提高自身的文化修养，纵览华夏五千年文明史，把握东西方文化差异，紧跟时代的发展，从根本上实现英语教学的目标和使命。

参考文献

[1]束定芳.对接国家发展战略　培养国际化人才——新形势下大学英语教学改革与重新定位思考[J].外语学刊,2013(6):93.

[2]石志华. 英语专业学生“中国文化失语现象”之反思[J]. 教育理论与实践,2013(30):53-55.

[3]张琨,孙胜海.“中国文化失语”现象对大学英语教材编写的启示[J]. 内蒙古师范大学学报,2015(7):105-107.

商务英语专业与“基础英语”课程

赖 花

摘　要：商务英语专业紧密联系社会经济发展，旨在培养“英语+商务+人文素养”的复合型、应用型商务英语专门人才。“基础英语”课程作为专业学习基础阶段的核心课程，在商务英语专业一年级的开设具有其必要性和科学性，对于商务英语专业培养目标的实现具有积极的现实意义。

关键词：基础英语；核心课程；商务英语专业

1 引言

北京工商大学的本科英语专业自1988年开始招生，是北京市属高校中最早招收英语专业的学校之一，也是学校小而精的本科特色专业。随着学校本科专业的全局化、特色化发展，以2014年正式获批商务英语本科专业为标志，北京工商大学的英语本科专业经历了从侧重文学语言学的英语专业到高年级侧重商务的英语专业（商务方向）到正式的商务英语专业的发展路径。

商务英语专业的设立对于英语专业的教学提出了新的要求，各门课程在专业转向中都面临新的挑战。其中，本科一年级的专业核心课程“基础英

基金项目：本文为北京工商大学青年教师科研启动基金项目“‘产出导向法’理论视域下的商务英语教学研究”（编号：QNJJ2017-30）成果。

作者简介：赖花，北京工商大学外国语学院讲师，主要研究方向为英语教育。

语”在英语专业的商务转向及课程教学改革中不断发展，对于实现商务英语专业人才培养具有的基础性作用。

2 商务英语专业“基础英语”课程的定位

商务英语专业是紧密联系经济社会发展的专业，符合北京工商大学服务首都经济发展的办学定位和发展规划。商务英语专业利用外国语学院英语学科优势，依托学校经济学、管理学等强势财经类学科资源，培养“英语+商务+人文素养”的复合型、应用型商务英语专门人才。[1] 商务英语专业与传统上强调文学、语言学的英语专业相比，更注重商务专业素质和实践能力的培养，但因其归属于英语类专业之下，英语语言能力显然亦是商务英语专业学习的基石。商务英语专业区别于非英语专业的“重要标志”就是语言基本功扎实，英语语言教育须“贯穿本科教育的全过程”。[2]

参照教育部最新拟定的《高等学校商务英语专业本科教学质量国家标准》及《英语类专业本科教学质量国家标准》对商务英语专业素质、知识和能力培养和课程框架设计[3]，商务英语专业和英语专业事实上具有“通用英语”这个共核，也是专业学习初级阶段的“初级共核”。[4]

正是基于对于英语语言能力的基础性地位的深刻理解，北京工商大学英语系在商务英语专业学习的基础阶段的初期，即在本科一年级开设了“基础英语”课程，衔接高中英语与大学英语专业学习，旨在发挥英语专业的传统优势，培养学生的扎实语言功底和良好的专业素养与学习意识；与此同时，该课程的教学在不断进行改革与实践，适应新专业的培养要求与目标。

3 “基础英语”课程的改革与实践

“基础英语”课程在学校本科教学全面改革的背景下，在商务英语专业转向的过程中，课程的教学设计和教学模式经历了重大的变革，教学呈现出新的特点。

作为综合训练学生听、说、读、写、译等能力的“基础英语”课程曾是贯穿整个英语专业基础阶段的主干课程，包括一、二年级四个学期，共32学分。该课程曾是校级精品课程，拥有优秀的教学团队。商务英语专业本科生的培养计划中，“基础英语”课程只在一年级开设两个学期，共8学分。原来二年级的“基础英语”由“综合商务英语”取代。同时，每周8学时的课堂面授已缩减成每周4学时课堂面授和每周2学时延续课。[5] “4+2”的设计体现的是学校教学改革大力加强学生实践能力训练的思想。商务英语专业一年级的“基础英语”课程是力求扎实学生真实的语言能力，衔接高中英语与“综合商务英语”学习的核心课程。

“基础英语”课程的教学内容是“教材+网络学习平台”。入学初期是语音学习阶段，选用外语教学与研究出版社（以下简称外研社）的《大学一年级英语语音练习手册》对学生进行语音矫正与训练，同时配置北京工商大学外国语学院网站“商务英语学习平台”的“英语语音”课程。语音学习阶段结束后，选用外研社的经典专业教材的最新修订版《现代大学英语精读1、2（第二版）》，同时配套外研社英语专业网络课程平台提供网络课程和“同步测试”。课程通过学校教务处Blackboard网络平台（以下简称BB平台）的课程补充自学参考课件、课程文件、课程测试和课外练习等。“商务英语学习平台”也有商务阅读、写作、沟通等课程可供选用。

基于现行的教学计划和现有的教学手段，英语系商务英语专业本科一年级的“基础英语”课程教学体现出两大特点：一是课堂面授的多模态语言教学中重交际交流特点的回归，二是非面授的任务式延续课、泛网络化学习。首先，课堂面授是多模态全英语交流学习环境。在以学生为主的教学设计中，以教学内容为材料，以多模态互动式交际为载体，教师与学生、学生与学生之间的英语交流与交际涉及语言知识与技能训练、批判思维的养成和人文素养的培养。其次，非面授、延续课是某种程度上的任务式泛网络化学习。学生需要每周上教务处的BB平台查看课程通告，明确本周课内课外延续学习任务和作业要求，或下载有关助学课件和文档，完成有关测试和任务后上传至BB平台，或登录外研社网络课程及“商务英语学习平台”自学、自测有关内容。从教学实践的情况看，泛网络化的任务式学习需要更精细的过程设计和监控以保证学习的效果，并且学习的多平台、跨平台如果可以整合在一个综合平台，将使教学更加高效。

4 结语

对商务英语专业而言，“基础英语”课程在本科一年级的开设具有必要性和重要性，是承接高中英语学习和商务英语学习的关键课程，对于夯实学生的英语基础，构建良好的学习能力和学习习惯，培养良好的英语素养、跨文化交际与商务沟通意识至关重要。课程面临着机遇和挑战，须不断变革发展，以保证与商务英语专业教学要求相符，利于商务英语教学目标的实现。从一定意义上看，“基础英语”课程是商务英语专业学习之锚，是商务英语人才培养目标实现之本。

参考文献

[1]我校获批商务英语本科专业[EB/OL].(2014-03-28)[2016-07-25]. Http://www.btbu.edu.cn/news/zhxw/60462.htm.

[2]文秋芳.英语类专业实践多元人才观面临的挑战与对策[J].外语教学与研究,2014(1):118-126.

[3]王立非,叶兴国,严明,等.商务英语专业本科教学质量国家标准要点解读[J].外语教学与研究:外国语文双月刊,2015,47(2):297-302.

[4]仲伟合,张武保,何家宁.高等学校商务英语本科专业的定位[J].中国外语,2015(1):4-10.

[5]北京工商大学教务处.2015级本科专业人才培养方案总册[G].北京:北京工商大学,2015.

口语对话中西班牙语和汉语的强调方式对比

张馨予

摘　要：随着改革开放的深化，我国同西班牙语国家的经济文化交往日益密切。因此，国内学习西班牙语的人日益增多。虽然以西班牙语为母语的人口很多，但是西班牙语因为在我国的推广还不够深入，学习西班牙语的学生会遇到很多困难。本文首先介绍了西班牙语口语中的一些强调方式，后来又从相同的角度介绍了汉语中的强调方式，最后通过在同样的两方面中汉语和西班牙语的对比，帮助学生学习西班牙语口语强调方式。

关键词：西班牙语口语强调方式；汉语口语强调方式；句法；词汇

1　序言

世界上的每种语言都可以分为两种形式：正式用语和非正式用语。口语就是非正式用语中的一种。口语一般用在非正式的、日常的、轻松的语境中。口语具有自然、生动、放松的特点。众所周知，有三个要素来决定语域：语篇语场、语篇方式、语篇基调。根据以上三个要素，在以下情况我们应当使用口语化的西班牙语：日常环境下，非正式的口语交流。由于有如此之多的要素来决定西班牙语口语的语域，在西班牙语对话中我们就需要多种

作者简介：张馨予，北京工商大学外国语学院助教，主要研究方向为西班牙语教学。

语言策略。此外，这些语言策略不仅仅是语言学方面的，还应该有社会文化和社会语言学方面的。因此，西班牙语日常口语会话就成为母语非西班牙语的人在西班牙语学习中的一大难点。实际上，世界上的每种语言在日常口语会话中都需要很多的语言策略和机制，而这也通常成为外语学习中非常重要和困难的地方。本文致力于通过比较汉语和西班牙语在口语对话中的语言策略来减少母语为汉语的人在学习西班牙语口语中的困难。在本文中，将为大家选取最为适合用于比较也是较为常用的一种口语表达方式进行对比：强调。

2 强调理论

2.1 西班牙语的强调策略

众所周知，强调是一种对话或演讲中的常用口语策略。人们可以通过表达方式、语调和表情等方法来取得最好的强调效果。根据研究表明，强调这种表达方式来自以达成一致为目的的辩论活动或会话活动。也就是说，这是为了凸显我们说话的目的[1]。为了取得人们的认同，说话者应当清楚地阐述主题，突出重点，保证内容的真实，引起听众的兴趣并使他人信服，达成一致。即，强调是为了使我们说话的论据更加真实可信。[2] 通常，说话者通过语言、语调和表情表达对会话中一些内容的强调。即，强调是一种通过语言、语调和表情实现的口语策略。它通过形态、句法、习语、词汇和语音等方面的手段在口语表达中发挥作用。我们从句法和词汇方面来解释西班牙语的强调方式。

2.1.1 句法方面

在西班牙语口语中，人们可以有很多句法方面的方法来表达强调。

(1) 冠词el、la+名词+连接词que作为一种独立结构，或者介词前置。例如：Las jergas que se corría el tío.

(2) 前置词+冠词lo+形容词/副词+连接词que。例如：Con lo bueno que es.

（3） 前置词+冠词lo+连接词que+动词。例如：Para lo que dice.

（4） 冠词+ 前置词de +名词+连接词que+动词。例如： la de leche que bebe， la de gente que hay.

（5） 冠词 un + 名词。例如： Es un burro， un pulpo， una gallina， un lince.

（6） 动词+ 前置词de + 名词。例如： Va de gente a esa verbena.

（7） 动词+ 连接词que +（与格代词te）动词。例如： Mira que te mira.

（8） 运用以逗号隔开的重复结构。例如：Está que se sube por las paredes， que muerde， que trina， que no veas.

（9）比较结构。例如： Eres más celoso que mi padre y ya es decir.

（10）感叹句。例如： ¡Qué listo que eres!

（11） No+动词+连接词ni。例如： No ha dicho ni pun， ni pío.

（12） 不是……而是……No...sino...（强调第二个部分）。例如： No es de Alemania， sino de E.E.U.U.

（13） 列举。[3] 例如： Mi hermano siempre está con lo mismo/ tráeme el cenicero/ enciende la tele/ quita esto de ahí o de allá/ aquí se ve el fútbol.

2.1.2 词汇方面

在西班牙语口语中，人们可以通过重复某一个词或者把某物比喻为日常生活中的事物来进行强调。

（1）重复。例如： Esto es café café.

（2）比喻。例如： Está para chuparse los dedos.

2.2 汉语的强调策略

在汉语中，强调也是口语表达方式中非常重要的一种。汉语有悠久的历史，因此中国人有很复杂的表达强调的方法。通常，这些强调方式还与文化、说话习惯和对话环境有密切关系。

本文受篇幅所限，只在句法和词汇方面展开解释，以便和前文西班牙语的强调方式做比较。

2.2.1 句法方面

我们使用一种具有强调作用的结构来突出说话人想要强调的重点。

（1）反问句。

例如：难道你们希望考试不及格吗？

那不是你的书吗？

这样不也挺好的吗？

我没跟你说过吗？

难道你从来没有见过这种事情吗？

（2）强调结构。

在汉语中存在多种强调结构，以下三种比较常见。

第一，“连……都”结构。

例如：她连县城都没去过。

第二，“是……的”结构。

例如：我们是九月开学的。

第三，双重否定结构。

例如： 现在我不能不考虑这个问题了。[4]

2.2.2 词汇方面

中文中有很多可以表示强调的词汇。

（1）疑问代词。

“谁， 什么， 哪， 怎么”这些疑问代词后面加上 “都，也”。

例如： 谁都知道这个消息。

今天他什么地方都不想去了。

谁都有自己的理想。

（2）带有强调色彩的词。

如“是（重读），绝对，一定，肯定，无疑，完全，可，百分之百”，等等。

例如：这个地方是漂亮。

我绝对没有记错。

那个孩子唱歌可好听呢。

那事儿我们完全不知道。

（3）用“就”（表语气的副词），只用于动词前。

例如：我不听他的。那天他要我去，我就不去。

3 汉语和西班牙语强调方式的比较

（1）相同点。

①两种语言都可以用语调、词汇和句法进行强调。

②两种语言都可以通过重复进行强调。

③在两种语言中均存在固定的强调句式。

④两种语言都可以通过转折进行强调。

（2）不同点。

①西班牙语中通过句法进行强调的方法比中文通过句法进行强调的方法稍多。

②列举的方法在中文中不被视为一种强调方式。

③在西班牙语中用疑问代词并不能表示强调。

④在汉语中比喻这种修辞也不被用于强调。

4 总结

总而言之，强调是一种突出或者重视某事的说话方式。在不同的语言中，强调方式有相同也有不同。本文分别列举了西班牙语和汉语的一些较为常用的强调方式，并且简单地从句法和词汇两个方面比较了西班牙语和汉语中强调方式的异同，希望借此帮助母语为汉语的人学习西班牙语口语。

参考文献

[1] BRÍZ G A. El Español Coloquial en la Conversación [M]. Barcelona: Editorial Planeta, 2011:115.

[2] BRÍZ G A. El Español Coloquial en la Conversación [M]. Barcelona: Editorial Planeta, 2011:110-111.

[3]BRÍZ G A. El español coloquial en la clase de E/LE[M]. Madrid: SGEL, 2002:72-73.

[4]中国人民大学现代汉语概论项目组.现代汉语概论[EB/OL].(2011-12-10)[2016-09-22].http://202.112.126.101/jpkc/xdhygl/Kecheng/%E7%AC%AC17%E7%AB%A0%20%E8%A1%A8%E8%BE%BE.htm.

Brief Analysis on Barriers to Inefficient Reading

张洪萍

Abstract: Reading comprehension is not merely a matter of language competence. Instead, it is a complicated process. This article aims to explore some factors affecting reading comprehension, e.g., lack of background knowledge, cultural deficiency, poor reading habits, limited vocabulary, etc, either of which, according to the author, cannot be neglected. Then some pragmatic solutions are suggested.

Key words: efficient reading; barriers; reading comprehension

1 Introduction

Reading plays a very important role in the second language acquisition. According to Krashen [1] "Reading is the only way, the only way we become good readers." Richek [2] comes to the conclusion that "Comprehension is the essence of reading; indeed it is the only purpose for reading." But EFL learners in China are often unable to read effectively and frequently fail to comprehend text. In the author's opinion, lack of background knowledge, western cultural deficiency, poor reading habits, limited vocabulary and etc. all constitute the cause of students' poor reading comprehension. According to Carrell [3]: Schema theory,

---

作者简介:张洪萍,北京工商大学副教授。

which has had a great impact on understanding reading, consists of linguistic schemata and content schemata. Linguistic schemata refer to the knowledge of grammatical, syntactic and semantic systems, while content schemata refer to the prior experience and background knowledge.

2 Some barriers to reading comprehension

2.1 Lack of background knowledge

Background knowledge refers to one's previously acquired comprehensive knowledge or world knowledge and one's special knowledge on a certain subject. Comprehensive knowledge means learning either in or out of school and an accumulation of a variety of experiences.

The role of background knowledge in reading comprehension has been formalized as schema theory. According to this theory, comprehending a text is an interactive process between the reader's background knowledge and the text. Comprehending words, sentences, and entire texts requires the ability to relate the material to one's own knowledge. If a reader has no background knowledge relative to a given topic, he will have no schemata to recall, and comprehension will be difficult or impossible. My teaching experience also shows clearly that lack of background knowledge is frequently the major cause of students' failure to comprehend a text.

The following sentence comes from Unit 3, College English Book 3:

Being a teacher is being present at the creation, when the clay begins to breathe.

The word "creation" should be made clear before the whole sentence could be understood. According to the Bible, man was created by God out of clay. When God breathed the breath of life into clay, it became alive and the creation of man was completed. Here the author compares the job of a teacher to the work of God.

He implies that the teacher helps the student become a real man or real woman.

Both Bible and Greco-Roman mythology have extended a strong influence upon people's lives in western countries. They have become a common source of allusion in English. Some are usually quoted without further explanation.

2.2 Cultural differences

Failures in obtaining the embedded cultural meaning is one of the main factors in preventing students from comprehending text correctly, despite the lexical simplicity. To learners of English as a foreign language, cultural differences are often hard to understand. To learn a foreign language means to learn not only words and grammar but also the underlying culture. According to Widdowson [4], "The acquisition of linguistic skills does not seem to guarantee the consequent acquisition of communicative abilities in a language".

Here is a conversation made by a foreign student with a doctor in Detroit, the United States:

After waiting for a long time, the student was called into the doctor's office. He waited the doctor to ask him what was wrong. After a few minutes, the doctor said,

"What's the matter, the cat's got your tongue?"

"No," I said. "I haven't been feeling well lately. I don't have a cat, and my tongue is fine. I have a sore throat and my knee hurts."

"I was only pulling your leg," said Dr. Ruby. "I'm all thumbs when it comes to jokes."

The idioms in this dialogue are just as hard, if not harder, for students of English as a foreign language to learn. The expressions and their meanings are as follow:

the cat's got your tongue—you are very quiet, you don't speak;

pulling one's leg—joking or teasing;

to be all thumbs—to be clumsy; to be bad at doing something.

Apparently, the student interpreted the idioms which are an important part of the English language and English culture literally while the relationship between idioms and their meaning is arbitrary. To understand them properly one needs to attain familiarity with English culture from which they have developed.

So learning a foreign language well means more than merely mastering its pronunciation, grammar rules, literal meaning of words and idioms. It also means learning to see the connotative meaning of words, proverbs and metaphors within the cultural context and learning the ways in which their language reflects the ideas, customs and behavior of their society. As Claire Kramsch [5] puts it, "language expresses cultural reality; language embodies cultural reality; language symbolizes cultural reality."

2.3 Poor reading habits

The barriers we mentioned above are frequently emphasized on when it comes to the problem of how to improve reading comprehension. It does not mean that reading habits and lexical deficiency, etc., are of little importance. From the following discussions we can see the role that they will play in comprehending a text.

2.3.1 Slow reading speed

It is broadly accepted that a certain level of reading speed is needed to ensure reading fluency, comprehension and enjoyment. In the slow and laborious reading, readers devote too much attention to decoding words and sentences to get through the text fluently and smoothly, resulting in the disruption of overall understanding of the text. According to Smith [5], when readers read slower than 200 wpm (words per minutes), they are likely to read a text in "isolated units rather than as meaningful sentences," and the construction of the text's meaning is not executed effectively. When analyzing the reasons for slow reading and its negative effects, Mikulecky [6] suggests that readers are trapped in a feeling of security, in that they believe reading every word leads to better understanding of the text meaning. Unfortunately, such slow reading may discourage readers from practicing reading.

2.3.2 Word by word reading

As it is shown by many studies, most Chinese undergraduates who have had at least 10 years of English learning, including those who major in it, have formed the habit of reading word by word. By the time they reach the end of a sentence, they would lose sight of not only the beginning of the sentence but also its meaning. Some students even have the habit of saying the word to themselves in a low voice while comprehending a text. They fell insecure if they leave out any part of a text. According to Smith [7], readers who are afraid of making a mistake as they read will overload their short memory and read slowly.

3 Lexical and grammatical barriers in reading comprehension

3.1 Lexical barriers

Vocabulary is the basis of foreign language learning, hence lexical deficiency which often results in "Dictionary conscience" is also one of the biggest problems preventing effective reading. That is an inner compulsion to use a dictionary wherever a new word to crop up.

In one of my reading teaching class, there is a sentence in the passage which runs as follows:

Perhaps the most startling theory to come out of kinesics, the study of body movement, was suggested by professor Ray Bird whistle.

The word "kinesics" is obviously explained in the apposition, "the study of body movement", which is a definition and it is enough to enable the reader to continue reading without stopping to consult the dictionary.

Apart from what we mentioned above, extension of meaning, complexity of sentences, ellipsis of certain parts, etc. also the lexical barriers of reading comprehension. The following is one of the lexical barriers the students come across in my reading class.

My own business happens to be with the use of words but I see I must now stop using them.

"The use of words" in this sentence is another expression for "writing" or "literature." The students, however, are rather confused about the meaning of this phrase. (extension of meaning).

Some words lose their original senses when used in specific context. The readers must figure out the understatement when reading between the lines.

3.2 Grammatical barriers

Grammar teaching has been regarded as more or less discredited approach to second language teaching since the development of communicative language teaching in the mid-1970s. But in the author's opinion, for a first language learning child, the amount of time and motivation is so great that there is no need for conscious learning, sooner or later the material is absorbed. The learning of grammar, for a second language leaner, should be seen as one of the means of mastering the language as a whole, but not as an end of itself. Widdowson [8] has written that "a proper understanding of the concept of communicative competence would have revealed that it gives no endorsement for the neglect of grammar". There is no doubt that a knowledge of grammatical rules is essential for the mastery of a language, whether it is implicit or explicit. Without grammar, which should be viewed as a communicative resource rather than as a set of rules for creating isolated sentences, readers also cannot reach a successful comprehending.

For example,

Interspersed among Einstein's repeated expressions of love were discussions of scientific questions with which both were concerned. (*the English grammar: inverted order:*)

The students can hardly figure out the meaning of the above sentence when we discussed the text "Einstein's Painful Romance" from "Postgraduate English Intensive Reading." Simply because they fail to underline the structure of the sentence. The inverted order, which has been learned in the middle school, or we say the English grammar, creates the biggest problem for those postgraduate students for a better understanding.

4 Solutions to the problems

How can we help students read quickly and effectively? We should pay attention to the following points:

4.1 Ways to develop the students' background knowledge and cultural awareness

First, English teacher should play the role of an information supplier who can supply the necessary background information to help students understand the text and teacher should be the guide for students gaining access to knowledge about foreign cultures. Second, students should be encouraged to expose themselves to English and read extensively, thorough which a more mature and comprehensive understanding of second language and its culture will be developed. Background knowledge and cultural differences can naturally be achieved. According to Carver [9], reading courses should include a lot of extremely easy materials. Fry [10] also points out that easy reading help students handle large units of text. So on the first stage of reading, students should be presented some easy reading material that appeal to their interest.

4.2 Build up good reading habits

According to Anderson [11], phrase or sense group reading will help build up students reading habits, because our brain deals with chunks of meaning of various sizes. The bigger the size of the sense group, the more rapidly the information can be accumulated, predicted, and stored. One of the most effective methods is the eye movement exercise and scope span. That is, to develop the ability to see a larger and deeper stretch of text at a glance. In addition, students should be trained to learn some reading skills, such as scanning and skimming, making use of clue words, deduction from relationship, etc. through which students reading ability are expected to improve.

4.3 Grammar is necessary for achieving successful reading

The author considers it necessary for the teachers to instruct some of the important grammatical points in reading teaching class. As we know, grammatical structures usually imply specific pragmatic functions: subjunctive mood may indicate blame as it is shown in the sentence "You should have told me either". Or it may imply "suggestion" in the sentence "If I were you, I would try it another way". Sometimes it is difficult to make an effective reading without recognizing the function of the sentence.

To sum up, I wish to draw the learner's attention to some points:

(a) Although a set of strategies has been introduced for attacking difficulties in reading comprehension, there is no overall formula that will ensure the reader to arrive at an understanding of all the unfamiliar reading materials. It is of vital importance for foreign language learners to tolerate the unknown for a considerable length of time.

(b) Teachers of English should put more emphasis on background knowledge and cultural differences between the east and the west, but students' ability to cope with the unknown words and grammatical structures also cannot be ignored. Both linguistic knowledge and extra-linguistic knowledge are essential for students to have a thorough understanding and minimize the comprehension problems.

References

[1]KRASHEN S. "The power of reading" Insights from the research[M]. Englewood, Co: Li-

braries Unlimited, 1993.
[2]RICHEK M A, et al. Reading problems[J]. Assessment and teaching strategies, 1996(3).
[3] CARRELL P L. Background knowledge in second language comprehension [J]. Language learning and communication, 1983, 2: 25–34.
[4]WIDDOWSON. Teaching language as communication[M]. Cambridge: Cambridge University Press, 1978.
[5] SMITH F. Understanding reading [M] 4th ed. New Jersey: Lawrence Earlbaum Associate, 1988.
[6]MIKULECKY B. A short course in teaching reading skills[M]. Reading, MA: Addison-Wesley, 1990.
[7]SMITH F. Reading[M]. London: Cambridge University, 1987.
[8]CARVER. Reading comprehension[J]. Reading research quarterly, 1984, 19(2): 205–218.
[9]FRY E. Teaching fast reading[M]. London: Cambridge University Press, 1963.
[10]ANDERSON J B, DURSTON H, POOL M E. Efficient Reading[M]. New York: Mcgraw-Hill Book Company, 1969.

基于“介入理论”解读安妮·埃尔诺自传体写作

吉　山

摘　要：萨特在第二次世界大战后提出的“文学介入”理论，其宗旨是文学家应承担起社会和历史责任，不仅局限于介入政治，更要全方面介入社会，介入现实生活。安妮·埃尔诺自传体写作的全部内容都基于作者本人的生活经历和对外部世界的观察，没有虚构，没有夸张，只有“干瘪”的真实。正是这种“真实”以及安妮跨越法国社会两个对立阶级的特殊生活经历，形成了对法国历史、法国社会某个特定时期的“介入”。

关键词：“文学介入”理论；安妮·埃尔诺；自传体写作

1　引言

安妮·埃尔诺于1940年出生在法国滨海塞纳省的小镇伊沃托，是法国当代著名女作家。她出身自法国底层社会，家庭生活拮据，父母经历了由农民到工人，最后晋升为小商人的阶级上升。她大多数作品都是围绕自己真实的生活经历而作。比如《位置》一书中回忆父亲，《一个女人》和《我无法走出我的夜》两部书记述了母亲的一生以及母亲患有阿尔兹海默症后的生活，《事件》中向读者揭露了安妮在大学宿舍中秘密堕胎的不堪经历，《嫉

作者简介：吉山，北京工商大学外国语学院助教，主要研究方向为当代法国文学、二外法语教学。

妒》里回顾了与一位驻巴黎的苏联外交官狂野的爱恋，2016年出版的《女孩的回忆》向大众讲述了作者从女孩变成女人的一段灰暗经历。

自传体写作是安妮作品的一大特点，从个人的角度看社会的生活经历以及她创造的“平白的写作”创作手法，使得读者能够在她的文字中追寻到对时代共同的记忆与情感，更加立体地了解法国下层社会某个特定历史时期的社会风俗文化。而且对法国下层社会的历史、风俗习惯以及价值观的真实描写很少出现在文学作品中，尤其极少以自传体小说为载体。这种对个人私密生活真实的揭露恰恰形成了萨特所主张的“介入”。

2 “介入”理论下的安妮·埃尔诺及其写作

法国20世纪著名哲学家、文学家让·保罗·萨特在经历了第二次世界大战后在《什么是文学》一书中提出了“文学介入”理论。“文学介入”理论有狭义和广义之分。狭义的“介入”指政治介入。广义的“介入”指对现实生活世界，包括了政治生活在内的人的生存、生活状况的介入。关于“介入文学”，萨特主张文学要具有倾向性并干预生活，即文学要介入生活，安妮·埃尔诺凭借自传体写作与对现实社会的行动，以自己的方式践行着萨特所主张的“介入”，她积极投身到各种改造社会的活动中去，对各种政治事件和社会问题发表自己的见解，让我们看到了这位法国当代女作家的责任与担当。

2.1 安妮·埃尔诺对社会生活的介入

在社会生活中，安妮是一位非常富有社会责任感的作家。虽然许多媒体对她多有微词，她依然坚持自我，以安妮·埃尔诺的方式履行着作家的社会责任。

1972年至1975年间，安妮积极参与自由堕胎与避孕运动，最终致使法国政府通过《维伊法案》，赋予妇女自由堕胎的权利。2012年9月，在挪威枪击事件后，她与数百名法国作家一同在世界报发表署名文章《理查德·穆雷的法西斯颂词使文学蒙羞》。2012年法国大选，她公开支持法国左翼战线政党领袖让·吕克·梅朗雄。2015年11月，在巴黎遭受恐怖袭击，奥朗德宣布国家进入紧急状态后，她与57位社会名流一起发起抗议，要求恢复在国家紧急状态下人民游行抗议的权利。2016年5月她又在一次讲演中公开反对政府试图使反对劳动法改革的运动失信。

2.2 自传体写作与“文学介入”理论

萨特所主张的“文学介入”理论，不仅要求文学作品要干预社会现实，在创作手法上，也主张内容的真实，不求辞藻的浮华与艺术的夸张，但求文字的朴素与自然。

安妮的“平白写作”曾被法国文学媒体赋予否定意义，在她的作品中没有华丽的辞藻、复杂的长句，只有“干瘪”的文字。对于语言的使用，她曾经这样解释：“不久之后，我明白写小说是不可能的事，我要记录一个为了生存而奋斗一生的人，我没有权力将我写的作品称为艺术，更不能追求作品如何令人激动。我只是要把他说过的话，他的爱好以及他生命中所经历过的事，客观地记录下来。没有怀念的诗句，也没有善意的嘲讽，我只是以平淡自然而单调的笔调，即我曾经给父母写信报平安时用过的笔调来描写。”

安妮的作品除去一些记忆的模糊，全部写作内容来自作家真实的生活经历以及她对外部世界的观察。书中的主题虽然全部围绕个人生活经历，但是其中掺杂了许多对社会及历史大事件的记录。正如安妮所说：“文本是私密的，但是一定会成为普世的。”这与萨特所主张的“文学介入”理论异曲同工：“文学要具有倾向性，并干预生活，作家应履行其作为作家的责任，通过写作来回答时代提出的各种重大社会历史问题，作家自身应担负起时代的责任感与参与性。”

介入就是一种揭露，揭露就是一种改变。在《位置》一书中，安妮向我们展示了两个对立阶级不同的丧葬文化。对于资产阶级来说，眼泪、沉默以及庄重是被其所属阶级文化所要求的。与此截然相反的是，安妮父母所在的阶级却认为闭口不言是一种冷漠的体现。这种对葬礼文化的分析正好揭露了安妮的本意，这种风俗绝不仅仅是20世纪五六十年代法国北部伊沃托小镇的习俗，而是底层人民一种普遍价值观的体现，同时这也是对资产阶级文化的一种讽刺。

安妮让我们看到了她所生活的那个世界里的人们对身体的护理更相信迷信而不是科学："那里的人们为了驱赶孩子肚里的蛔虫，在肚脐眼上挂一袋蒜；人们恐惧去医院，尽管一部分原因出于贫困，更多是因为，人们不想客死他乡。"安妮的父母即便已经从农民上升到小商人，但是仍保留着农民时的生活习惯，安妮的父亲更习惯于在厨房洗漱，并且睡觉时从不换睡衣。在《位置》和《一个女人》这两本书中，底层人民以一种动物式的方式生活，生活的中心都是围绕着身体，认真谨慎地遵守着属于他们阶级的社会法则。除去对下层社会生活环境的描写，安妮个人阶级上升的经历也是不可或缺的一部分，人们可以通过学习改变社会地位，正如她在安纳西任教时看到班里那个好学、羞涩，因贫穷而敏感的小女孩一样。这个小女孩让安妮看到了若干年前的自己，又有多少读者也在她的书中找到了某个阶段的自己呢?

文学要介入生活，安妮以自传体写作的方式实践着这种"介入"。她收集父母亲的语言、动作、品位以及对其生活有重要影响的事件，并不像传统的自传，每一个细节、动作都是安妮在保证真实的基础上精心挑选的。在这两部书中，安妮在底层社会以及社会阶级的上升的生活经历与情感体验，以一种更大众的方式"介入"更多人的生活中，使得在某一历史阶段中下层人民的生活方式、集体价值观被了解与认知。

这正体现了萨特文学社会功能的理论核心。安妮希望以自己的作品向读者发起召唤，读者也在安妮的文字中感受到了这种"文学介入"强烈的力量。萨特认为："文学不是消遣，也不是免费的游戏，对于选择了写作的人来说，它首先是一种行为。作为作家，不管他愿意不愿意，都必须参与其事，同自己所面对的世界和现实做斗争，而且他有责任为所处的时代作见证，将内容和形式转化成物质和精神的需求。"尽管安妮曾经强调不愿意把自己的作品称作一种介入，她更愿意称之为一种义务，一种让被统治阶级的文化出现在统治阶级的语言中的义务。

3 结论

安妮深受法国社会学家布尔迪厄的影响，她试图在个人的回忆中重建集体记忆。她了解法国底层社会人民的生活状态及精神世界，她将这种被忽略、被鄙视的阶层的生活环境、风俗习惯以最本真的方式还原给大众，而这之中“语言以及内容的真实”是安妮作品的基石。正如萨特所反对的那样，不要为了艺术而艺术，安妮恰如其分地再现了这种生活，为了真实而写，为了拯救及自我拯救而书，为了让更多的人更深入、立体地了解那个时代、那些生活在大历史背景下的老百姓。安妮以自传体写作的方式，用“干瘪的文字”将个人与社会结合，历史与现实结合，以一种直接而朴素的方式介入了读者的生活，介入了社会与历史，使其作品带有强烈的责任感与时代性，担当起一位作家的社会及历史责任。

参考文献

[1]ERNAUX A. La place[M]. Paris:Gallimard, 1983.

[2]ERNAUX A. L'Écriture comme un couteau, entretien avec Frédéric-Yves Jeannet[M]. Paris:Stock, 2003.

[3]SAVÉAN M F. Marie-France Savéan présente La place et Une femme d'Annie Ernaux[M]. Paris:Gallimard, 1994.

[4]SATRE J P. Qu'est-ce que la littérature?[M]. Paris:Gallimard, 1948.

[5]安妮·埃尔诺. 一个女人[M]. 郭玉梅,译. 天津:百花文艺出版社,2003.

探讨微信在英语教学中的应用

刘 红

摘 要：建构主义理论能有效帮助教师进行教学改革，本文将分析学生利用微信学习英语的理论基础和现实可行性，并探讨其在英语教学中的积极作用。

关键词：微信；英语学习；建构主义

微信（wechat）是一款跨平台手机通信工具，它是一个智能终端，提供即时通信服务的免费应用软件，支持通过手机网络发送语音短信、视频、图片和文字。微信可以单聊及群聊，微信提供公众平台、朋友圈、消息推送等功能。通过搜索号码、扫描二维码、添加好友和关注公众平台，将用户看到的精彩内容分享到微信朋友圈。

随着网络科技和信息技术的发展，微信越来越受到人们的喜爱和使用。网络环境下利用微信学习英语，教师与学生不再拘泥于面对面交流方式，这种新型环保学习方式深受学习者的欢迎，并让学习者受益匪浅。它符合英语学习的规律，也适合构建主义理论，本文将从理论和实际应用的视角来探讨微信在英语学习中的应用。

1 利用微信学习英语的理论基础

建构主义学习理论认为学生是学习的中心，强调学生是学习、认知、信

作者简介：刘红，北京工商大学外国语学院讲师。

息加工的主体，同时也是知识的主动构建者。学生学习是其主动接收外在信息并进行选择加工。学生新的学习活动是基于原有的背景知识和经验，对新知识的理解是通过原有经验重新构建起来的。当学生意识到自己是学习的主体并能自主构建学习框架时，则会更加自觉主动地进行学习，而不再是外界强压下抵触的学习。当学生乐于主动探索并构建新知识体系时，其创造性能得到充分的发挥。因而教师可以将学生置于英语学习的主体地位，同时发挥主导作用，利用微信作为英语学习手段调动学生学习英语的主动性和积极性。它会成为学习者喜闻乐见的学习方式。

2 微信在英语学习中的优势

著名实验心理学家赤瑞特拉（Treicher）曾经做过两个著名的实验。一个是关于人类获取信息的来源的实验，了解人类获取信息需要通过哪些途径。实验证明，人们获取信息，1%是通过味觉，1.5%是通过触觉，3.5%是通过嗅觉，11%是通过听觉，83%是通过视觉。这个实验说明，人们94%的信息来自听觉和视觉，同时说明了多途径、多种感官刺激对于信息及知识获取的重要性。另一个是关于知识保持即记忆持久性的实验。实验证明：人们一般能记住阅读内容的10%，听到内容的20%，看到内容的30%，听到和看到内容的50%，在交流过程中所说内容的70%。这个实验证明，如果在获得信息的过程中既能听到，又能看到，再通过交流、讨论表达出来，其知识保持的效果就会大大加强。赤瑞特拉的两个实验说明，为了提高学习效率，应该让学生尽可能多地利用五官进行学习活动。学习者利用微信就可以灵活有效地组织利用网络学习资源，实现以视听为主的多感官传递交互式学习，有效地达到强化刺激、增强记忆的目的，满足学习者英语学习的技能训练。

教师可以班级为单位组建微信群进行指导和管理，师生可在课下交流，教师可将英语学习材料上传到班级微信群中布置作业等。学生利用微信学习英语，是提高英语学习效果非常有效的途径，同时也是课堂学习的延伸和补充。通过微信，教师要有计划地布置作业，检查和督促同学的学习。

由于网络资源丰富多彩，教师或学习者可将从网络上获得的英语学习资料，如电影、英语讲座、名人演讲等，源源不断地转发到微信班级群中，供大家分享学习。通过微信学习英语是一种便捷的学习方式，符合年轻人的心理特点，学习者不用携带电脑，只需一部手机，在有网络的条件下就可以随时随地接收信息并交流学习。由于工作、生活节奏加快，它给学习者带来极大方便。学习者可在家中或宿舍通过网络，根据个人兴趣爱好在线即时交流，实现师生教学双互动。如果把听、说、读、写结合起来练习，学习效果将会事半功倍。

学习者可关注以下微信公众号并上传学习资源，如“沪江英语”“可可英语”“中国日报网双语新闻”等。这些知名网站最大限度地保证语言地道性和材料权威性。学习者可根据自己的水平、进度和喜好进行选择性学习。以上这些平台提供的内容有“给2016届毕业生那些名人在毕业演讲上的大实话”，学生可以聆听多位成功人士的演讲、《新闻英语》幕课教程、《二十一世纪英语时文选读》幕课教程，这些课程内容新颖，紧跟时代发展、与时事紧密相关，而且形式多样、图文并茂。学习者可以听到声音、看到文字，减少了学习难度，并可以反复播放。微信是促进英语学习的有效手段。学习者可以关注相关的英语学习微信公众号。网络上也有四六级英语学习的相关试题和复习资料。通过微信，教师及学习者可获得各种宝贵的学习资源。

3 结语

在利用微信学习英语时，学习者会遇到一些问题，如信息量大、内容多，不能完全理解吸收，存在囫囵吞枣、不求甚解的情况，因此要将上传材料反复观看以加强理解。如果学习者缺乏自律性，不能持之以恒，学习效果会大打折扣，这也是语言学习之大忌。因此，教师要有检查和明确要求，并可在课上集中回答问题或让学生组成互助学习小组，也可在课上来演示所学内容以达到强化和巩固学习的内容。而且，当上传的内容积累过多时，查找以前的材料比较费事，长时间看手机屏幕会使眼睛疲劳。

总之，利用微信方式学习英语符合建构主义学习理论，让学生从被动的学习者逐渐变成主动学习者，它帮助学生在自己原有知识经验基础上积极构建新的知识体系，并能将所学知识熟练运用。通过微信方式学习英语，使之系统化、常态化，成为生活中重要组成部分是十分有益的，它已逐渐成为广大学习者新颖、有趣的学习方式。教师要不断用科学的理论丰富自己，指导自己，不断深化教学改革，努力为国家培养出更多的会思考、会学习的英语人才。

参考文献

[1]李丹. 建构主义理论对英语课堂教学的启示[J]. 读与写教育教学刊,2011(6):102.

基于思维导图的大学英语精读课设计

侯 霞

摘 要：思维导图（mind map）是以图形对思维过程和思路进行直观立体化表达的方式，同时也是一种有效地组织和表达思维的工具。而大学英语精读课的主旨是理解文本的结构、逻辑和作者的写作思路，从而对文章进行深度分析和解读，思维导图在其中可以起到重要的作用。本文将以笔者的教学经验为例，对思维导图在大学英语精读课设计的应用进行初步探讨和分析。

关键词：思维导图；大学英语精读；课堂设计；发散思维；可视化

1 思维导图的概念和在教学上的应用

思维导图又称心智图，是被誉为英国“记忆力之父”的著名心理学家和教育家东尼·博赞在20世纪60年代提出的。其著作《思维导图：放射性思维》中对思维导图进行了如下描述：思维导图是放射性思维的表达，因此也是人类思维的自然功能；它是一种非常有用的图形技术，是打开大脑潜力的万用钥匙。[1] 思维导图采用左脑加右脑的全脑思维模式，将左脑擅长的语言、逻辑和数字等与右脑擅长的音乐、图画和色彩等多种维度结合在一起参与思维和记忆，不仅对思维过程进行引导和扩展，同时还将思维过程记录下

作者简介：侯霞，北京工商大学外国语学院讲师。

来，进行清晰的可视化表达。思维导图在表现形式上是树状的发散性结构，具有以下四个特征：①注意的焦点清晰地集中在中央图形上；②主题的主干作为分支从中央向四周放射；③分支由一个关键的图形或者写在产生联想的线条上面的关键词构成，比较不重要的话题也以分支形式表现出来，附在较高层次的分支上；④各分支形成一个连接的节点结构。[2]

研究表明，人类大脑包含了1万亿多个脑细胞，脑细胞之间通过突触或是神经键相互联系，在相互接触的过程中呈现出发散性思维的网状形态。思维导图的应用原理是通过模拟大脑的结构，将各种信息用不同的图形来代表，从一个中心主题出发，向外发散出成千上万的关节点，每个关节点代表与中心主题的相关联的知识点或主题，而每个关节点又可以形成另一个中心主题，向外发散成千上万的关节点，并通过用来连接关节点的方式展示出各个主题之间的上下级关系或隶属关系。思维导图的这些特点和功能可以帮助人们将复杂的信息用不同的颜色和图画进行分解并采用可视化、立体化的表达，利用符合人类大脑的自然思维方式，展开深度的思维、分析和有效记忆。

从思维导图创始以来的数十年间，这一可视化、立体化的思维工具得到越来越多的教育界人士的关注。思维导图的核心就是模拟人类大脑的工作原理，发散式是它们最主要的共同点。学习者在进行发散思维的时候通常从某一信息点出发，沿着不同的方向去思考，联想到以往的知识和经验，充分发挥想象力，将新知识与旧知识有机地结合重组。通过利用思维导图将学习内容层级化、图片化地展示出来，有助于将信息系统化，从而增强记忆力、提高学习效率，基于符号、图像和颜色的构图方式也更有利于提高学习者的学习兴趣，发散性的思维模式有助于学习者创造性地解决学习过程中的问题。

思维导图的信息敏感度较强，最初是一种创新的记笔记的方式，并用来归纳和总结课堂授课的内容。研究表明，思维导图在教育方面的应用涉及多个学科，但从统计结果来看，应用最多的前三个学科为教育技术学、数学和化学。[3]思维导图具有可视性、发散性、系统性、凝练性和开放性等特点，具体到教学设计方面，教师可以利用思维导图对课堂进度进行可视化设计，并形成一系列开放性的课程任务分配给学习者，同时将教育者的思路传达给学习者；而学习者也可以通过对课程设计的整体了解真正地参与到教学活动当中，与教师分享其过往的知识和经验，师生共同将所学的知识构建到学生的知识体系当中，从而激发学习者的兴趣、增进并改善师生间的学术交流。

2 思维导图在大学英语精读课上的应用

大学英语精读课的主要任务是在高中英语的基础上进一步提高学生的阅读理解能力和词汇语法的使用能力，具体的检验方式如阅读理解题和写作翻译题等题型在各种国家级的考试中也占了相当大的比例。传统的大学英语精读课的授课方式多采用以教师为中心、以教师的讲解和教师主导的课堂训练为主的“满堂灌”的形式，学生被动听课，往往抱怨课堂枯燥乏味又难以理清教师的思路，抓不住教学重点，教师费尽心力却往往事倍功半。如果在大学英语精读课上融入思维导图这一可视化工具，将英语文本中的文章结构、段落承接、逻辑关系、句子结构、词汇的使用、语法现象等用图像、颜色、图形、线段等图文并茂地呈现出来，不仅可以帮助教师梳理整体教学思路，更能调动学生积极参与教学活动，帮助学生充分发挥其想象力和发散性思维，增强教师和学生间的沟通、学生与文本的沟通以及学生与学生之间的沟通，将课堂授课的中心由教师主导转移到教师辅助、学生主导。下面本文将以《新标准大学英语》（外语教学与研究出版社）第二册第二单元的第一篇文章《College Just Isn't Special Any More》为例对思维导图的应用进行探讨。

《新标准大学英语》精读课本的每一个单元都对应学生生活中的一个主题，通过读、写、译的方式将这一主题的相关背景、文化常识和语法词汇融会贯通，使学生最大程度地了解主题、使用文本中的表达方式并对主题进行开放式的讨论。《College Just Isn't Special Any More》这篇文章主要讨论的内容是比较20世纪60年代和现在的美国大学和大学生之间的不同，文章的结构是以对照对比的方式展开的。本文的难点是背景知识丰富，词汇量大，因此要在课堂活动之前布置课文背景知识和课文结构的预习作业。思维导图的制作以《College Just Isn't Special Any More》作为中心主题，分支出现在和过去，再进行下分支，举出实例进行佐证和说明，最后归结出作者的结论。在制作思维导图的过程中，学生可以根据阅读的内容搭建作者的思路框架，也可以根据已有的知识发散出更多的分支或实例。制作思维导图时，阅读不是一个单向的获取信息的过程，而演变成读者与作者间的信息与认知上的双向互动和交流。

在课堂授课阶段，师生可以对各自制作的思维导图进行讨论，互相补充和修正，此时课堂授课已不再是传统的“我讲你听”的以教师为中心的模式，而是在教师与学生之间、作者与读者之间、学生与学生之间搭建起一个多维的立体网状结构，使信息的传递和思维的沟通达到最大化和最优化。除此以外，在理清作者的思路、逻辑和文章结构后，可以在教师和学生共同制作的思维导图上发散出一个语法和词汇用法的分支，总结出语法现象和有用的表达，利用重点句型和关键词进行句法与词汇的训练练习，如翻译和复述等。在课后复习的阶段，可以要求学生拓展自己的思路，将中国大学的现状与美国大学的现状进行对比，充分发挥学生的创造力和自主学习的能力。

3 结语

在大学英语精读课上，教师可利用思维导图系统化、可视化和发散性的特点组织课堂活动、调动课堂氛围，使学生积极参与到课堂活动中，达到文本作者与学生之间、师生之间和学生之间的最大化的交流和良好的教学效果。

参考文献

[1]东尼·博赞. 思维导图：放射性思维[M]. 丁大刚，张斌，译. 北京：化学工业出版社，2011：6.
[2]东尼·博赞.思维导图大脑使用说明书[M].北京：外语教学与研究出版社，2005.
[3]张海森. 2001—2010年中外思维导图教育应用研究综述[J].中国电化教育，2011(8).

Literature Review on Rural Education from Chinese Context

艾丽娜

Abstract: China has a huge rural educational system, and 80% of all the school-age children are in rural areas.The passage focuses on the research literature on basic education and explores stakeholders' attitudes to rural education.

Key words: labor market; outcomes; fiscal investment; negative influence

1 Introduction

China has 64% rural population (*China Statistical Yearbook* 2000), and 80% of all the school-age children are in rural areas. Since 1978, China has been pursuing a "minority" policy, i.e. helping a minority of people becomes rich. The Government gave priority to developing urban areas. The geographic dimensions of educational inequality seem to be apparent in China. Therefore, the backwardness in terms of economic and education in most rural areas determines that rural areas are the key to universalizing the nine-year compulsory education. However, rural schooling in China has been ignored for a long time.Paine & DeLany recognize that it is ironic that rural schooling has so often been treated as

---

作者简介:艾丽娜,北京工商大学外国语学院讲师,研究方向为教育学。

an afterthought, examined unreflectively and unsystematically, and otherwise left at margins of thoughtful educational debate. Therefore, there is a very limited amount of research literature on basic education in rural China.

The available literature on rural education is divided into three categories according to the perspectives of the authors. One category is written by the educational officers in government departments, who focus on the relationship between employment, labor market and education in rural China. Through these researches, they assess the rural policies. For example, in Zhang & Huang's survey of the same sample over a nine-year period, they found that the role of education is changing over time and that higher education is increasingly associated with more favorable labor market outcomes. Their results have shown in a number of ways that those individuals with more education have benefited more and those with less education have been hurt more by rising opportunities off the farm. Most poignantly, education increases the propensity of individuals to participate in the off-farm labor force, and find jobs when they make a policy suggestion that "investment in rural education is desperately needed."

Some research students concentrate on the fiscal investment in rural schooling. According to Si and Mao's analysis in 2004, the responsibilities taken by the central government and provincial government are not clear; the educational investment proportion from central government, province, city and county is not balanced. They also advocate that basic education should be free. But their advocacy is not practical for the next several decades, because the tuition and miscellaneous fees are the main resources of rural education in China.

The third category is written by some rural teachers. For example, Tan, being a rural teacher describes a teacher's negative influence, shown as backward education opinions, poor qualifications, dishonorablebehavior and negative attitudes.

2 Conclusion

All the above research topics are superficial phenomena of education. Faced with a great variety of problems in rural education, the root is to understand the perspectives of stakeholders, i.e., pupils, parents and teachers, on education. As Liu has pointed out in 2004, receiving basic education in rural areas is a result of rationale choices by the students and their parents rather than a function of the sense of obligation or the compulsory law. Educational policies or reforms might be conducted smoothly in rural areas only exploring stakeholders' attitudes to rural education.

数字时代下大学英语学习的机遇与挑战

关　心　梁桂霞

摘　要： 近年来出现的一系列教学创新，MOOC、翻转课堂等都在加强教育信息化改革的发展趋向，使其成为数字时代学习的新常态。这些数字时代下的产物不断推动和冲击着原有的旧式传统课堂，在“无缝学习”环境中，提供给学生更多的机会，使教师能更加灵活地运用多种方法教学，同时对旧式课堂的冲击也是值得我们探索的一大问题。如何把握数字时代下发展机遇期的内外部环境，又如何趋利避害，关注大学生英语学习的发展方向，正是该项目研究的重点和主题。

关键词： 教育信息化；无缝学习；英语教育；教学的机遇与挑战

1　教育信息化出现的背景

“十二五”规划出台以来，教育工作的改革不断推进，国家坚持促进信息技术与教育教学深度的融合，不断加强创新机制，学校的网络环境得到改善，数字教育资源日益丰富，资源服务体系初见雏形，教育资源公共服务水平不断提高[1]，国家的政策支持是教育信息化的一个有力支撑。近年来，随

基金项目： 本文为北京工商大学2016年“普通大创”项目(编号：SJ201601040)成果。

作者简介： 关心，北京工商大学经济学院学生。梁桂霞，留美硕士，北京工商大学副教授，研究方向为大学英语教学、跨文化翻译等。

着计算机技术的普及，互联网的高度发展，各个领域对数据的收集呈爆炸性增长的趋势，这些成规模的数据已经很难再用原有的计算机技术和信息处理技术进行处理，因此形成了世界范围内的大数据处理形式。大数据时代的到来，使各行各业都面临着改革，教育系统也不例外。

2 数字时代下大学英语学习的特点

语言学习是一种兴趣，它可以是一个人终其一生的爱好。大学英语学习更是一个不断积累、循序渐进的过程。在当今的数字时代下，信息技术和便携终端为语言学习提供了更多的机会与可能，对于大学英语学习来说，具有及时性、资源开放性、交互性的特点。[3]

2.1 具有及时性

学习的需求无处不在，它是因时因地产生的，因此学习者可以自由支配时间和空间。在这种学习模式下，学习者可以在任意终端获取学习信息，也可以利用任意的零碎时间补充知识，这种不限时空的学习模式能够使知识的摄取不间断、更连贯，同时，互联网与科技的发展支撑着教学方式的多元化，使得知识的传授与师生间的互动更加频繁，不仅仅依赖于课堂，使学习变得触手可得。同时，正式学习与非正式学习也无明显界限，使得学习者可以随时随地，灵活有效地进行学习，无论有没有教师，无论在什么场合，都可以增长知识，这一点使得学习模式“碎片化”，学习者能够轻松地在各种情境中自由切换。

2.2 具有资源开放性

“互联网+”时代的学习资源随处可见并大量存在于我们的生活，而便携终端和信息科技的进步为这些资源提供着有力支撑，学习者可以任意获取学习资料，检索所需的学习内容，这一学习模式充分体现了资源的开放性，开放与共享也成为了数字时代下大学英语学习的新理念。在以往的旧式课堂上，教师只能通过黑板或者多媒体来传授知识，知识被擦除后很难再还原，而伴随着教育信息化的到来，教学资源永久在线，只要学习者需要就可以通过相关途径下载或者在线浏览，学生不必再担心错过教师的讲解了，而且这些资源是开放的，学生可以任意获取，大大节约了时间和精力。

2.3 具有交互性

我们都知道学习是离不开情境的，数字时代下的教学可以让学习者通过移动网络或者学习设备，自然地融入学习情境中，形成交互性的学习模式，学习者无论身处何处，都可以快速获取学习资料并同时进入情境，真正使学习突破时空界限，真实有效地与学习资源互动，完成学习任务。

3 大学英语教学面临的机遇与挑战

在数字时代下，英语教学模式也会随着智能科技的发展而转变：学习环境、学习者角色和教师的角色都会发生改变，这些改变也会相应地给大学英语教学带来一些前所未有的机遇与挑战。[4]

3.1 学习环境的转变

课堂学习的界限会被打破，学生的自主选择权大大提高，在网络环境下，他们可以同世界上不同国家的学生交流互动，求学变成了一个奇妙的旅程，是多种文化的共同融合，这样的教学模式，真正克服了地域限制。并且，在网络课堂上专门设有讨论区，无论教师还是学生都可以在讨论区发言，使学生在学习的同时增强了人际交往能力。另外，互联网和智能技术的进步，真正为学习者搭建了学习情境，可以让学习者身临其境，就像真的跟随老师一样，养成良好的学习习惯。在这样的学习模式下，校园学习的界限被真正打破，学生坐在教室中的传统授课模式将会大大减少，线上学习问答、交流互动的机会增多。然而对于那些互联网技术不够发达、智能科技无法支持线上教学的地区来说，这并不有助于教育公平，所以还需加大扶持力度，加强教育信息化的普及，另外，学习环境的转变，对学习者自主管理的能力有较高的要求，若是自制力不强的学习者，在这种环境下很难跟上教学进度，会造成分化严重。

3.2 学习者角色的转变

从古至今，学习者的角色一直在发生着演变，从“师徒如父子”、教师占据绝对权威，到后来的一对多、“批量生产”性的教学，无法提供给学生个性化教育。如今，大数据时代，学生占据了主导地位，可生成个性化的培养方案。学习者的主动性被调动了起来，由学习者本身决定自己的学习进度及一切安排，这要求学习者有足够强的学习能力和坚定的意志力，另外，学习者要掌握一切网上学习的操作，对于学习者的计算机水平也有一定的要求。学习者角色的转变，对学生自身提出了诸多要求，比如学习能力、自制力、意志力等。

3.3 教师角色的转变

教师已经不再是知识的唯一提供者，但对于教师的要求可能更多了，教师角色的转变由主导者变成了引导者，引导者的角色不好当在于，学生的学习计划更具个性，该如何引导学生们进入学习状态，完成课程的学习，需要教师彻底转变教学理念，在网络公开课上根据学生不同的兴趣、不同的水平及不同的学习方法进行引导。同时，教师可以将自己的教学资源放到网上，供学生们永久学习，优秀的教学视频也会成为经典教案被大家学习利用。教师角色的转变，可能会加大教师的备课量，课堂呈现量反而还会减少，这对于教师来说也是一种新的挑战。

4 结语

如何在大数据时代的趋势下，提高教育的综合水平，实践和探索出属于这个时代的教育形式，是每一位教育工作者关心的话题。数字时代下，“无缝学习”是一种新常态[2]，课堂学习与课外学习无明显界限，当学生有学习需求时，可以通过任意移动终端获取知识，快速进入学习状态，这样的“无缝学习”环境也在很大程度上丰富了教育信息化的形式，进而萌发出了许多新的教育理念。大学英语教学要抓住大数据带来的机遇，推进教学迈上新的台阶！

参考文献

[1]教育信息化“十三五”规划[N].中国教育报,2016-06-24(1).

[2]祝智庭,孙妍妍.无缝学习——数字时代学习的新常态[J].开放教育研究,2015(2).

[3]王君.数字时代的学习[J].世界科学,2015(1).

[4]刘润清.大数据时代的外语教学科研[J].当代外语研究,2014(7).

浅析高校外籍教师的聘用和管理工作中的问题和解决对策

韩佶彤

摘 要：随着高校国际化办学的不断发展，外籍教师也成为高校师资队伍的重要组成部分，在高校的国际交流与合作中起到重要的作用。而高校在外教的招聘和管理中普遍存在着一些问题，本文浅析高校外籍教师的聘用和管理工作中的问题并提出有针对性的解决对策。

关键词：高校；外籍教师；招聘；管理；问题；对策

1 引言

随着国际交流与合作不断深入，高校国际化办学的不断发展，为了培养复合型的国际化人才，越来越多的高校聘请外籍专家和学者、外籍教师、外籍短期交流学者。而外籍教师也在高校国际化中起着重要的作用，对向同学们和老师们传播外国语言和文化起到积极的、重要的作用。

然而，由于外教来自的国家不同，文化背景和教育背景各异，个人素质和习惯有差异，高校在外教的聘用和管理过程中存在着困难，本文将浅论高校外教招聘及外教管理工作中的问题并提出相应的解决方法。

作者简介：韩佶彤，北京工商大学外国语学院外教教学秘书。

2 高校招聘、管理外教的问题及困难

高校在聘用外教和管理外教的工作中存在着一些问题及困难。高校聘用外教的需求不断增加，而拥有教学经验并且符合外国专家局要求的外教数量较为有限，在外教招聘市场中出现了供不应求的状况。外教普遍工作变动较为频繁，工作合同多为一年期，更是加剧了高校在外教招聘工作中的困难。由于对聘用外教的目的和作用认识不够清晰，对外教管理的工作缺乏规范性和计划性，外教的文化背景和教育背景各异，而且外教管理的工作人员多为外语教师而不是专业人员。

2.1 高校聘用外教工作中的问题和困难

高校招聘外教的渠道相对单一，主要有以下几个渠道。一是通过中介推荐和介绍。事实上，中介的外教资源有限，而且有外教在不同的中介登记注册，导致不同中介有限的外教资源出现重合。而且由于中介是营利机构，对外教的资料和资历并不能完全保证真实。高校招聘外教时审核外教资质的工作量增加。二是通过网上招聘，由于外教不了解国内的招聘渠道也不懂中文，往往收效甚微。三是通过现任外教的推荐或者其他院校相关工作的老师的推荐，往往可遇而不可求。

很多外教来中国工作的原因多是领略中国文化，学习汉语，规避本国就业的压力，他们往往没有接受过正规的师范教育，也没有丰富的教学经验，对国内的教学状况和教育文化不够了解。外教的文化背景和受教育水平各异。除了课堂教学之外，外教的其他优势和作用并没有得到充分发挥。

2.2 高校外教管理工作缺乏体系性

根据外国专家局的要求，外教来高校任教应按照外国专家局的合同模板签署中英文的劳动合同。在实际工作中，存在一些外教没有很好地履行合同的问题，而针对违约的条款在合同中并不很明确。例如，有些外教虽已与高校签署劳动合同，但是并没有按时入职授课，在合同中并没有相应的处罚措施，给高校人力、物力带来了巨大的浪费，而且给教学带来不利的影响。

在国内，中教老师入职之前，多数高校都会组织岗前培训，熟悉本校历史及现状，有针对性的提高教学水平。但是很少有高校给新招聘的外教组织岗前培训，新外教往往是不太了解学生需求和国内教学特点的情况下直接授课，没有收到预期的教学效果。而且多数高校对外教授课水平的评判是根据“学评教”，而不是制定相应的奖惩措施来调动外教的工作积极性。

3 高校外教招聘和管理工作的对策

针对上述高校外教招聘和管理工作中的问题，为了更好地发挥外教的优势，充分发挥其作用，现提出下列对策和解决方法。

3.1 积极拓宽外教的招聘渠道，招聘优质的师资力量

在现有的招聘渠道上，积极联系其他院校，实现外教资源的共享以及对外教教学水平等信息互通有无。也可以联系外国使领馆，请他们推荐优秀的外教。并联系有交流合作关系的外国高校，请他们推荐人才。严格遵循外国专家局《高等学校聘请外国文教专家和外籍教师的规定》对招聘外教资质的要求，从优聘用，要求外教持有认可的语言培训证书及拥有两年相关经验。

3.2 完善外教工作合同的签订以及外教教学考核奖惩体系

在外国专家局的中英文合同的基础上，积极完善外教工作合同的奖惩条例，根据外教的教学效果、学生们的反馈信息、期中教学检查中其他老师旁听课程的反馈，结合“学评教”，综合考评外教教学效果并且制定相应的奖惩措施，包括物质和精神方面，调动外教的工作积极性和责任感。

3.3 积极完善岗前培训，更好地发挥外教的作用

在新招聘的外教上岗授课之前，高校应组织岗前培训，请资深老师和老外教传授教学经验和授课注意事项，帮助新外教尽快适应新的工作环境。并且积极邀请外教参加外语角、文化节等主题活动，增加学生们在课下练习口语、接触外国文化的机会。外教在完成教学任务之余，如有能力可参与到科学研究工作中，在学科建设方面有所贡献，从而更好地发挥外教的作用。

参考文献

[1]国家外国专家局国家教委关于颁布《学校及其他教育机构聘请外籍专业人员管理办法》的通知[EB/OL](2009-05-08)[2016-05-21]. http://www.safea.gov.cn/content.shtml?id=12745341.

[2]徐徐. 高校外籍教师聘用中的问题及其对策[J]. 连云港师范高等专科学校学报, 2008,9(3): 48-50.

[3]陈艳.做好高校外教管理工作必须注意的几个环节[J].辽宁商务职业学院报:社会科学版,2004,64(3):56-57.

[4]宋雪洁.高校外籍教师招聘及管理的思考[J].高教学刊师资建设,2015,17(3):208.

[5]吴薇.浅谈高校外教教师的合同管理策略[J].中国电力教育师资建设与管理,2010,172(21):43-45.

英语专业第二外语教学中存在的问题及解决措施

李香春

摘　要：北京工商大学英语专业开设的第二外语课程为日语。如何通过大学期间的学习，让学生具备较好的日语听、说、读、写、译技能，是每位任课老师面临的难题。本文根据该英语专业第二外语课程现状，分析了教学中存在的问题，并提出解决措施。

关键词：英语专业；第二外语；存在的问题；解决措施

由于社会对外语人才的要求越来越高，外语专业人才需求也逐渐向多语种人才方向发展。英语专业的学生除了熟练掌握英语之外，必须利用学校开设的第二外语课程，至少掌握一门其他语言。国内设有英语专业的高等院校都开设了第二外语课程，有日语、西班牙语、法语、德语、葡萄牙语等多种语言供学生选择。由于受师资力量、班级规模、教学条件、开课要求等影响，我校英语专业多年来开设第二外语课程为日语。如何使学生通过大学期间的日语学习，具备一定的听、说、读、写、译综合运用能力是每位教师所面临的难题。笔者结合当前我校第二外语课程现状，谈一谈存在的问题及解决措施。

作者简介：李香春，北京工商大学外国语学院讲师，主要研究方向为日语语言文化和教学法。

1 我校英语专业第二外语教学中存在的问题

1.1 课时不足

我校英语专业的第二外语教学从大三上学期开始，到大三下学期结束，共开设两学期，每周4学时，总学时为136个。其中，大三上学期为必修课，下学期为选修课。很多学生提出课时太少，影响了学习内容和效果，对考研、过级以及就业帮助不是很大。

1.2 教材选用有待改善

教材质量的好坏直接影响教学效果。目前，我校第二外语教材选用了高等教育出版社出版的《日本语初级综合教程》。该教材具有诸多特点和优势，如突出日语综合运用能力的培养，听说教学和基础语法并重；主题明确，立意新颖，内容丰富，实用性强；内容生动活泼，贴近生活；充分利用现代教育技术手段，配套制作多媒体课件，方便课堂教学；练习实用、丰富、形式多样。但也存在每课涉及的语法内容多，语法讲解不够详细，语法跨度大，语法体系略乱，语法术语采用自己的一套术语（如动1、动2、动3），与语法书及日文词典的语法术语不同等问题。

1.3 学生对第二外语的需求层次不同，两极分化严重

第二外语教学中存在学生学习目标各异的问题，如有的学生作为一种兴趣爱好来学习，有的学生为了了解日本文化、风土人情，进一步拓宽自己的视野，有的学生为了考研、过级，有的学生为了看动画片、玩游戏，还有的学生则只是为了应付考试、获得学分。不同的学习目标会对学生学习的积极性造成很大影响，加上接受能力及努力程度不同，第二外语教学中两极分化情况非常严重。

1.4 教学模式和方法单一

教师在教学过程中仍将传统的教学模式作为主要的教学方式，侧重词汇、语法、句型等语言知识点的讲解，对学生语言运用能力的重视不够。由

于时间短、内容多，一味地注重知识的传授，随着学习内容的增多和难度的加大，很多学生开始感觉学习枯燥乏味，慢慢失去学习兴趣。

2 改革措施

2.1 改善课程设置，增加学时

足够的时间是学好外语的基本保证，时间过短无法保证学习内容和质量。目前我校第二外语教学从大三上学期开始，只开设两学期，总学时只有136，无法满足实际教学需要。因此，笔者认为应延长第二外语的开设时间，增加课时数量，即开设学期可以调整为从二年级下学期至四年级上学期，共四学期，每学期的课时数量为68学时。这样一来，学生可以有充足的时间学习和掌握听、说、读、写、译基本技能，也有助于考研和过级的学生有充足时间深入学习和备考。

2.2 明确学习第二外语的动机

在影响学生第二外语学习成效的众多因素中，学习动机至关重要。不同的学习动机直接影响学习态度，进而影响学习效果。学生只有端正自己的学习动机才会大大促进第二外语的学习。对于学习动机不强或没有学习动机的学生，教师应利用一切可能的教学方法和手段去激发其学习兴趣。

2.3 改善教学内容和教学方法

在教学中，教师应改变传统的教学模式，采用以老师为主导，学生为主体的教学模式，充分发挥学生的主观能动性，提高学生实际的语言沟通能力和交际能力。注意引导学生积极思考，鼓励学生主动发言，增加互动。而且，还要注意由浅入深，循序渐进，增强学生学习的积极性和自信心，避免其产生因内容太难而中途放弃的念头。

2.4 充分利用现代化手段和网络资源

多媒体教学有着很大的教学优势，能够给学生提供丰富的学习环境，使课堂环境变得活泼。第二外语教学应充分利用多媒体和网络技术，积极开展计算机辅助教学，改变过去单一的课堂教学模式，提高教学效率。另外，将学生的学习从课堂延伸到校园内外，鼓励学生在网上开展真实的日语交流活动，引导他们利用网络获取更多的日语信息，以增强学生学习兴趣，提高学生的日语综合运用能力。

2.5 采取形式多样的课堂延续教学方式

我校2011年启动本科教学综合改革，借鉴欧美一流大学的本科课程要求，增加了课堂延续教学环节。第二外语教学中教师力争做到课堂延续教学与教学目标和学习过程评价相结合，并且积极探讨课堂延续教学形式的多样性与丰富性，在保证提高学生学习兴趣的同时，又要保证课堂延续教学的质量落实，注重学生能力和素质的提高。设计第二外语延续教学时，可以考虑书面活动与口头活动、表演活动相结合；短期设计与长期性设计相结合；学生个人活动、小组合作活动和全班活动相结合的形式。

笔者从几个方面分析了我校第二外语教学中存的问题及解决方案。第二外语教学会随着社会的发展不断发生变化，因此，教师要在教学实践中不断地探索出切实可行的方法，进一步提高教学水平。

参考文献

[1]李妲莉.日本语初级综合教程[M].北京:高等教育出版社,2002.

[2]任立平.地方普通高校英语专业第二外语教学现状与改革——以日语教学为例[J].考试周刊,2015(73):13-14.

[3]李群群.第二外语教学改革研究——以南广学院为例[J].中国校外教育下旬刊,2013(6):102-103.

[4]崔金帅,李可儿.师范院校英语专业第二外语教学现状及改革对策[J].湖北函授大学学报,2015(10):147-148.

中外合作办学项目下英语听说课程设置初探

李学勤 石佳鑫 肖扬 张士瑾

摘 要：现阶段一些高校中外合作办学项目中出现了雅思应试教育怪圈，本文呼吁应以长远的眼光对学生加强英语应用能力；通过总结中外合作办学项目中英语听说教学存在的问题，提出相应的课程设置对策。

关键词：中外合作办学；英语听说教学；课程设置

1 引言

近年来，越来越多的高校开始创办中外合作办学项目，并取得了较大的成果。2015年，教育部公布数据显示，目前全国举办中外合作办学项目的高校约有600所。[1] 越来越多的中国学生选择通过这一途径出国留学，中外合作项目对学生的高考成绩要求不高，而更注重学生的雅思成绩。可以说，雅思成绩的高低决定着学生是否能够顺利地出国留学深造。[2] 在此背景下，英语教学也不自觉地受雅思考试驱使，雅思考试通过率似乎成为高校中外合作项目成功的重要标准。

反观中外合作办学中的英语教学，唯雅思通过的教学终究逃不出应试教育的怪圈。雅思成绩只是获得国外求学的敲门砖，英语应用能力才是国外学

作者简介：李学勤，北京工商大学副教授，主要研究方向为应用语言学、翻译教学与研究。石佳鑫、肖扬、张士瑾为北京工商大学理学院统计（中外）专业学生。

习成功的关键所在。因此，中外合作办学时必须设定近期（通过雅思考试）和远期（提升学生的英语应用能力）两个目标，以提升学生英语应用能力为终极目标的基础上，水到渠成地让学生通过雅思考试，拿到国外留学的资格。

本文针对中外合作办学中英语听说教学中的问题，来探讨如何从帮助学生通过雅思考试和提升听说应用能力的角度来设置课程。

2 中外合作办学项目中听说教学现存的问题

2.1 学生英语口语基础普遍薄弱

中外合作办学项目中，英语口语基础薄弱的学生占很大的比重。根据张彤彤[3]和笔者自身的教学经验，学生缺乏系统的音标知识，发音不准确；语法知识混乱；词汇量积累不够，词性概念模糊；文化背景知识缺乏：学生既对中国传统文化认识不深，又对社会问题欠缺关注，更对英美文化感到生疏；平时缺乏积累，表达内容空洞，缺乏组织条理；口语学习积极性低下。

2.2 “重阅读，轻听说”，听说课时在项目中所占的比重不够

以笔者所在的院校为例，学生在国内的四个学期中，均设有阅读课，口语和听力仅安排在前两个学期。这也导致学生对听说学习的重视度不够。单从雅思考试结果来衡量，多数学生是因为口语成绩低下而无法通过雅思考试，而剔除应试能力，那些通过雅思考试的学生中又有多少真正获得了国外学习所需要的听力和口语能力呢?

2.3 外教口语课效率不高，学生的口语水平提高不明显

由于国内绝大多数院校都有招聘外教任课的需求，导致外教的聘用处于供不应求的状态。中外合作项目一般都是招聘外教来上口语课。但是由于外教的供不应求，能够招聘到的外教未必对中国学生的英语口语水平及其所需提升的方面了解透彻；同时有的外教对雅思口语考试也不甚了解，从而造成外教的口语课针对性不强，对学生口语水平的提高作用不大。

3 听说课程设置初探

笔者所在的院校英语四个学期中，英语阅读、写作课为每周6课时，听力和口语课仅安排在前两个学期中，每周分别为3课时。因此，首先要改进的是在第三、第四学期加入听力课和口语课，从而保证听力和口语能力的进一步提升。根据笔者的教学经验，四个学期中，前三个半学期可以用来提升学生的英语语言基础和听说应用能力，从第三个学期的后半段开始加入雅思考试相关内容，让有能力的学生逐步参加雅思考试，并争取第四学期通过。在课程设置上进行如下探索：

3.1 充分利用中教和外教的各自优势，合理配置课程

中教的优势在于比较了解中国学生英语口语中存在的问题及口语表达中的困难。外教的优势在于熟悉西方文化，以纯正的英语发音和地道的英文表达供学生模仿学习。针对学生英语口语基础薄弱的问题，可以在项目的第一学期，挑选资质较高的中教教授口语课，对学生的音标等发音系统进行教授、纠正，对一些基本的语法知识进行梳理，在提升学生对口语的兴趣的同时，逐渐增强学生开口说英语的自信心；第二学期，由外教教授口语课，重点给学生教授英美文化，使学生了解西方风俗习惯，开拓国际视野；第三学期，由中教和外教共同教授口语课，中教为学生梳理雅思考试的相关口语话题，外教根据学生的口语情况进行针对性的指导；课下中教和外教对教学内容和方法等进行研讨；第四学期，由外教为学生进行雅思口语模拟考试，并对学生的口语做进一步强化训练。

3.2 授之以鱼不如授之以渔，加强英语听力课堂中的英汉双语思维训练

顾慧萍[4]认为，教师应从语言层面提升到思维层面展开教学，用英语语言思维训练学生。作为母语为汉语的中国学生来说，首先要了解英汉两种语言的思维差异，从而做到学生在英语听说方面的语言预设，提升英语听说能力。

因此，在听力课上我们可以借鉴口译训练中的记忆力训练，通过复述环节，引导学生对输入的内容进行逻辑梳理，完成自我建构，掌握英汉两种语言的思维模式。根据笔者的教学实践，具体做法如下。

从第一个学期开始进行汉语记忆力训练，让学生在听完一段中文之后进行汉语复述。训练的内容可以选取每日的汉语新闻。在进行一个月的汉语记忆力训练之后，开始进行英语篇章的复述。先从简单的英语篇章开始，如VOA慢速新闻。从第二个学期开始逐步过渡到稍微难些的英语篇章，如英语讲座或经济学人的篇章，加强学生对英语语言的思维结构的感悟。

3.3 充分利用口译笔记，通过对比翻译加强学生对英汉双语的精确输出

从第三学期开始增加口译笔记训练，口译笔记的图片式解构能清晰体现英汉的句法结构。通过原文复述和对比翻译，加强学生对英语语言的精确输出。根据Kirsten M. Hummel的研究[5]，对比翻译和积极翻译学习能产生更深层次、更精细的大脑加工过程，从而促进语言的痕迹保留。通过口译笔记将英汉篇章进行翻译，能够让学习者发挥主观能动性，促进英汉双语的精确输出，使听说教学取得事半功倍的效果。

4 结语

在“2+2模式”的中外合作办学项目中，雅思考试成绩虽然是进入国外留学的敲门砖，但两年的国内英语教学也不能只受雅思考试驱动，而是应该把培养和提升学生英语应用能力作为长远的教学目标来设置英语听说课程。

参考文献

[1]李桥，李明堂，洪波. 地方农业院校中外合作办学课程设置问题及对策研究[J]. 教育教学论坛，2015(12)：214-215.

[2]冷艳丽.国际合作办学项目下的英语阅读教学模式研究[J]. 现代交际,2016(6) :199-200.

[3]张彤彤. 中外合作办学项目的雅思口语教学研究——基于图式理论的教学法初探[J].海外英语,2016(5):48-50.

[4] 顾慧萍. 从思维能力入手推进大学英语教学改革[J].中国大学教学,2009(7):90-92.

[5] HUMME K M. Translation and short-term L2 vocabulary retention: Hindrance or help?[J]. Language teaching research, 2010(14): 63-64.

在大学英语阅读中培养思辨能力

李英杰

摘　要：培养大学生思辨能力是高等教育的核心内容。鉴于思辨能力与阅读能力在很多特质上的吻合度很高，有必要论证在大学英语阅读中培养思辨能力是否可行。本文结合特尔斐项目组提出的双维结构思辨能力模型来分析为什么可以在大学英语阅读中培养思辨能力。

关键词：大学英语阅读；思辨能力

1　引言

培养思辨能力是高等教育的核心内容。良好的思辨能力可以让一个只掌握一定技能，亦步亦趋的匠人变成一个富有创造性的人才。美国政府早在1993年就把对学生思辨能力的培养列入了大学教育目标。我国在《高等学校英语专业英语教学大纲》中明确提出要加强学生思辨能力和创新能力的培养。但在当下，“思辨缺席症”在大学生群体中广泛存在。[1,2] 加强大学生的思辨能力培养可谓刻不容缓。

培养思辨能力有诸多方法，而阅读则是行之有效的一种。本文通过双维结构思辨能力模型，来阐释思辨能力与阅读能力在许多特质上的相似度和吻合度，从而说明为什么倡导通过提高大学英语阅读能力来促进思辨能力的发展。

作者简介：李英杰，北京工商大学外国语学院讲师，主要研究方向为英语教育。

2 思辨能力

思辨能力的核心是进行有意识的思考并做出有理据的判断。[3]

20世纪80年代以来，美国哲学会“The Delphi Project”（特尔斐）项目组提出了双维结构思辨能力模型（见表1）。

表1 认知能力和情感特质模型

认知能力						情感特质
阐释	分析	评价	推理	解释	自我调节	
归类、理解意义、澄清意思	分析看法、找出论据、分析论证过程	评价观点、评价论据	质疑证据 提出替代假设得出结论	陈述结果、说明方法、得出论据	自我评估 自我纠正	好奇、自信、开朗、灵活、公正、诚实、谨慎、好学、善解人意等

该模型界定，思辨能力为认知能力与情感特质两个维度。其中认知能力维度可分解为阐释、分析、评价、推理、解释、自我调节6项能力，并且其中的分析、评价与推理为核心技能。情感特质维度包括好奇、自信、开朗、灵活、公正、诚实、谨慎、好学、善解人意等。

3 英语阅读

阅读是一种运用心智和已有知识理解读物内容的心理活动。[4] 分为一般和高级两个层次。一般层次的阅读属于认知层面的心理活动，目的是理解文章，熟悉、掌握阅读方法。在阅读的同时摄取信息，理解、判断、对冲突点进行推理阐释，这过程中调动着理性思考、辨析的能力，更多地对应着层级理论的认知能力维度。而较高层次的阅读解决的不仅是说了什么的问题，更是如何说、为什么说的问题。要求我们不仅仅停留在词句和篇章的表层意义，还要挖掘文章的深刻内涵，去试图了解作者的心态、写作意图、遣词造句和谋篇布局等方面的匠心独具等。它促使我们开动脑筋，展开联想，去挖掘文章的主题思想。让我们站在一个感性的人的角度上去理解其中蕴含的深刻道理，去开掘我们的怜悯、公正等品质。在这个层次上，它更多地对应着层级理论的情感特质维度。

思辨能力与阅读能力在许多特质上是相似甚至是吻合的。他们之间有着千丝万缕的联系。这也是为什么我们将这两种能力放在一起，进行进一步探讨。

而英语阅读能力又增加了信息处理的工序。因为英语、汉语属于不同的语系，表达习惯、构词、语法等皆有区别。比如在谋篇布局方面，英语文章的段落通常以一个表示中心意思的主题句开始，接着是若干围绕这个主题句的分述，总体发展似乎是沿着一条直线。而汉语文章有以总括句开头的，也有表达更为灵活，将意思蕴含在段落中的，或把中心总结于最后一句。两种语言下的阅读章法各异，对于习惯接收汉字所传达信息的人来说，英语阅读给他们增加了一道工序，即把英语所传达的意思转换成汉语思维。这过程使人在接收信息时，要比做汉语阅读时更仔细地去理解、分析，更锻炼了思辨能力。

另外，英语阅读所阐述的内容往往是英语社会对于事物的理解，这其中蕴含着不同的经济、政治、文化、历史、社会等背景，有着文化差异。这让我们在做阅读时要有语境地去思考，明晰在不同价值观下的不同表达，分辨黑白对错，用英语思维去理解事物。这个过程要比只做汉语阅读更有效的磨炼、提升思辨能力。

4 大学英语阅读与思辨能力培养

阅读是思辨能力提高的前提，阅读能保证有大量的知识或信息涌入我们的大脑，让我们在此基础上进行分析比较、去伪存真。阅读量小，知识面窄，只会导致片面的接受某一方面思想，或误解作者的真正意图。所以，阅读是思辨的必要前提，思辨能力随着阅读能力的提高而得到锻炼。

另外，思辨也是阅读的内在要求。阅读是读者与语篇之间的互动过程。学会阅读，也就学会了构建自己的世界观。阅读的过程不仅包含理解，也包含批判，最终在批判的过程中形成自己的独有认识。这与思辨的内涵可谓一脉相承。[5] 在阅读的过程中，读者边理顺思路，边对文章做出预测、提出问题、寻找假设、明确作者要传达的要点并做出推理。[6] 阅读后读者先对材料进行归纳概括、分析综合，然后将材料与自己已有的经验知识进行类比或对比，得出自己的判断。[7] 读者所进行的预测、推理、归纳概括、联系、对比、分析和判断正是思辨能力的表现。可见，大量阅读在锻炼阅读能力的同时也调动了思辨能力的参与，在阅读中思考、辨析有助于思辨能力的提升。

通过大量的阅读，大学生不仅仅获得了大量的知识，也能够了解他人的认知过程和思辨过程。阅读的过程首先是我们自身进行信息消化、思维判断的过程，同时，也是我们了解、借鉴别人思辨方式的过程。我们在阅读过程中能够感受到作者是如何对事情进行阐述剖析，推理判断的。我们可以通过大量阅读来站在旁观者角度看别人怎么看待以及思考问题，接触不同人的思辨方式，最终作用于我们自己的思辨方式，提升自己的思辨能力。

5 结语

思辨能力有助于大学生分析和解决问题，开展创新活动，培养创新意识，是大学生必须掌握的能力。[8] 在人才全球化流通、大学生就业竞争激烈的当下更是尤为重要。然而如今“思辨缺席症”却是普遍现象。针对大学生英语学习中缺乏思辨能力的现状，许多国家明确提出了要注重对大学生思辨能力的培养。本文从理论上探讨了为什么从英语阅读中培养思辨能力，并且论述了英语阅读能力和思辨能力的关系，以期为培养大学生思辨能力的实践提供一个视角。

参考文献

[1]黄源深.思辨缺席[J].外语与外语教学,1998(7): 1, 19.

[2]黄源深.英语专业课程必须彻底改革——再谈“思辨缺席”[J].外语界,2010(1): 11-16.

[3]文秋芳. 论外语专业研究生高层次思维能力的培养[J].学位与研究生教育,2008(10): 29-34.

[4]秦秀白, 蒋静仪, 肖锦银,等.加强评判性阅读,提高学生的思辨能力——“新世纪大学英语系列教材”《综合教程》第五、六册简介[J]. 外语界,2010(2): 83-86.

[5]王骏.在阅读中培养思辨能力需要的元认知知识[J].当代外语研究,2012(8):37-40.

[6]黄彩霞.大学英语阅读教学中学生思辨思维能力的培养[J].大学英语:学术版,2014(3): 38-41.

[7]仝志敏.专业英语阅读课与大学生思辨能力的培养[J].天津市经理学院学报,2012(6): 79-80.

[8]宁晓洁.英语阅读课对培养大学生思辨能力的意义[J].文学教育,2013(1): 72-73.

四级翻译中词汇多样化的问题分析

刘江红

摘　要：本文主要论述了如何在四级翻译中使词汇多样化，怎样使选词富于变化，从而提高翻译的质量。本文旨在引起大家对四级翻译中词汇重要性的认识，并能够在日常学习中注重词汇积累，灵活运用。

关键词：翻译；词汇；多样化

四级翻译的核心是遣词造句，而词汇是语言的基础，在翻译中发挥着重要作用。高水平的词汇会成为翻译的亮点，让人耳目一新。下面会着重探讨怎样使词汇多样化，从而提高翻译质量，提升翻译能力。

1　如何使词汇多样化

在翻译中要使用词具有变化，除了扩大词汇量外，还要掌握一定的技巧，下面是几种使选词多样化的方法。

1.1　交替使用同义词或近义词

在四级翻译段落中，有些词汇会重复多次出现，但在翻译中如果从头到尾只使用同一个词，不仅会使文章读起来单调乏味，同时会给人留下词汇匮乏的感觉，从而影响翻译的成绩。英语中有很多同义词或近义词，有时候可

作者简介：刘江红，英语语言硕士研究生，北京工商大学讲师。

以互换使用。

例：剪纸（paper cutting）是中国最为流行的传统民间艺术形式之一。中国剪纸有一千五百多年的历史，在明朝和清朝时期（the Ming and Qing Dynasties）特别流行。[1]

遇到“流行”这个词，大多数同学首先想起的会是“popular”，所以第一句话可以翻译成：Paper cutting is one of China's most popular traditional folk arts. 但后面一句话中又出现了“流行”一词，如果再用popular就重复了，会让句子显得单调乏味。我们知道，popular的同义词有很多，比如“fashionable，widespread，prevalent，prevail”，大家可以从中选择自己熟悉的词汇来翻译后面一句话，如：Paper cutting，with a history of more than 1500 years，prevailed particularly during the Ming and Qing Dynasties. 这样不仅避免用词重复，还能展示自己的词汇掌控能力。

1.2 用使役动词代替make+adj.

在“人们常用剪纸美化居家环境”这句话中，“美化”的意思就是“让……更漂亮”。大家可能首先想到的是make sth. beautiful 这个搭配，如：Paper cutting is often used to make our homes beautiful. 其实很多时候，make+adj.的搭配可以用该形容词的使役动词形式来代替，即beautify 可以替代make+adj.，而且更加简练：Paper cutting is often used to beautify our homes.

这类词有很多，如purify=make sth. pure，deepen=make sth. deep，大家可以进行整理总结，以备必要时使用。

1.3 结构be+adj. 可以和be+of+n. 交替使用

例：由于食物对健康至关重要，好的厨师总是努力在谷物、肉类和蔬菜之间取得平衡，所以中餐既美味又健康。“食物对健康至关重要”可以采用“重要的”形容词形式，如：Food is very important to health；也可以用其名词搭配，如：Food is of great importance to health. 结构be+adj. 和be+of+n. 意思一样，只是后者比前者更地道些。

1.4 用分词代替定语从句

英语中，许多分词可以直接修饰名词，其作用相当于定语从句。例如“精心准备的中餐既可口又好看”，使用定语从句可以翻译为：The Chinese food that is prepared carefully is both delicious and good-looking. 其实“精心准备的”有更简练的翻译，就是“well-prepared”，所以该句也可以翻译为：The well-prepared Chinese food is both delicious and good-looking. 在段落翻译中，如果前面一句话使用了定语从句，后面如果有类似结构，就可尝试使用分词。

1.5 意思相近的短语交替使用

四级翻译中有很多短语，可以用不同的搭配去表达。比如“随着越来越多的人向城市迁徙……”一句，其最常用的表达是“more and more people migrate to cities...”，其实“越来越多的人”还有一个更地道、更具有亮点的搭配“an increasing number of people”，所以这句话如果翻译成“An increasing number of people migrate to cities...”，会让翻译增色不少。

在翻译中，大家可以交替使用意思相近的搭配和短语，如“lead to，contribute to”，“emphasize， attach great importance to”，“I believe， from my standpoint”等。[2] 这样会使段落翻译的选词富有变化，从而提升翻译的质量。

2 词汇多样化的意义

由于在翻译过程中我们都习惯于使用自己熟悉的单词，因此，要提高语言的多样性，就要注意积累习惯用词的同义表达方式，意思相近的短语等，从简单和常见的用词入手，逐渐过渡到复杂的用词上面。[3] 并在平时的翻译练习中注重词汇的选择的多样性，尝试用不同的词语来翻译同一句话，日积月累，大家的翻译会日益生动，翻译能力也会日渐提高。

参考文献

[1]新东方.四级翻译强化训练[M].汕头:汕头大学出版社,2014.

[2]石晶.大学英语四级词汇 根源记忆法[M].北京:机械工业出版社,2015.

[3]万丽芳.中国英语专业大学生二语写作中的词汇丰富性研究[J].外语届,2010(1).

从高校外事工作角度分析联络译者应具备的素质

刘 影

摘 要：口译在推动人类文明发展的过程中，起着不可或缺的作用，而译者本人的主体地位和作用应得到认可。本文从高校外事工作角度分析联络译者在实际翻译中易出现的问题及译者应具备的素质。

关键词：高校外事；联络译者；素质

口译，是一项以口语为媒介的交际行为，在推动人类文明发展的过程中，起着不可或缺的作用。一般来说，口译者被要求完整、准确传达发言者的信息，但长期以来译者本人的主体地位和重要作用却未得到应有的认可，而译者本身所应具备的素质也应该得到更多的关注。

1 关于联络口译

口译是通过口头的描述，将一种语言转换成另一种语言，以达到沟通的目的。按照西方口译研究的大类分类法，它分为会议口译与联络口译。[1]

“联络口译是指一位译员进行双向语言切换的口译形式，多发生于两位或多位谈话者（当事人）因语言障碍无法沟通的场合，译员必须在场搭建沟通的桥梁。”相比会议口译，联络口译的非公开性和正式程度较低，更接近日常话语交流，且具备以下特点：①译员与当事人近距离接触；②译员进行

作者简介：刘影，北京工商大学外国语学院教师。

语言的双向传译；③当事双方在信息相关的掌握上常存在较大差距；④当事双方之间可能存在地位上的不平等。[2]

詹成将联络口译按社会场景分为14类，即导游导览、宴请饮食、展会开幕、商务洽谈、商务参观、出国考察、教育交流、学术交流、文化交流、体育活动、政治访问、社区服务、医疗口译和司法纠纷等。[3]

2 高校外事工作中联络译员翻译中易出现的问题

在高校参与的外事会谈中，联络译员容易出现的问题主要可以分为以下几类。

2.1 机构与术语的翻译

机构与术语的翻译对译者来说是一个挑战，比如高校名称的翻译。一次在北京市教委举行的新西兰惠灵顿市长代表团来访的会谈中，对方一位团员发言时谈到他们学校将要与北京的一所高校签署合作备忘，译者把“Beijing Polytechnic College（北京工业技术学院）”翻译成“北京理工大学”，这显然是不对的，而且对方学校是一所职业学校，与北京理工大学合作，从学科发展来看，有点不太对等，显然译者对高校国际合作方面不太熟悉。在得到提醒后，及时改正，没有影响到双方的交流。

高校外事会谈离不开科研合作。一次在与外方高校谈到中国白酒的制造与分类时，对“白酒”一词的翻译就是曾遇到的一个问题。通常译者会把“白酒”翻译成“liquor”“spirit”或“Chinese wine”，但这种翻译并不妥当。中国的白酒不同于世界上其他的烈性酒，更不是果酒。仅就其原料来说，中国的白酒大部分是以高粱为主要原料，并且因原料比例、发酵工艺、勾兑方法等的不同，形成12种香型，这与国外以大麦为主要原料的威士忌、伏特加、金酒等烈性酒相比，在颜色、口感等方面有很大的不同，国外并没有相对应的词来表达这种酒。若用“liquor”或“Chinese liquor”等已有的词来表达，并不能真正把中国白酒的不同特点表达出来，若翻译成“Chinese Baijiu”，那么是不是还有别的“Baijiu”呢？笔者在查询了大量资料并请教了白酒界的相关专家后，得到的建议是按照音译的方法，把中国的白酒直接翻译成"Baijiu"，创中国自己的品牌。目前这一翻译在中国白酒界已达成共识，那么在将来酒类的翻译中将起到一定的规范作用。

2.2 对国家政策的领会

国家政策对高等院校的发展起着举足轻重的作用，而在高校外事会谈中，译者对国家相关政策的了解和把握，对于正确的翻译会起到很大的辅助作用。我国高校曾被划分成"985""211"等不同类别，现在开始了"双一流"大学的建设，那么译者对于这些术语的背景、含义有了一定的了解后，在翻译的过程中才不会感到困惑，从而找到最合适的译法，而不是望文生义地生硬翻译，以至于出现一些低级错误。

2.3 译者对自己身份的把握

高校对外合作会谈中，联络口译对自己的身份和作用要有正确的认识和把握。由于两种语言、文化特点的不同，在联络口译活动中，译员要及时判断交流双方中的文化障碍和文化信息，并采取各种措施进行协调，达到交流互动的目的。在一次正式的晚宴上，主办方举杯敬酒，并按照中国的风俗习惯先干为敬。客人喝了酒后，说了一句"I wish I took my fish with me"。按照字面的意思很是让人费解，译员本人也没明白实际意思，若是直接翻译过来，估计大家也不会真正理解，于是译员通过自己的表情表达了他的疑惑，让客人意识到有必要解释一下，原来这是源自爱尔兰的一个传说，自己养的鱼儿会替自己喝酒，而且酒量很大，这样就不用担心自己会喝多了。

3 联络译员应具备的基本素质

在联络口译活动中，特别是在高校参与的会谈中，译员不仅需要良好的双语功底，相应的专业知识和对政策的把握，还要有跨文化交际意识和良好的沟通交流能力，要具备主体性意识和伦理性意识。

3.1 主体性意识

任文明确指出称职的联络译员不仅具有出类拔萃的语言文化知识和翻译技能，还经常在交际过程中体现出较强的主体性意识，主体性意识是指“译员作为口译过程中的行为主体对于自身身处其中的主体地位、主体能力和主体价值的一种自觉意识，是译员在了解了当事各方的交际目的，并意识到口译活动的特性、自身与其他主体的关系，以及种种在场和不在场制约因素的情况下，充分发挥自主性、能动性和创造力的内在诉求”。[4] 在实际的翻译过程中，译员有其在跨语言跨文化交流中的显身性，但不可“过度显身”，有其自主性，但不可游离于原语和译语文化的规范与具体的交际语境。

3.2 伦理性意识

所谓翻译伦理，是指原语文化和译语文化对译者提出的道德要求，主要表现为译者的道德自省和自制能力。[5] Chesterman将20世纪80年代以来的翻译伦理研究总结为四种模式：“再现”“服务”“交际”和“规范”。[6] “再现”只是对原文文本及原作者意图的准确再现，避免任何增减或修改；“服务”是指将翻译类比于为客户提供的商业服务，有伦理的译者需执行客户的指定，完成客户设定的、并为译者所接受的翻译目标；“交际”是指要求译者以“协调人”的身份推动互为他者的双方进行稳定的、互惠互利的跨文化合作；“规范”是指表征的目标语文化的期待，要求译者遵守规范，基本符合特定时期目的语文化和读者的预期。这四种模式分别强调了不同的理论价值，彼此之间可能发生冲突；同时，不同模式有着不同的应用范围和局限。

在高校外事工作中，译者并非单纯地完成语言处理的过程，而是帮助成功交际，不仅仅着眼于语言本身或是听者的理解或说者的意图，而应以交际互动的过程为导向。“译员的最理想状态就是在主体性意识和伦理性意识的共同指导下做出最佳的翻译抉择。”[3]

参考文献

[1]POCHHACKER F. Issues in interpreting studies[C]//MUNDAY J. The Routledge Companion to translation studies. New York: Routledge, 2009.

[2]GENTITLE A, et al. Liaison interpreting: A handbook[M]. Victoria: Melbourne University Press, 1996.

[3]詹成. 联络口译[M].北京:外语教学与研究出版社,2010.

[4]任文.联络口译过程中译员的主体性意识研究[M]. 北京:外语教学与研究出版社,2010.

[5]段峰. 文化视野下文学翻译主题性研究[M]. 成都:四川大学出版社,2008.

[6]CHESTERMAN A. Proposal for a hieronymic oath[J]. The translator, 2001, 7(2):139-154.

[7]项霞,郑冰寒. 创而有度:论商务联络译员的主体性与伦理意识[J].外国语,2015(9).

基于移动智能平台的大学生英语自主性学习的研究

刘永嘉　周旭梅　邱国红

摘　要： 随着互联网信息技术高速发展，智能手机和平板电脑等便携移动设备得到普及，其使用群体也不断扩大。移动智能平台以其操作简便、信息容量广等独特优势受到当代大学生的普遍欢迎，为当代大学生自主性英语学习能力的提升和英语学习兴趣的增加提供了极大帮助，亦贴合了《大学英语课程教学要求》当中对大学生英语自主性学习的高要求。

关键词： 移动智能平台；大学生；英语；自主性学习能力

1　引言

本文对当代大学生利用移动智能平台进行英语自主性学习现状进行调研，发现其优点与不足，对当代大学生更好地利用移动智能平台进行英语自主性学习提出可行建议，并为相关平台开发者提供一些改进思路。

此次调研主要采取网上调研和发放调查问卷这两种形式。调查对象主要是以北京工商大学本科生为主的高校大学生。本小组成员采用纸质问卷和电子问卷同时发放，纸质问卷当场收回的方式进行调研。共发出问卷210份，

基金项目： 本文属2016北京市大学生创业项目（编号：SJ20160210）。

作者简介： 刘永嘉，北京工商大学金融工程专业学生。周旭梅，北京工商大学金融工程专业学生。邱国红，文学硕士，北京工商大学外国语学院英语副教授，主要研究方向为英美文学。

电子版110份，纸质版100份，问卷回收率达100%，其中有效问卷为204份，有效率达97%。

2 调查对象的基本情况分析

本次调查对象为以北京工商大学本科生为主的高校大学生。调查数据显示，调查对象以大二、大三年级学生为主，分别为112、68人次，其比例分别达到54.9%、33.3%。本次调查对象专业以文史类为主，占比为60.7%。理工类专业人数占比为39.2%。本次调查结果具有一定普遍性和代表性。

3 大学生利用移动智能平台的现状分析

在利用移动智能平台进行英语自主学习的喜好问题上，15.69%的同学表示非常喜欢，表示较喜欢的同学占比为74.51%。只有少部分同学表示不喜欢，占比为9.8%。调查数据显示，没有同学反感利用移动智能平台进行英语自主学习，可见同学们普遍接受移动智能平台这种自主英语学习方式。

关于大学生对于英语学习类移动智能工具的选择问题，调查结果如表1所示。

表1 英语学习类移动智能工具选择倾向

选 项	小 计	比 例（%）
专业学习类（扇贝单词，百词斩，沪江听力库）	152	74.5
词典工具类（有道词典，金山词霸，百度翻译）	140	68.6
视频类（网易公开课，可汗学院，TEB）	52	25.4
英文资讯类（微信公众号推送，China Daily，BBC News）	60	29.41

调查数据显示，专业学习类移动智能工具如扇贝单词、百词斩等得到同学们的普遍使用。其次，词典工具类移动智能工具也有较高使用人次，主要帮助同学们解决单词、句子和段落方面的查询翻译功能，以有道词典、金山词霸等为代表。视频类移动智能工具主要以网络授课、演讲视频发放方式

为主，致力于拓展学生知识面；英文资讯类移动智能工具可分为听力、口语类等，以微信公众号等平台为代表，具有信息速达、更新快速的特点与优势。

关于使用移动智能工具进行英语自主学习的原因，84.31%的同学出于查单词和翻译需要；56.86%的同学出于练习口语和听力需要；39.22%的同学目的在于下载英语学习资料。此外，还有同学出于课程预习复习、拓展知识面和方便互动讨论与交流需要。可见利用移动智能平台进行英语自主性学习的目的和需求因人而异。词汇与句子的学习仍是英语自主学习的基础，口语和听力的练习是重点，而移动智能平台的便捷操作为上述同学们的不同需求提供了更好的帮助。

在利用移动智能平台进行自主性学习的优势问题上，80.39%的同学认为最大优势在于学习时间更灵活，自主性更强；74.51%的同学认为最大优势在于多数平台是免费的，节省了可观的费用。这说明移动智能平台的公益性资源共享已经成为广大大学生使用的重要原因。此外，移动智能平台还具有知识更新速度快、互动性强、趣味性强、学习针对性强的优势，增加了对学生的吸引力。

关于利用移动智能平台进行学习的效果，60.78%的同学认为提高了学习效率；47.06%的同学认为自己拓宽了知识面，培养了英语自主性学习能力。从调查结果来看，移动智能平台为同学们提供了大量课堂外的资源，尽可能满足了不同学生学习需求。

在平均每天利用移动智能平台进行英语自主学习的时间问题上，62.75%的同学表示学习时间少于1小时，31.37%的同学学习时间在1~2小时之间。可见同学们多是利用零碎的时间段进行英语自主性学习。从长期趋势看，同学们利用移动智能平台进行自主性学习的时间有延长的潜在可能性。

关于是否愿意支持并推广英语移动智能平台，88.24%的同学表示愿意积极支持并推广，只有11.76%的同学表示不愿意。可见移动智能平台提升了大部分同学们的英语自主性学习能力，赢得了同学们的支持。

4 大学生对移动智能平台未来发展建议分析

调查结果显示，绝大部分大学生在选择移动智能平台时首先考虑付费问题，其次是平台内容的新颖性和趣味性。因此未来移动智能平台的发展要在充分保证内容新颖性和趣味性的前提下，尽量减少付费项目。此外，大学生在使用移动智能平台时，平台信息杂乱，并且多偏向娱乐性质、学习资料不够丰富全面且更新速度较慢以及互动板块不够便捷都是影响其使用的主要障碍。所以移动智能平台未来的发展要着力解决这类问题，不断规范分类平台信息，及时更新发布内容，增加内容的知识性，同时增加互动板块的方便性与趣味性。

5 调研总结

5.1 英语学习类移动智能平台深受大学生喜爱，未来有巨大的发展潜力

通过调查分析，绝大多数大学生表示喜欢用移动智能平台进行自主性学习，并愿意推广英语学习移动智能平台。其新颖的内容、便捷的操作、丰富的资源、灵活的时间选择吸引了大量的使用用户。随着未来移动智能学习平台的不断发展，其相对于其他学习方式的优势将会不断凸显，其潜在的使用用户将会不断增加，发展潜力巨大。

5.2 大学生基本具备自主性学习的意识，但学习的效率不高

调查结果显示，大部分大学生会在自己的零散时间利用移动智能平台进行自主性英语学习，但是有62.75%的同学每天的学习时间小于1小时，而且绝大多数同学表示自己很容易受平台上别的信息影响而不能集中注意力。这说明学生在利用移动智能平台进行学习时要充分制订学习计划，根据自己的需求进行有针对性的学习，提高自控力，充分提高自己的自主性学习效率。

5.3 减少付费项目和丰富学习内容是学习类移动智能平台未来发展的两大目标

调查结果显示，付费问题是影响大学生选择移动智能平台的首要因素。由于大学生缺乏独立的经济基础，因此在进行自主性学习时倾向于免费的有益的资源。因此学习类移动智能平台应该充分抓住大学生的这类需求，增加免费的学习资源，提高平台的影响力，树立良好的口碑。其次，大学生在使用学习类移动智能平台的过程中，大多数表示会受到平台内容的丰富性和趣味性影响。因此，丰富平台内容、促进资源共享是移动智能平台未来发展的又一重要目标。

5.4 大学生进行英语自主性学习和移动智能平台的发展相辅相成

调查结果显示，学习类移动智能平台的发展为大学生进行英语自主性学习提供了丰富的资源和快捷的方式，极大地推动了大学生进行自主性学习。从另一方面来说，大学生利用这些移动智能平台也不断推动其发展，为这些平台带来良好的经济效益。两者是相互促进、相互影响的关系。因此，在未来，我们要充分发挥它们的积极作用，既方便大学生的学习，又推动移动智能平台的不断发展。

参考文献

[1]陈滋麒. 基于移动设备应用程序平台的大学生英语自主学习现状探析[J]. 英语广场，2014(3).

[2]丁金淑. 大学生利用网络自主学习英语的现状调查研究[J]. 湖北经济学院学报：人文社会科学版，2012(10).

[3]付星.基于智能手机的大学英语移动学习[J].外语教育教学，2012(8).

英语竞赛与英语课堂的相互关系

卢丹军

摘　要：本文探讨了大学生参加英语竞赛活动与英语课堂学习的关联度，以目前大学生参加的各种英语竞赛活动和英语课堂教学为研究对象，面向大学生和大学教师，利用问卷调查法、访谈调查法、文献调查法和实验调查法进行深入调查，并且引入“教学改善——创新模型”。旨在通过调查结果以及相关资料、数据，得出二者之间的相互关系及相互作用，对如何利用二者的联系以提高大学英语教学质量、大学生英语学习能力和英语水平这个问题提出有效的指导建议。

关键词：大学英语教学；英语竞赛；英语学习输出驱动假设创新理论

1　北京大学生参加英语竞赛活动及英语课堂学习的现状

大学普遍存在英语课时少、师资力量不够、重视程度不高、教学深入程度低、与实践相结合的程度低等问题。学生表示，非英语专业的英语教师在教学方法、方式方面缺少互动性和强制性，对于大学生英语水平的提高、英语知识的吸收结果收效甚微。这一方面使得本来就普遍缺乏自主能力的大学生不重视这一技能的培养，另一方面也缺乏科学正确的指引，由此大学生在英语学习方面的付出非常稀少，能力无法提升。[1] 大部分大学生只是在英语考级、考试、竞赛之前才付出一些时间进行学习，然而这样短暂的学习并没

作者简介：卢丹军，北京工商大学外国语学院讲师。

有长远的效果。所以，为了提高大学英语的趣味性、时效性，我们希望通过对英语竞赛活动的研究，创新激励大学生付出更多时间和精力进行英语学习，培养自主学习的能力，改善教育方式方法，使大学英语教学发挥其应有的作用。大学生英语竞赛主要有全国大学生英语竞赛（NECCS），国家级、市级、校级、班级英语综合能力、口语、写作、翻译、演讲、话剧、歌曲、配音等方面的竞赛活动，还有一些社会组织、商业组织的英语竞赛。

通过调查，我们了解到大学英语课堂教学和英语竞赛的现状，经过分析和资料的搜集，得出了现在所存在的问题，进而对英语教学提出有效性、创新性的改善建议。

2 北京大学生参加英语竞赛活动及英语课堂学习的问题及分析

2.1 输出驱动假设理论

20世纪80年代中期，二语习得理论中出现了Krashen的输入假设、Swain的输出假设和Long的互动假设。我们这里提及的输出驱动假设是文秋芳在2008年提出的，和Swaind提出的假设有相通之处，具体流程见图1。[2]

我们可以将学生参加英语竞赛这一活动定为一项输出任务，经过上述流程最终成为一个令人满意的输出结果。那么如何使得竞赛助力英语课堂教学的改善，就要用到下一个理论。

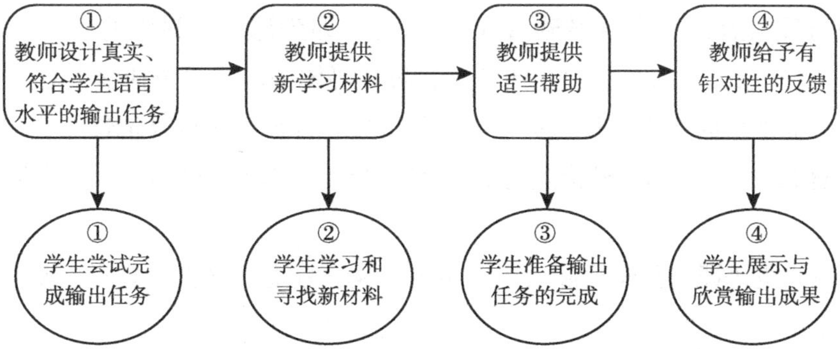

图1 输出驱动假设（文秋芳）

2.2 创新扩散理论

为了对这一问题进行具体而深入地探讨，我们引入了创新扩散理论。创新扩散理论，是由E.M.Rogers在《创新的扩散》一书中提出。它是“一种解释新观念、实践和事物在社会系统中传播的原因、方式和速率”的理论。它包含四个要素：创新、沟通渠道、时间和社会系统，如表1所示。

表1 创新扩散的要素

创新扩散的要素	解 释
创新	被视为新颖的观念、实践或事物
沟通渠道	信息在不同主体间传播的方式
时间	创新被社会系统中的所有成员接受所需的时间
社会系统	拥有同一目标、相互联系的个体组成的群体

Rogers认为，这四个要素组成创新扩散过程，彼此关联，密不可分。据此Rogers将“创新扩散”定义为：创新通过特定沟通渠道，在一定时间内向社会系统中的成员扩散的过程。

2.3 基于创新扩散理论的北京大学生参加英语竞赛活动及英语课堂学习问题及分析

我们可以将大学英语课堂教学的改善看作创新扩散理论中所要扩散的“创新”；将吸收英语竞赛元素之后的创新教学方法、方式、教材应用、辅助活动与反馈看作“沟通渠道”；而“时间”即为课时、科学的学习时间分配；“社会系统”指接受教学的学生、教师群体等，这里包括学生对象的界定、师资力量的选择、校园英语学习氛围应与社会组织的功能性结合。[3] 从以上这几个方面，将现状进行分类别的分析，我们可以得出以下存在的问题：

（1）英语课堂教学实际效用不明显，教学方式、方法、模式、教材等存在不足。

（2）英语课堂学时少，课时安排缺乏科学性。

大学英语课程课时少，而英语需要持之以恒的学习，这样不利于学生的长久学习。课程的设置应该参考人的学习、记忆规律，科学制定。

（3）学生自主学习时间分配能力不足。

如上文所提到的，学生普遍缺乏自主学习能力，其时间的分配对英语这一特殊的学习更是尤为重要。学生对于时间的管理能力低下，需要科学的指引。建构主义学习理论强调，学生是学习的主体，是认识和加工信息的主体，是知识意义的主动构建者。[4] 教师对学生只起到帮助和促进作用。这也体现了大学学习的特点，自主学习或者协助学习与课堂教学的相辅相成。

（4）大学生英语竞赛活动普及性有待提高，学生普遍缺乏参与。

许多英语竞赛普及性较低，学校疏于这方便信息的传播，这会让学生失去求知、提升的兴趣、资源和机会，从而参与率很低。竞赛活动的参加有利于提升学生学习兴趣和英语水平，应该注重培养学生这方面的兴趣。

（5）大学生利用校园学习资源的意识薄弱，学习能力较差。

校园往往会提供许多学习资源，如图书馆、教师指导、学生活动交流等，但是大学生缺乏参与其中的意识，不能充分利用，这就造成了资源浪费。

3　对北京大学生参加英语竞赛活动及英语课堂学习的建议

结合以上调研结论，对于如何利用英语竞赛改善英语课堂学习的工作，课堂英语教学参考竞赛内容，增加竞赛元素有利于提高学生兴趣和积极性，全面提高英语能力。例如，全国大学生英语竞赛（B类）有八个题型：听力、多项选择、完型填空、阅读理解、翻译、改错、IQ题和作文，通过对这些题型的练习可以全方位对学生英语学习进行训练，而其中的IQ题考查的不仅是学生的英语知识，也考查学生的智力和阅读水平。要想做好此题，学生必须先读懂题目，然后根据自己已掌握的知识进行逻辑分析、推理及运算，最后得出答案。它具有趣味性、新颖性和竞赛性，做出来的学生会觉得非常有成就感，培养兴趣、阅读能力和思辨能力。

课堂教学采用竞赛教学法，即教师在课堂教学上，利用学生的强烈展示自我心理来构建一种全民参与的课堂竞赛机制。[5] 要利用学生自我表现、求胜的心理，制订课程计划，使学生参与到课堂中去，达到激励的作用，共同竞争，共同学习，共同提升。[6] 为了取得好的名次，学生学习的动力会有一定程度的提升，也必然会增加在英语学习方面的投入，从而有利于英语水平的提高。在这里，教师要注意激发学生竞赛的热情和竞赛意识，因材施教，创建竞赛氛围，并且做好反馈，不断改善。

参考文献

[1]王守仁. 我国高校大学英语教学现状调查及大学英语教学改革与发展方向[M].南京：南京大学出版社，2011.

[2]文秋芳.输出驱动假设在大学英语教学中的应用：思考与建议[J].外语界，2013.

[3]蒋有绪，马娟，等.中国森林群落分类及其群落学特征[M].北京：科学出版社，1998.

[4]李晓东，张庆红，叶瑾琳.气候学研究的若干理论问题[J].北京大学学报：自然科学版，1999，35(1)：101-106.

[5]张志祥.间断动力系统的随机扰动及其在守恒律方程中的应用[D].北京：北京大学数学学院，1998.

[6]王守仁. 关于高校大学英语教学的几点思考[J].外语教学理论与实践，2011(2).

BTBU商务英语写作教学之我见

陆 敏

摘 要：随着世界各国全球化步伐的加快和我国改革开放的深入发展，特别是中国加入WTO以后，越来越多的跨国企业来到中国寻求发展，国内企业的对外交流与合作也不断扩大。商务英语在经济全球化的今天成了越来越重要的介质。顺应企业对商务英语专业人才的需求以及培养“既有出众的语言能力，又熟悉商务知识的复合型、应用型人才”这样的社会发展要求，国内高校纷纷开设了商务英语专业或增设了商务英语课程。本文作者对北京工商大学（BTBU）外国语学院商务英语写作课程的教学现状进行了分析并根据自己的教学实践对课程的发展提出了一些建议，以期对学院专业的发展尽绵薄之力。

关键词：商务英语写作；教学现状；发展建议

1 引言

随着世界各国全球化步伐的加快和我国改革开放的深入发展，特别是中国加入WTO以后，越来越多的跨国企业来到中国寻求发展，国内企业的对外交流与合作也不断扩大。商务英语在经济全球化的今天成了越来越重要的介质。顺应企业对商务英语专业人才的需求以及培养“既有出众的语言能

作者简介：陆敏，北京工商大学外国语学院讲师，主要研究方向为商务英语、英语教育。

力，又熟悉商务知识的复合型、应用型人才”这样的社会发展要求，国内高校纷纷开设了商务英语专业或增设了商务英语课程。

商务英语写作是高校商务英语专业学生学习的一项重要技能，旨在培养学生在商务情境下有效运用相关的商务英语知识、词汇和专业语言完成各种书面商务交际活动的能力。商务英语的文体特征是目的性强、选词恰当、精确、讲究礼貌用语、意思清晰、行文简约。无论从体裁还是传播渠道看，商务英语的语篇结构均不繁复冗长，而是简明扼要，因为只有这样才符合商业活动的规律。近年来，笔者一直在北京工商大学从事商务英语阅读与写作等商务英语专业课程的教学。我认为如何高效的教与学，使得学生既能提高基本的英语写作能力，同时又能熟练驾驭各种商务写作文体，是每一位从业教师迫切需要解决的问题。

2 商务英语写作教学的现状和建议

BTBU的商务英语是个“年轻”的专业，几年来，在课程设置上偶有调整。由于商务英语专业设置的特殊性，本校商务英语专业的学生会在一年级进行英语听说读写的学习以培养学生的基本英语技能，二年级开始逐渐增加如商务英语读写、综合商务英语、高级商务英语等商务类课程。从目前教学的情况来看，还有在学生的精力不能完全放在商务英语的学习上，还要参加专业四、八级的考试；学习商务知识的课时有限等问题。作为一个相对新生的事物，商务英语写作的教学还有许多需要完善的地方。

2.1 教学内容和选用教材

高校中有关商务英语写作教学的内容基本分为两种：国际商务函电写作和行政事务写作。其中国际商务函电写作包括与国际贸易各环节有关的一系列写作，如询盘、报盘、还盘、接受、订单、装运、付款、保险、索赔等。而行政事务写作则囊括了便条、备忘录、留言、假条、求职信、报告、建议等。目前商务英语写作受课时和先修课程的限制，需要在两部分内容之间有所取舍。

商务英语写作范围广泛，语言使用规范严谨，而且专门术语多。本校的商务英语专业的商务英语写作开课在二年级，之前学生的商务知识几乎为零。这样在学生学习了综合商务英语和商务英语阅读，有了一些商务知识框架之后，进行便条、备忘录、留言、假条、求职信、报告、建议等写作技巧的训练比较适宜。在具备基本商务知识的基础上，进一步学习国际贸易知识之后，可以进行国际商务函电的学习。这样从写作的角度来讲，内容就极大丰富了。前提是在课时有限的情况下，提高效率。学生要与教师积极配合。

另外，近几年来各高校出版社有关商务英语写作的课本种类和数量逐日增多，然而其质量却不能够达到教学要求。笔者在选用教材时就发现很难看到既具备了英语水平高，同时商务知识丰富的教材。有些教材商务知识丰富，但语言水平过浅；有些教材提供了不少语言技能训练的练习，可惜商务知识欠缺，对所选内容只是蜻蜓点水，不够系统，不能构建很好的知识框架。而且教材大多是关于函电写作的，在学生没有掌握相关国际贸易知识之前，教师需要谨慎选用此类教材。

2.2 网络、平台等的利用

目前我们可用的网络平台有批改网、BB平台和商务英语在线学习平台等。基于网络环境下的商务英语写作教学，是以学生在网络平台上通过自主的意义建构为基础，同时发挥教师在写作过程中监督和指导的作用。[1]

实际教学中有部分学生认为，批改网批改作文只是对文章的用词、句式等进行批阅，对文章写作的中心思想的掌握和主旨的把握并不好，因此对本网络的使用有抵触情绪。笔者认为学生可充分利用网络丰富的资料库来增加自己的写作词汇量、写作语言组织等。同时经过多次修改，本身就是在提高自我的写作能力。为了弥补网络批改的不足，教师可以对学生终稿把关。教师应该鼓励学生充分利用网络教学平台，搜集写作资料，了解教学内容，激发学生的学习兴趣和主观能动性。

2.3 商务英语写作教学方法的改进

首先，要调动学生的学习兴趣。商务英语写作这门课程不单纯是写作教学，也不单纯是商务知识教学，而是融商务知识与英语写作、商务写作技巧为一体的综合课程。[2] 因此教师在教学中应该厘清商务知识输入和写作输出的问题。笔者在教学中发现学生因为掌握了国家与贸易、国际经济合作、营销、会计、金融、人力资源管理等相关知识，学习兴趣大增，也正因为这样写作才能有鲜活的内容，才能写出有见地的proposal、report等。其次，在教学上发挥学生的主体作用。课前可以要求学生根据教师设计好的问题，利用网络搜索相关内容以便学生在教师讲解前对此有大致的了解。课上，教师以提问形式抽查学生的课前准备情况，并在做简单评价之后引出对相关内容的特点、结构、写作方式等的讲解，同时提供范文模板，让学生讨论分析，消化吸收所学内容，并要求学生在规定时间内完成初稿，在语言组织过程中练习使用模板句型、所给词汇等，从语言具体应用和语篇整体把握两方面进行夯实。课后，教师可要求学生以作业形式完成定稿，加深对相关体裁的写作认识。[3] 这一方法需要教师与学生的配合，才能有效提高教学。最后，创设仿真商务情境，教师可以在教学过程中加入一定的实践教学，促进学生增强实际解决问题的能力。商务课程实操性强，只有模拟真实的商务环境进行写作训练，才能提高学生学习的积极性，才能真正做到学以致用。同时也给学生提供更多自主操作的空间和机会，让他们通过学习真正了解商务英语写作的体裁、结构和特点。

3 结语

综上所述，为了改进商务英语写作课程的教学效果，提高学生的商务英语写作能力，教师要在教学实践中不断研究探索，发现并分析商务英语写作课程教与学中存在的问题，进行教学改革，培养学生在实际商务活动中进行分析、思维和判断的能力，最大限度地提高教学效率，改变传统的教师单向灌输的教学模式，增强学生的主体参与意识，培养学生的商务交际能力、跨文化交际意识。并在商务英语写作的教学中将商务语言知识、商务专业知识与写作完美地结合起来。只有这样，才能培养出合格的复合型涉外商务英语专业人才，满足社会的需求。

参考文献

[1] 孙小军，杜雪晴.基于网络环境下的商务英语写作教学探讨[J]. 湖北：现代商贸工业，2010(4)：236.

[2]高应昶. 如何培养学生在商务英语写作课上的兴趣[J]. 贵州：教育文化论坛，2012(6)：103.

[3]徐静. 高校商务英语写作教学模式研究[J]. 北京：高等教育，2015(12)：121.

思辨能力在大学英语听力教学中的培养

屈宁鸥

摘　要：本文首先回顾了思辨能力在大学英语教学中的发展历程，以听力为出发点，分析大学英语听力课堂中“思辨缺席现象”的原因并提出在大学英语课堂培养思辨听力的有效途径。

关键词：思辨能力；思辨听力；大学英语

1　思辨能力在大学英语教学中的历史发展

在当代国际社会中，国家之间的竞争主要是人才的竞争，国力的较量归根结底是人力的较量。我国高等院校的毕业生，无论数量还是才智都不输西方国家，然而我国学生的思想深度和思考层面却总受到诟病，其根源在于教育中缺乏对于思辨能力的培养。

一直以来，许多西方国家非常重视培养学生的思辨能力，相关研究由来已久。critical一词源于希腊文kriticos（辨明或判断的能力）和kriterion（标准），而critical thinking（思辨能力，或批判性思维）的起源可以追溯到古希腊的哲学家、教育家苏格拉底。美国教育家约翰·杜威在1991年出版的《我们如何思考》一书中提出，培养思辨能力的课程有益于学习者个人、社会乃至整个民主制度。思辨能力的培养过程是英国牛津大学、剑桥大学、杜伦大学等高等院校的核心。在英国的教育体系中，“思辨”是一门为16~18

作者简介：屈宁鸥，北京工商大学商务英语专业学生。

岁的学生开设的A-Level课程。

相比于西方，我国教育界对于思辨能力的关注和重视相对较晚。黄源深1998年提出对外语系学生“思辨缺席症”[1]的担忧，直至近年来这一现象才引起学术界广泛重视和探讨。文秋芳结合我国英语教学的实际情况提出层级理论模型[2]，将思辨能力分为第一层思辨能力和第二层思辨能力。此后，孙有中等人倡导以思辨能力为导向，推进高校外语教学改革；针对“思辨缺席症”所开的“处方”[3]也已从理论发展到教学实践层面的探索。类似的研究还有很多，在此不一一列出，但从内容和侧重点来看，多数集中在对于思辨能力模型和量具构建、大学英语教学改革的探讨上，即使是在对大学英语教学中强化语言技能（即听、说、读、写）的分析研究中，也皆倾向于阅读与写作方面的思辨能力培养，而对听力思辨的实践教学研究很少。下面笔者将就大学英语听力探讨思辨能力在大学英语教学中的培养。

2 大学英语听力教学中的“思辨缺席”

语言学习分为输入和输出两个过程，在“听、说、读、写”四项基本技能当中，听和读是输入，说和写是输出。学生思辨能力不足的这一短板，往往体现在输出过程中，在输入阶段的表现并非十分突出。上文提到我国学者关于大学英语教学中培养思辨能力的探讨，也均主要侧重于学生的英文“笔头输出”方面，即写作和阅读两方面（这里的阅读，指考查学生理解能力的阅读类考试，与上述提到的输入过程“读”不同）。由此可见，思辨听力和口语表达受到了忽视。

据哈佛大学拉丁语言文学名誉教授Wilga M. Rivers的统计，在人们的语言交际活动中，45%的时间用于听，说占30%，读占16%，写占9%。听力是语言学习输入的重要过程，输入的质量必然会影响输出的成效。在听力理解中，学生如果缺乏思辨能力，则只会人云亦云，不能有效地处理所获信息，无法加以自己的理解、判断和思考。

我国大学英语听力课堂呈现出的弊端在于形式僵化。传统的听力课多年来依循理解法[4]，即教师放听力材料，学生做对应的听力习题，随后进入对答案环节，以学生答案的正确与错误来判断学生是否理解、领悟了听力材料的内容，而教师的角色在这里也被弱化成了一本普通的答案册，并没有发挥更为积极的作用。这一套流程实际上并不是教学过程，而是为了应付四六级考试的注入式听力检测手段。[5] 这种功利化模式下催生的听力学习，仅仅是被动的语言信息接收，缺少积极主动的思辨探索因素。

3 大学英语教学中培养思辨听力的途径

3.1 构建以思辨听力为核心的听力课堂

南京大学王艳副教授针对英语专业学生的“思辨缺席症”提出一种以思辨听力为核心的听力教学新模式[6]，将教学的重心由结果转为过程，最终以思辨作为理解和获取信息的基础。针对上文提到的我国大学英语听力课堂教学形式僵化的问题，也可以在非英语专业的英语教学中构建新模式下的大学英语听力课堂，即课程不仅需要学生理解所听内容，还需要根据理解对信息进行分析、整合、推理、判断，进而做出自己的反馈和评价。该模式的思辨听力课堂具体构想思路如下：

（1）课前充足准备。教师课前给出听力内容的主题和关键知识点，布置小组任务；学生通过图书馆研究、网络资料查询等方式自行了解，为听力材料的理解做好充分准备。

（2）文化背景拓展。听力材料的很多内容涉及英美国家的社会历史、风土人情，如果教师能够在课堂加以引导，学生在课下注意积累，就能将文化差异造成的理解障碍最小化，为学生进行深度思考打下基础。

（3）基础思辨训练。听力的难点在于学生未能掌握英语的发音规律，导致学生认识单词却听不出来。基础思辨能力需要学生接触大量听力材料，熟悉掌握同化、省音、弱读、连读等发音规则和英语母语者的说话习惯。

（4）进阶思辨训练。要求学生根据听力选段内容，进行分析、归类、判断和评价，如根据材料的问题给出可行答案、揣摩说话者的观点和态度是什么等。

（5）听说交互练习。“倾听—表达”紧密相联，教师应在课堂上鼓励学生就听力内容进行交流讨论，表达自己的见解与看法。

3.2 创新听力题型设置，增加思辨类题型占比

传统听力练习侧重于考查学生的理解和记忆，常见题型主要有：理解大意、概括主旨、掌握细节、变速听写等，近年来也陆续增加了一些分析、推理和评价的练习，如根据说话者语气、语调进行判断推理的题型，可见在练习题目的设置上已经考虑到了对于思辨能力的考查。下一步应当做的是，增加思辨类题型所占的比重，如区分听力材料中提到的客观事实与个人观点、推断识别题目表述正误，除此之外还有判断所有证据是否合理可信[7]，分析说话人的逻辑和推理过程、确认说话者的情感诉求[8]，根据材料内容或背景信息推测相关具体内容等。

4 结语

大学英语课上的学生来自不同专业，相比英语专业学生，他们不仅需要用英语进行交流，还要从英文文献中获取专业知识。这就要求他们不仅有良好的听说读写能力，还要能够快速检索文献、归纳总结文献中的要点、评价文献的优劣，学会如何借鉴、改进、补充、完善和创新发展前人经验，这个过程无一不需要思辨能力的参与。而我国大学生普遍存在“思辨缺席症”，创建思辨式的大学英语课程迫在眉睫。本文分别从课堂授课和考试习题两方面提出了培养思辨听力的途径，在后续的研究中还有很多工作需要完成，例如，以真实听力课堂为例分析如何培养学生的思辨听力；进一步研究英语四六级考试的听力题型设置；探索如何加强听力与口语的联系，在“输入—输出”过程中培养思辨能力的更好方式等。

希望“思辨听力”的理念能够真正化为实践，融入大学英语课堂，以“听”促进“说、读、写”的各个环节，把思辨能力的培养真正落到实处，让思辨成为习惯，在潜移默化中提高学生的思想深度，拓宽思维层面，掌握根本的分析问题方法，为学生的日后发展奠定扎实基础，同时也为国家培养出更多能独立思考、具有理性思维的人才。

参考文献

[1]黄源深. 思辨缺席[J]. 外语与外语教学, 1998(7).

[2]文秋芳,王建卿,赵彩然,等. 构建我国外语类大学生思辨能力量具的理论框架[J]. 外语界,2009(1).

[3]胡郑辉. 思辨缺席症——我们该开什么"处方"[J]. 上海理工大学学报:社会科学版, 2011, 33(4).

[4] FIELD J. Listening in the language classroom[M]. Cambridge: Cambridge University Press, 2008.

[5]李雪艳. 谈理论与能力的关系——思辨能力量具理论与高校英语听力教学解析[J]. 吉林教育, 2015(13).

[6]王艳. 思辨听力:理据、框架与操作[J]. 中国外语, 2015(2).

[7]任文. 英语演讲课与能力素质培养[J]. 中国外语, 2007(6): 66-70.

[8] BROWNELL J. The skills of listening-centered communication[M]//WOLVIN A D. Listening and human communication in the 21st century. Oxford: Wiley-Blackwell, 2010: 141-157.

论美剧俚语与日常英语学习

吕　绵　陶昕祺　胡梦睿

摘　要：美剧中充斥着各种俚语用法，俚语是美国文化的外化产物，了解俚语的意义和用法及其所适用的语境，有利于提高我们对英语的掌握程度，更好地理解美国人的思维方式，把美剧俚语与日常英语学习结合，可以让我们的英语表达更正宗，更精准到位。

关键词：美剧；英语学习

1　美剧中的俚语研究

1.1　学习美剧俚语对提高综合英语能力的可行性

随着《权力的游戏》《纸牌屋》等美剧的热播，美剧在大学生群体中的接受度及受欢迎程度也越来越高。当下流行的美剧也成为同学们茶余饭后的热门话题，甚至成为一种文化符号。笔者走访了很多在校大学生，大部分受访者认为看美剧对学英语有帮助，但具体效果却因人而异。通过采访，我们了解到大部分同学在看美剧时无法脱离字幕，很多同学反映看无字幕的美剧

基金项目：本文得到北京工商大学大学生科学研究与创业行动计划项目“论美剧俚语与大学日常英语学习”（编号：SJ201602087）的资助。

作者简介：吕绵，北京工商大学外国语学院讲师，主要研究方向为英语教育。陶昕祺、胡梦睿，北京工商大学注册会计（全英）专业学生。

比较吃力，而这类同学也认为在四六级或者雅思托福考试中听力部分相比阅读要更有难度。这种普遍现象与现在的英语课程的设置密切相关，相较于读写能力，英语课堂对听说能力的重视程度和训练强度较低。而看美剧作为一种新的学习途径，可以弥补传统课堂教学中的不足。

很多人听不懂美剧，或者在听力和对话中跟不上说话者的节奏，很大程度上是因为不懂美剧中频繁出现的俚语的含义。有些人找不到情景喜剧的笑点，或者“get不到梗”，也是因为缺乏对俚语及其背后所代表的美国文化的了解。

美剧俚语的表达生动有趣，形式新颖，具有很强的流行性和时效性。不仅能引起学习兴趣，还能帮助大学生了解美国的流行文化，使跨文化交流更顺畅。

1.2 美剧中俚语的分类

①委婉语（euphemism）。在日常对话中，有很多地方都会用到委婉语。比如最常见的去洗手间，在美剧中常用的俚语表达是May I go to the restroom？用restroom、ladies’ room等委婉语来取代过于直白的bathroom、toilet等。比较有意思的是powderroom。在美国文化中，女洗手间也兼有化妆间的功能，因为女生常常会去补妆。美剧里经常出现两人约会，女方中途提出“I need to powder my nose”，其实就是想去洗手间的意思。遇到难以直言的情况，常会用到委婉语，比如暗示女子怀孕会用“have a bun in the oven”，oven代指womb，bun代指baby。美国性教育的普及度极高，家长或老师在给孩子上生理课时，会用“the birds and the bees”来代指男女性器官。②比喻（metaphor）。很多俚语都用到比喻手法，比如坠入爱河的人，会说“have butterflies in one’s stomach”。这种比喻不应直译，想象一下蝴蝶在胃里扑棱翅膀的感觉，便明白这是形容恋爱时的紧张兴奋感，可以与中文里的“小鹿乱撞”对应。“be on the same page”直译是在书的同一页上，俚语中用来比喻两个人的意见或想法一致。③夸张（exaggeration）。“I am on cloud nine”表示人的极度兴奋和快乐。on cloud nine是美国气象服务中的术语。在气象服务中，各种不同的云系都有各自的数字代号，9号云系代表的积雨云位置

最高，所以“on cloud nine”是表现一种极度高涨的情绪，运用同样夸张手法的还有“over the moon”，亦表示极度欢欣。④合成词/自创词（compound word）。俚语中常有叠加两个单词以合成一个新词的情况，很多网络流行词也是这么被创造出来的。合成词有很多种组合方法和形式由两个同义词组合而成，如“chillax”由“chill”和“relax”组合而成，词意不变但语气加强，仍指“放松，别紧张”；由一组反义词组合而成，如“frienemy”由“friend”和“enemy”组合而成，词意改变，指“亦敌亦友”。⑤缩略用法（Abbreviation）。比如美剧常用语ASAP，是“as soon as possible”的首字母缩写。

2 美剧俚语与提高英语学习能力的关系

2.1 美剧口音在纠正发音方面的作用

根据剧情和人物设定需要，美剧中有很多角色说话都有口音。比如《生活大爆炸》中的Raj，他的印度口音已经成了一种个人标志。美国各州的口音也有所不同，美国南方各州口音极富特色，统称为southern accent。由于移民多，美剧中拉丁语系口音的出现率很高。欧洲口音也是如此，比如美剧《Girls》里面Jessa就是一口“伦敦腔”。而美国黑人说话也有自己的特色，因为极富韵律感和节奏感，语调起伏变化大，常被网友们戏称为“自带嘻哈说唱技能”。

很多同学表示，在四六级等语言考试的听力部分，表示有时听不懂听力内容，是因为说话人有口音。由于美国“民族大熔炉”的社会背景及保持角色多样性的“政治正确”需求，美剧中出现的口音种类繁多，为大学生进行听力训练提供了天然的素材。

美剧在纠正我们的错误发音方面也有很大的帮助。新兴的俚语很容易被读错，最常见的例子是手机应用“APP”，由application缩略而来的，所以应该作为一个词连读，而不是像大多数人一样分开读字母。生活中我们经常会把一些难读的词语或人名、地名读错，读错重音也是常见错误之一。通过模仿美剧主角的发音，可以提高我们读音的准确性，也能纠正错误的中式发音。

2.2 通过学习美剧俚语提高大学生英语能力的途径

2.2.1 选择合适的美剧

笔者认为喜剧是最适合作为学习俚语的美剧类型，比如《How I met your mother》《Girls》《Community》等。首先，这类美剧对话内容最贴近日常生活，俚语的出现频率高，而且词汇简单，语速正常，幽默风趣。在保持观者兴趣的同时，学习起来不吃力。其中穿插的文化“梗”也非常多，便于学生了解美国文化和历史。

悬疑罪案类的美剧非常受欢迎，比如《Person of Interest》《Breaking Bad》《Mr. Robot》等，然而这类电视剧专业术语的出现频率高，词汇多限制于某个专业领域，与现实生活略有脱节，虽然娱乐性与思想性都极高，但并不是最佳的学习材料。

总体的选择策略是，对话内容越多，越贴合日常生活的美剧越适合用于俚语学习。比如同为科幻类的美剧，《The Walking Dead》无论剧情还是立意都远远高于《The Vampire Diaries》，但《The Walking Dead》剧中对话相对较少，打斗多，心理戏多，而《The Vampire Diaries》中生活场景多，对话内容更加日常。所以从学习英语的角度考虑，选择《The Vampire Diaries》进行观看更为合适。

2.2.2 精看

所谓的“精看”和阅读中“精读”有相似之处，即尽可能多地抓住语言点，注意说话者语句的结构，分析具体词语短语适用的语境和具体含义。

由于有些同学英语基础较差，第一遍看时可能还跟不上，只能做到了解剧情，这时候就需要再次观看。第二遍看的时候需要随时暂停做笔记，记录下语言点、文化点，积累词汇和搭配用法。由于俚语的用法和语境息息相关，最好把上下文也记一下，方便以后复习。

2.2.3 养成看美剧的习惯

“三天打鱼两天晒网”式的学习方法对于学习美剧俚语是不适用的。学习语言需要大量的积累，学习俚语也需要观看多集美剧，如果不能坚持，很可能收效甚微。

一些语言学家推崇“浸入式”（immerse）的学习方法，即完全使自己沉浸在英语的语言环境下，所接触的一切文字、声音、画面等的输入、输出，都是英语。养成看美剧的习惯，经常听到俚语表达，就会潜移默化地学会不少俚语表达。

3 结语

相较于传统课堂，美剧俚语的研究形式更为新颖、活泼。美剧中出现的俚语更贴近生活，更接地气，在紧跟社会热点和文化潮流趋势的同时也突破了书本知识更新速度慢的局限。将美剧俚语融入日常英语学习中，可以在更新英语知识体系、提高英语知识的实用性的同时，进一步了解美国文化。大学生们通过有目的、有方法地观看美剧的方式，将美剧俚语与日常学习灵活结合，可以拓展自己的词汇量，提高听力水平，提升语感，从而提高综合英语水平。

参考文献

[1]王红.美剧与英语学习[J]. 电影评介，2008(11).

[2]赵立无.浅析英语俚语的特点及翻译技巧[J].当代教育论坛：教学版，2011(12).

[3]彭元峰，孙佩婕.美国俚语发展趋势及其语言特色[J].东北大学学报：社会科学版，2003(1).

[4]江盈盈.浅析美剧字幕翻译技巧——功能对等理论下的美剧翻译[J].海外英语，2010(11).

[5]董怡然，张令千.英汉俚语的文化对比研究[J].英语广场：学术研究，2012(1).

非母语教师与母语教师在外语教学中的对比研究

彭 淳

摘 要：本文综述了外语教学中以目标语为非母语教师与以目标语为母语教师的对比研究，回顾了国内大学英语领域中外教对比跟合作的一些研究成果，同时提出了对于深化中外教合作、改进大学英语教学效果的建议。

关键词：大学英语教学；中外教师；合作教学

1 NESTs与NNESTs的对比研究

语言教师是否最好以该语言为母语者？外语教学界对这一条件的重要性有着许多争论。在许多地方，外语教师的招聘广告中经常可以看到“只招母语者”这样的词句。其背后的理念自然是以英语为母语的英语教师（native English-speaking teachers，NESTs）与英语非母语的英语教师相比，能提供更优越的口语示范，是英语语言教师的理想人选。

1.1 NNESTs的教学优势

然而，Medgyes [1] 和其他一些研究者在他们的研究中发现英语非母语教师（nonnative English-speaking teachers，NNESTs）在英语教学中具备同样多

作者简介：彭淳，硕士，北京工商大学外国语学院讲师。

的天然优势，也许更多。Medgyes [2] 认为NNESTs比NESTs更有可能了解学生在英语学习中遇到的困难和可能会犯的错误。此外，与学生共同的母语也成为师生互动中一个有力的工具，使得NNESTs成为通过恰当教学方法帮助学生从母语向目标语靠近的合适媒介。Seidlhofer [3] 形象地比喻说："NESTs了解学生的目的地，但不熟悉学生为了前往目的地所要经过的领域，因为他们自己没有走过同样的路。NNESTs与学生之间共同的学习英语的经历应该使他们更加自信，而不是使他们缺乏安全感。"从这个角度看，NNESTs在英语学习各个阶段的亲身经验构成了独特的优势。

1.2 NESTs与NNESTs的区分弱化

此外，英语在不同国家和地区的变体越来越多地被认可接受。在全球交流进一步融合而英语被普遍用为交流语言的今天，母语者和非母语者的概念逐渐弱化，考量语言使用者的精通程度可能更为恰当。语言教师综合运用四种技能进行交际沟通的能力，对于语言教学更为重要。最终，一个教师的价值并非仅仅取决于他使用语言的能力，还取决于他的语言知识，以及对如何帮助学生提高语言能力和增长语言知识的了解。[4]

1.3 NNESTs与NESTs的教学风格

根据Tang [5] 的研究成果，语法通常被认为是非母语者的教学强项。他们更加强调语言形式、语法知识、准确程度和书面语言。而母语者则以教授口语的能力和营造轻松友好的课堂气氛得到高度认可。母语者喜欢自由的小组活动，对学生的语言错误比较宽容。而非母语者则青睐有控制的活动练习，使用固定的教材，习惯纠正学生的语言错误。目标语为母语教师教学通常完全使用目标语，而目标语非母语教师会借助学生的母语教学。在教学方法的使用上，非母语教师青睐语法翻译法（grammar-translation method）和听说法（audio-lingual approach），而母语教师则青睐交际法（communicative approach）。

2 中国大学英语学界中外教对比合作研究

在中国的英语教学环境中，NESTs与NNESTs的对比合作研究也在开展。随着中国的日益开放和与国际接轨，中国的大学英语教学界也正在探索更好地借助外教提高大学英语教学效果的方法和途径。

2.1 关于中外教教学对比的问卷调查

西安邮电大学的杨勇[6]通过问卷调查的方式考察了该校学生对于中教与外教在大学英语教学上不同特点的看法。首先，在语言方面，73%的学生认为外教在口语教学中优于中教；80%以上的学生认为在语法和写作方面中教的作用比外教大。在教学内容和方法上，中教在把握教学大纲和了解学生状况方面优于外教，而外教则在活跃课堂气氛和使用多媒体教学上优于中教。教师风格方面，中教在答疑解惑和严格要求上占优，外教跟学生之间的关系更轻松和谐。

2.2 中外教合作进行大学英语教学的实验项目

显然，中教和外教在大学英语的教学过程中各具特色，各有擅长。那么中外教合作教学是否可以结合两者所长，提升大学英语教学的效果呢？兰州交通大学曾经做过中外教师大学英语教学合作项目。[7]这个项目通过多种组合方式安排中外教进行平行教学，或者“站点教学”。这个项目进行一年后展开了问卷调查，大部分学生认为合作教学依次提高了他们的文化知识、听力水平、口语水平、阅读水平、写作水平。另外，学生还认为合作教学在学习积极性、学习兴趣、学习方法和团队合作方面对他们有很大帮助。按照比例从高到低的顺序，学生希望外教教授语音语调、创造舒适课堂气氛、介绍文化知识、传授口语交际策略、讲解文化差异；希望中教讲解语法、使用中文辅助教学、了解学生问题、传授学习方法、讲解文化差异。按照从高到低的顺序，学生最希望外教从事口语、听力、写作和阅读的教学，中教被期待从事的教学内容的次序与之相反，是阅读、写作、听力和口语。大部分学生主张以外教为主和以中教为辅的教学模式。问卷调查同时反馈了学生认为合作教学有哪些问题和不足。大部分学生认为该项目对英语读写技能的讲解和训练不够。兰州交大的这个中外教师大学英语合作教学项目进一步证实了外教在口语和外国文化方面更为擅长，而中教在语法、阅读和了解中国学生方面具有优势。如何协调教学内容，解决引入外教导致授课重心偏向听说而忽略读写的问题是这个项目进一步改进优化合作教学效果的方向。

3 探索深化中外教师合作提高大学英语教学效果的新思路

中国当前外教参与大学英语教学最普遍的方式是外教承担口语课，而中教负责阅读、语法和写作的精读课程。如何进一步深化中外教的合作？笔者认为，在中教负责的精读课上，可以尝试中教负责课文分析、语法讲授、核实学生的理解和掌握程度，同时引入外教穿插介绍相关文化背景知识，提供补充更多所学要点的语言实例。在外教为主的口语课上，中教可以协助落实学生的跟进情况，答疑解惑，共同组织小组活动。

中外教深度合作教学有助于中教在课堂上引入更丰富、更自然的英语语言交际场景、实例，开展更丰富的课堂活动，有助于学生在学习新的语言点的同时强化听说能力、语用能力、交际能力和协调能力，提高学习兴趣；也有助于外教了解中国学生的问题和情况，结合教学大纲和教学目标更准确、有效地设计课堂内容，课堂活动的组织也会更有针对性和合理有序。

但是，这种合作方案要求也较高。首先，要求外教和中教的数量充足且队伍稳定；其次，需要双方教师彼此充分了解、高度信任、密切协作；最后，还需要学生的充分理解和配合，中教才不会因为有英语母语者的存在感到课堂权威受到威胁或是课堂秩序混乱，外教也不会觉得课堂气氛拘禁或是受到监视，学生也不会感到混乱重点不明。可能是基于以上较高的要求，目前国内这种中外教深度合作的大学英语教学项目还不多见。但是随着外教越来越多地进入中国大学校园，随着中国大学英语教学深化改革提高教学效果的呼声越来越高，笔者认为从加强中外教合作找出路，不失为一个充满希望的突破口。

参考文献

[1] MEDGYES P. The non-native teacher[M]. London: Macmillan, 1994.

[2] MEDGYES P, ARVA V. Native and nonnative teachers in the classroom[J].System, 2000, 28:355-372.

[3] SEIDLHOFER B."It is an undulating feeling...":The importance of being a nonnative teacher of English[J].Vienna English working papers, 1996,5(1/2): 63-80.

[4]HARMER J. The practice of English language teaching[M].Harlow: Pearson Education Ltd., 2001.

[5] TANG C. The identity of the nonnative ESL teacher: On the power and status of nonnative ESL teachers[J]. TESOL quarterly, 1997, 31(3): 577-580.

[6]杨勇. 浅论外教与中教对提高学生外语水平的影响[J]. 西部教育,2013(12):30.

[7]牟宜武. 学生视角下的大学英语中外教师合作教学[J]. 中国外语教育(季刊),2010(4): 44-52.

大学英语口语思辨能力培养模式探究

毛 莹

摘　要：现如今，思辨能力的培养已经成为高等教育的重要教育目标，但在目前的英语教学中，大学生口语思辨能力普遍存在缺陷。根据大学生口语思辨能力的现状，利用思辨能力层级模型理论，对大学生的口语思辨能力培养模式进行探讨。从改变教学模式，运用多种教学方式、多样化评估模式三个方面，最大限度地提高学生口语思辨能力。

关键词：思辨能力；口语教学；大学英语；培养模式

1　引言

思辨能力是基于充分理性和客观事实而进行理论评估与客观评价的能力及意愿，思辨能力是思维能力的核心，包括分析、推理、归纳、综合、评价等能力。而思维和语言是密不可分的，语言是思维的载体，是思维的表现形式；思维是语言的灵魂，是语言的本质属性，没有良好的思辨能力，就无法实现有效的交流沟通和丰富的语言表达。本文旨在探讨如何通过英语口语增进大学生的思辨能力。

基金项目：本文为国家大学生创业项目“大学英语教学与思辨能力的培养”（编号：SJ201601037）的部分成果。

作者简介：毛莹，北京工商大学外国语学院学生。

2 思辨能力的层级模型理论

在归纳总结Bloom的思辨技能分层理论、Elder & Paul的思辨能力三维模型等前人理论的基础上，文秋芳创建了思辨能力层级理论。该理论将思辨能力划分为两层：第一层为元思辨能力，即自我调控，作者对自己思辨计划的检查，调整与评估；第二层包括认知技能、标准和情感特质。

思辨的核心就是通过认知事物，对信息进行综合理性的分析来解决实际问题。因此，思辨性的口语教学重点在于如何通过口语练习培养学生认知、分析、推理和解决问题的能力。

3 大学英语口语教学中思辨能力培养的现状

3.1 大学英语口语课堂重语言轻内容，重模仿轻创造

传统大学英语口语课堂三大步骤：第一步，范例学习，即列出几段与主题相关的经典对话，供学生参考学习；第二步，常用词汇和句型学习，即从范例中提取使用频率较高且有一定难度的词句，让学生重点掌握；第三步，操练，即模拟一系列与主题相关的场景，让学生就不同场景，运用刚刚所学的词句编排对话。这样的口语课堂比较倾向于通过语言的模仿和重复的操练来达到提高学生口头交际能力。但这种口语课堂培训的学生往往掌握了词汇，掌握了句型，但是不会应用，不会组织语言。

3.2 对“思辨能力”的培养重视不够

目前，在口语教学实践中，教师和学生往往会将注意力重点集中在语法、发音以及口语流利程度上，专注于如何正确的表达，从而忽视了学生在口语表达内容上的思辨性和逻辑性，阻碍了思辨能力的提高。

3.3 大学生思辨能力缺乏

学生只重视语言技能的学习，思辨能力缺乏。表现为学生虽然可以进行常规的英语口语交流，但一旦涉及深度话题时内容陈旧空泛，思维定式，缺

乏思维深度，理论依据和个性化表达方式，或表达含糊不清，总结、归纳、推理能力不足，很难连贯表达思想，不善于思考和提问，难以进行深入独立的思辨性沟通。

3.4 大学生口语表达缺乏自信

由于中国的教育模式多为应试型教育，教师在课堂教学时，对于英语输入的教学（听、读）往往多于输出的教学（说、写），其中英语输出中“说”在课堂中练习比例最少，这也使得学生在课堂中练习口语时缺乏自信，不敢开口，甚至过度焦虑，无法进一步阐述自己的观点。

4 口语思辨能力培养模式的探究

4.1 改革课堂教学模式，营造和谐课堂氛围

改变以教师为主的单一教学模式，转变教师的教学观念，重视引导、启发等，采用以学生为课堂主体的教学模式，营造师生平等对话交流的课堂氛围，注重培养学生开口讲英语的勇气和习惯，帮助学生树立自信心，对学生的参与行为多多鼓励和赞赏，营造一个良好、宽松的口语环境。创造性的选择利用教学材料，优化思辨教学设计，积极开展思辨活动。使学生由被动接受转化为主动探索，提高他们发现问题、分析问题、解决问题的思辨能力。

4.2 运用多种教学方式，提高口语思辨能力

（1）问题引导式。教师提出一些开放性问题，启发学生的发散性思维，并进一步从多方面、多角度分析、阐述、论证自己观点，使学生对这一话题有一定深度和广度的理解。教师根据课堂内容，设计不同类型的问题，培养学生思辨习惯，提高学生思辨能力。教师要鼓励学生们提出自己个性的观点和看法。也要求学生在某些问题上进行换位思考，激发学生大胆推测和假设，让学生在横向和纵向、相同和相异的比较中进行更加深入、全面的思考，提高学生思辨的清晰性和深刻性。

（2）热点新闻分享评论式。在上课之前，请几名同学给全班分享一条近

期热门的新闻，并对于此事件发表自己的想法和观点，和全班一起讨论。鼓励学生结合生活实际进行独立思考，从不同的视角进行多元和发散性思维，让学生大胆地分析、综合、阐述、评价、反思，批判性地对待各种新闻事件，以拓展视野，培养自主思辨能力。

（3）角色扮演式。教师选择思辨空间较大的情景任务，布置给学生，通过小组讨论和饰演来完成，从而实现组织学生学习该情景下对话的教学内容。这样学生在完成任务过程中需要对对话的逻辑性、条理性以及合理性进行思考、分析、判断，主动寻找资料，组织语言，调动学生的积极性和自主性。

（4）演讲和辩论式。在口语教学中，教师可以组织一些命题演讲，即兴演讲或辩论等活动。教师提前布置题目，让学生们在课余时间收集整理相关材料，并对其进行分析归纳，形成自己的观点，提出有理有据的论证，在演讲或辩论过程中最大限度地调动思维能动力，使自己语言思路清晰，逻辑严密，内容深刻，灵活应变。在这个过程中，学生的好奇、自信、开放等情感特质也得到了体现。活动要求学生在口语表达过程中有严密的逻辑性，并且要求论证严谨。从而充分锻炼学生的逻辑推理、综合、分析等多种思维能力。

（5）多媒体自主学习式。在多媒体新型教学模式下，英语口语教学可以打破时间和空间的限制，朝着个性化学习和自助式学习的方向发展。多媒体网络教学拥有丰富的教学资源、灵活的语言课堂。教师应充分利用多媒体网络教学手段，为学生提供更加多样化的语言课堂，学生可以通过对网络口语材料的模仿、比较、修正来提高口语水平；同时还可以让学生透析以英语为母语国家的思维方式。教师也可以建立网络学习平台，鼓励学生在网络上探讨问题，提高学生表达兴趣，促使学生积极思考，训练逻辑思维能力。

4.3 多样化评估模式，激励学生思辨能力

丰富课堂评价形式，加强评价内容的思辨性，注重发展性学业评价。目前我国考试主要以终结性评价为主，忽视了学生自身的发展评价，而采用形成性评估可以让教师有效掌握学生的学习进度，方便调节教学过程中的重点

和难点，同时也让学生及时了解自身学习情况，及时调整学习方法和学习态度，提高学习效率。在课堂上，教师可以对以上五种教学方式成果进行评估，增加学生对每堂课的重视，同时也使得学生在准备过程中，积极参与课堂内容的准备，加强学生认知、分析、推理和解决问题的能力。

形成性评估还包括自我评估和同伴互评。其中同伴互评是作为教师评价的一种补充和延伸，由于学生参与了评价过程，评估的责任由教师一人承担转向了相互承担，学生在评判和被评判两种角色中转换，提高了责任感和自主学习能力。在被评判时，学生通过同伴的意见可以更加全面了解自己，促使其强化其弱势，弱化其劣势。在评判他人时，学生需要通过综合分析得出结论，要求学生语言表达具有逻辑性和清晰性，在这个过程中，思辨者的公正、诚实、谨慎等情感特质也得到体现。

参考文献

[1] 宋毅.英语口语教学中交流学理论对提高学生思辨能力的作用[J].外语与外语教学，2012(5):34-38.

[2] 顾颖.大学英语口语课堂中学生思辨能力的缺失和培养策略[J].湖北第二师范学院学报,2012,29(5):118-120.

[3] 杨波.大学英语口语教学与思辨能力培养[J].渭南师范学院学报,2015,30(8):66-69.

[4] 张琛慧.运用同伴互评进行口语教学——提高英语专业学生的思辨能力[J].课程教育研究,2015(1):85-86.

研究生公共英语教学现状分析与思考

赵 聃

摘 要： 研究生公共英语教学是研究生教育的重要组成部分。但目前研究生公共英语教学存在不少突出的问题和矛盾，本文针对研究生英语教学的特点，分析问题与矛盾，提出解决这些问题应当从教学内容、教学考核、课堂操作方法等方面进行改革，适应研究生教育发展的需要，提高研究生语言实际应用能力。

关键词： 研究生公共英语教学；问题与矛盾；改革

研究生公共英语教学在《研究生英语教学大纲》颁布以来，有了比较具体的操作指南，在过去的十多年中取得了很大的进步，研究生的英语水平也在提高。但是不得不承认，随着时代的发展，教学大纲的现实指导性已经开始显示出与时代脱节的各种问题。主要体现在：研究生英语的课程设置安排、学生本身对于英语学习的重视程度、教材的选择、课程课时的安排，等等。而最大的问题在于，研究生阶段学习后，在输出的效果上，仍然存在实际语言能力非常薄弱的问题。针对目前研究生公共英语教学中存在的主要问题，本文将进行一系列的探讨。

作者简介： 赵聃，北京工商大学外国语学院讲师，主要研究方向为英美文学、国际关系等。

1 研究生英语教学的现状

1.1 研究生英语教学大纲及其导致的问题

1.1.1 现存大纲存在严重滞后性

现有的研究生英语教学大纲，即《非英语专业硕士研究生英语教学大纲（试用）》于1992年颁布。但在过去的二十年间，无论是国内本科英语教学、学生整体英语水平，还是全球化的进程中市场对于人才的需求，都发生了翻天覆地的变化。很肯定地说，没能够与时俱进的教学大纲在很多方面已经无法指导目前的研究生英语教学实践。因此，制订新时代下的研究生英语教学大纲，推动研究生英语教学改革，是现在亟待解决的问题。

1.1.2 现存大纲指导下学生语言能力的提高有限

辜同清在2002年的调查表明，有14.3%的研究生认为“英语比以前退步”了，还有53.1 %的研究生认为只“增加了语言知识，但语言能力没有提高”。这是因为随着近些年国内学习英语的热潮以及整体语言能力的提高，现在入学的研究生英语水平较之大纲制定的20世纪90年代初已经大幅度提高。学生们对于英语学习的诉求从要学会英语到了要学好英语，并且学生们也在思索和提出究竟要学什么的需求。所以以语言基础和阅读训练为主体的教学大纲并不能满足这样的需求。

1.2 研究生人数急剧上升且学生基础参差不齐

十几年来，全国范围内研究生全面扩招，研究生人数急剧上升，给教学安排和教学内容带来了很大的困难。1994年，我国招收硕士研究生41718人，自从2003年扩招开始，硕士研究生招生人数呈几何倍增长。2015年，全国硕士生招生达到574300人，是20年前的14.8倍之多。扩招为社会成员提供了更多接受更高层次教育的机会，但是同时，不可避免地带来了各种问题和矛盾。体现在研究生英语教学上，首要的就是众多学生因着本科英语教学的差别以及学生英语基础的不同，存在着巨大的英语能力和层次的差别。除此之外，还有部分地区与院校师资短缺、专业与课程调整滞后、难以适应市场需求的变化等问题。

1.3 研究生英语教学内容和考核方式仍旧落后

研究生英语教学大纲对整个学习阶段的教学目的描述为较熟练的阅读能力，一定的写、译能力和基本的听、说能力。不难看出，听、说能力被放在了第三位，且描述为基本的听说能力。这与今天整体世界需求和就业形势已经严重脱节。于是在这样的大纲指导下，现阶段研究生英语课程内容设置上仍旧是以精读为主，辅以写作、翻译等内容。

另外，研究生英语课程的考试，主要还是沿袭大学英语四六级以及考研英语，即阅读、词汇、完型填空等测试项目上，主要是客观题；另外加一篇写作。这种形式仍然是典型的应试教育，会很大程度上降低学生学习的兴趣、损害学习的自主性，学生没有时间和精力来提高实际语言应用能力，对他们本专业的专业英语的学习也是没有益处的。

2 研究生英语教学的改革探讨

针对上文中提出的各种问题和矛盾以及充分考虑到研究生英语课程的特性，除了最重要的对研究生英语大纲进行与时俱进的调整，使其能够真正的起到指导作用之外，还有些具体化、细节化的改革措施可以加以探讨与实施。

2.1 改革课程设置，丰富课堂教学

从现在市场对人才的需求以及毕业生在实际工作中的应用来看，外语教学重点应当是突出学习者语言运用能力的培养以及加强学习形式的个性化。研究生英语教学也应当以实用为本，丰富课堂教学、增强教学实践、满足学生的兴趣和需求，转换师生课堂角色，赋予教学活力和灵活性。语言基本训练课程，如精读、泛读、听说仍然需要开设。但同时也可以开设一些“高级听说”“商务英语”“论文写作与发表”等课程，还有课堂模式里可采用国外大学的EAP课程模式（English for academic purposes），还有搭建不同的学习平台等。

2.2 逐步实现分级教学

由于扩招造成学生数量增加和师资缺乏，研究生英语在绝大多数院校都是大班上课，如果英语水平参差不齐的学生都安排在相同的教学班级内学习，就势必互相牵制，影响教学效果和学习效果。因此，根据对研究生入校时英语学习状况的分析研究和入学水平的综合评估，应建立起因材施教的分级教学体系，设计分层次的教学内容和教学目标。对于基础较差的学生仍旧侧重基础能力培养，进行基本语言和语法训练，然后进行阅读英语学术文献和基本写作训练。对于已经具备一定英语水平的学生，可以进行实用性、专业性强的各项练习，如提高国外学术文章鉴赏能力、学术写作规范训练和批判性思维能力的培养。这样既满足了学生不同的学习需求，又有利于日后的学术研究和专业发展。

2.3 改变考查机制

研究生阶段应由应试教学模式转化为检验学生以英语为工具进行本专业学习和研究的模式，激发学生学习英语的潜能，提高学生学习英语的积极性和创新性。

可采取的方式如下。

（1）考试方式的多样性。除了传统的卷面考试外，可以增加口语考试，以提高其口语水平。

（2）考试中主观题比重应增加，尤其是实用性较强的翻译、专业性写作或商务写作等。

（3）降低期末卷面考试在总成绩中的比重，而增加听、说成绩比重，课堂中学生课堂演示、演讲、小组讨论等平时成绩也应算入总成绩内，以增强学生自主学习的主动性和有效性。

3 结语

研究生英语教学改革是一个渐进的也是系统的工程。除了要将研究生英语教学大纲这样纲领性的文件进行适应时代和社会需求的修改之外，还要在教学理念、教学方式、考评方法等教学改革载体方面进行转变，才能从真正意义上实现研究生英语教学的改革。

参考文献

[1] 陈彩芬. 新形势下非英语专业研究生英语教学的思考[J]. 华东理工学院学报，2006(9)：262-264.

[2] 葛治波. 硕士研究生英语教学改革、核心、目标与措施[J]. 学位与研究生教育，2007(2)：46-49.

[3] 谢宇. 研究生公共英语教学现状的调查与思考[J]. 外语界，2007(1)：53-60.

[4] 谢忠明. 研究生公共英语教学转型及对策研究[J]. 学位与研究生教育，2009(11)：35-38.

[5] 赵滨丽. 论研究生英语教学系统结构错位现象[J]. 继续教育研究，2011(4)：89-90.

大学英语四六级考试听力新题型与大学生就业竞争力之探究

赵玲玲　刘云竹　丁国萍　杨文妍

摘　要：本文从大学英语四六级考试听力新增题型出发，比较了听力新旧题型的差异并进行了针对大学英语四六级改革对大学生就业竞争力影响的问卷调查和访谈，根据反馈总结出此次大学英语四六级考试听力部分新题型有利于提高大学生英语学习的实用性，符合当今社会人才发展需求，有助于提高大学生就业竞争力。

关键词：大学英语四六级考试；听力新题型；就业竞争力

1　引言

目前，我国高校毕业生的人数逐年增加，严峻的就业形势已经成为国家、社会和学校普遍关注和重视的热点问题。据中国教育在线网站发布的有关中国大学生就业的信息显示，大学生就业形势很严峻：2014年全国普通高校毕业生人数达到727万，2015年全国普通高校毕业生人数达到749万。[1]在21世纪这样一个经济全球化的时代背景下，国际化人才的需求逐渐增加，国际化人才是“在自己的专业领域或行业领域内具有能直接用英语开展工作的专业人士”。[2]很多企业在招聘过程中对毕业生的大学英语四六级考

基金项目：本文得到“2016年大学生科研与创业行动计划”项目（编号：SJ201602097）的资助。

作者简介：赵玲玲，北京工商大学化学专业学生。刘云竹，北京工商大学化学专业学生。丁国萍，北京工商大学化学专业学生。杨文妍，北京工商大学化妆品专业学生。

试（也称为CET-4和CET-6）的分数有明确的要求，然而部分毕业生却难以达到用人单位对英语能力的要求。[3] 较多用人单位在对求职者的考查中，重视英语实际运用能力[4]，这就要求大学英语教学要加大实际"听说"能力训练的比重。自2016年6月起，大学英语四六级考试听力部分去掉了短对话和复合式听写老题型，分别新增新闻听力和讲座听力新题型，正式增加它的实用性。因此，本文旨在探究其对大学生就业竞争力的影响。

2 研究设计

2.1 研究目的

基于当前就业形势，笔者欲就大学英语四六级考试听力题型的调整对大学生就业竞争力的影响作进一步探究。本研究主要回答以下两个问题：第一，大学英语学习者对大学英语四六级考试听力题型调整及就业的认识；第二，大学英语四六级考试听力题型的调整是否对学生就业竞争力产生了影响。笔者进行了一学期的大学英语四六级考试听力新增题型的调查研究。

2.2 调查对象

调查对象为北京市高校的非英语专业参加2016年6月大学英语四六级考试的在校大一到大三学生136人以及本科应届毕业生80人，大学英语教师及某教育企业教师共5人。

2.3 研究工具

本研究主要采用调查问卷和访谈的方式。调查问卷的目的是调查大学生对大学生英语听力和就业的认识，了解大学英语四六级考试听力新题型调整对就业竞争力的影响。为更深入地了解师生对此问题的看法，还进行了深度访谈。访谈的目的是从教师和学生的视角更深入地探究听力改革的目的及其对大学生就业的具体影响。访谈分为学生访谈和（某高校和某教育企业）教师访谈。有10名大学生参加访谈，男女学生各5位；有5名大学英语教师参加了访谈。访谈采取面谈的形式，笔者对访谈过程进行了记录。

2.4 数据收集与分析

问卷调查于2016年6月在北京某高校进行，问卷发放216份，回收216份。

3 结果与讨论

本次共发放问卷216份，收回有效问卷216份，其中参加2016年6月大学英语四六级考试的共184人，占本次调查人数的85.2%。

（1）大学英语学习者对大学英语四六级考试听力题型调整及未来就业的认识。

从考生对大学英语四六级的重视程度来看，大部分学生能够认识到大学英语四六级考试的重要性，对用人单位的英语能力要求也有一定的了解。作为大学英语四六级考试最新改革后的第一批参与者，大部分考生认为此次考试难度比以往增加，四级考生认为试题难度主要增加在新闻听力上，六级考生认为试题难度主要增加在讲座与讲话听力上，即试题难度与大学英语四六级听力新题型的改革密切相关；另外，大部分考生认同大学英语四六级改革对自身就业的促进关系。调查结果显示，大部分四六级考生是出于对提升自身能力的需要参加大学英语四六级考试，以此来满足用人单位对应聘者英语能力的要求。

（2）大学英语四六级听力题型的调整对增强大学生的就业竞争力有一定的帮助。

在访谈中，笔者了解到多数教师认为语言水平意味着一个人未来的发展空间，考试成绩是相对公正公平的衡量标准，对于语言的学习要在改革中不断前进，逐渐契合社会发展需求，改革促使国内英语评价标准逐步与国际化接轨，有助于增强考生在现实情景中的听力能力，有助于增强语言交流能力。从用人单位逐年提高的要求和与毕业生的交流访谈之中发现，近几年大热行业对四六级成绩都有明确要求（银行业、传媒行业、互联网等）面对当今就业的巨大压力，英语口语流利，书面沟通流畅，能够参考国际上前沿的资料已经成为应届毕业生最根本的技能，多数毕业生都将大学英语四六级成绩作为走上理想工作岗位的敲门砖。

本次大学英语四六级改革也是在逐步与国际接轨，不单单只关注考生的应试能力，也注重英语的实用能力。

首先，从近几年大学英语四六级考试改革的趋势不难看出，四六级考试越来越向托福（TOEFL）等考试靠拢，侧重于考查学生的处理分析问题的能力。这种独立思考、解决问题、分析问题的能力也正是用人单位对即将走上工作岗位的大学毕业生的要求。随着大学英语四六级考试这种标准化测试的不断改进和完善，有不少用人单位将其作为评判应聘者英语能力的一个标准。

其次，从考生备考大学英语四六级考试的体会来看，大多数考生认为通过考前大量听力材料的训练，新增的新闻和讲座题型会帮助自己了解外国人的发音方式和语言表达形式；除此之外，新闻题型还将有助于自己关注时事政治和当前国际形势，增强自己的社会参与感；而讲座题型的加入则会促进大学生对学术类报告的关注，有助于其了解英美国家的社会文化背景和当地风土人情，这对在当前经济全球化趋势日益加大的大环境中寻找工作的大学生来说无疑是一个很好的帮助。日常的英语训练以及英语学习意识的提高都会在无形中提高大学生的英语运用能力，增强大学生的就业竞争力，为其将来走出校园迈进社会增加一定的筹码。

最后，通过调查不难发现，日常的新闻听力和讲座听力的训练有助于提高训练者“从连续语流中获取有效信息的能力”[5]；在拓展学生词汇量的同时提高其口语表达能力和逻辑思维能力，有利于受训者思辨能力的培养，为创新人才的培养奠定基础[6]。这些都将有助于增强大学生分析问题和解决问题的能力，为其未来走向工作岗位奠定一定基础。

4 结语

大学英语四六级考试听力部分的改革，新增新闻听力和讲座题型，增强了其实用性。在当前大学生就业形势日益严峻的情况下，大学英语四六级考试听力新增题型，契合当前社会的人才发展需求，有助于大学生英语能力的培养，增强其就业竞争力。

参考文献

[1]2015年全国高校毕业生人数749万人就业需求结构性变化大学生就业形势分析[EB/OL](2015-05-25)[2016-04-21]. http://www.eol.cn/html/c/2015gxbys/index.shtml.

[2]蔡基刚. 国际化和英语化——语言政策是一种选择[J]. 外语学,2015(3):3-9.

[3]刘莉. 以就业为导向的大学英语教学改革探讨[J]. 西北医学教育,2010(3):553-555.

[4]吕晶晶.关于在京企业对应聘者外语水平要求的调查[J]. 宁波广播电视大学学报,2011(4):89-93.

[5]张舒. 意象图式理论视阈下的大学英语四六级听力测试新题型初探[J]. 成都师范学院学报,2016(2):35-40.

情感教学法在大学英语分级教学中的运用

陶 爽

摘 要：认知和情感是语言教学过程中不可分割的两个方面，语言学习者积极的情感能创造有利于语言学习的心理状态；消极的情感会影响学习者学习潜力的发挥。有效运用情感教学策略能有效应对大学英语分级教学中突显的情感消极问题，从而促进语言教与学。

关键词：分级教学；情感教学法

1 引言

随着语言教学改革的不断推进，大学英语教学也日新月异。本着“因材施教”和“优化教学”的原则，分级教学在高校大学英语教学中不断被采用。大学英语分级教学通过制订科学、系统、个性的教学计划，满足了基础不同、水平参差不齐的学生的语言学习需求，但与此同时，大学英语分级教学也带来了不容忽视的问题，尤其是学生的情感消极问题。大学英语课学生人数多、教师教学任务和课时负担重是普遍存在的现象，这导致了师生情感交流不便、不足的问题。尤其在分级教学的情况下，一个英语班级里面，有来自不同院系、专业的学生，师生之间、同学之间缺少足够的情感交流，课堂沉寂，不活跃，这使得学生在语言课上开始变得消极被动，极大地影响了

作者简介：陶爽，北京工商大学讲师，主要研究方向为外国语言学及应用语言学、语篇分析及功能语法。

学生的语言学习。另外，分级教学后，学生情感消极现象突显，如有些分在低级别班级的学生感觉自尊和自信在一定程度上受到伤害而产生自卑心理，而一些高级别班级的学生也因为相对较高的教学目标或者淘汰制而产生危机感和焦虑情绪，从而影响学生语言学习的积极主动性。面对这种情况，大学英语教师可以通过灵活运用情感教学法来应对这些问题。

2 情感教学及其研究现状

人们对情感在语言学习中的作用关注已久。20世纪60年代，埃里克森（Erikson）、马斯洛（Maslow）、罗杰斯（Rogers）等西方人本主义心理学家经过研究认为，情感因素与教育和语言学习有着密切关系。美国人本主义心理学家罗杰斯（Rogers）强调了情感在教育中的作用，他认为学生的认知过程与情感过程是有机的统一体，教师应用情感进行教育，创造师生情感交流的教育环境。美国语言学家克拉申（Krashen）提出的情感过滤假设（The Affective Filter Hypothesis）认为语言输入必须通过情感过滤才有可能变成语言“吸收”（intake）。他认为学习者的情感状态是一个心理过滤系统，它可以干扰或打断外界语言环境的必要性输入而阻碍习得，或使其顺利通过，进入语言习得机制而促进习得。[1] 国内研究者如戴曼纯、项茂英、朱纯等对外语学习者的动机、信念、焦虑感等及其与学习成绩关系的研究表明，情感因素在英语教学中作用突出。卢家楣教授对情感教学的理论基础、教学模式等也进行了系统的阐述和分析。

情感教学，就是指教师在教学过程中，在充分考虑认知因素的同时，充分发挥情感因素的积极作用，以完善教学目标，增强教学效果。[2] 语言教学中的情感因素指学习过程中的感情（emotion）、感觉（feeling）、情绪（mood）、态度（attitude）等[3]，学习者的情感状态会直接影响到他们的学习行为和学习效果。[4] 情感因素包括关于自我的和他人的感受，Krashen认为，主要的情感因素有三种，即焦虑（anxiety）、动机（motivation）和自尊（self-esteem）。[1]

中外学者的研究表明，认知和情感是语言教学过程中不可分割的两个方面，情感对外语学习有重要影响和调控作用：积极情感，如自尊、自信、愉快等，能创造有利于语言学习的心理状态，而消极情感，如焦虑、沮丧、厌恶等，会影响学习潜力的发挥。情感策略能深入、持久地影响英语学习成效。

3 如何在大学英语分级教学中实施情感教学

学生的焦虑、自卑、动力不足等情感消极现象是大学英语分级教学中不容忽视的问题之一。除了根据不同的级别制定相应的教学目标、采用有梯度的教材、实施不同的教学方式方法，和进行合理的语言考核测评之外，大学英语教师更要采用积极有效的组织手段来应对在分级教学中出现的学生情绪消极的现象，尽力解决问题，从而达到分级教学优化教学的目标。在这种情况下，情感教学便成为了有效的组织手段。

首先，要秉持鼓励、尊重的原则进行教学活动，帮助学生克服焦虑、自卑心理，增强自信。尊重学生不同的语言学习发展阶段，对学生满怀期待、肯定和赞赏，对学生给予鼓励、支持和帮助，使学生，尤其是分在低级别英语班级的学生，感觉受到重视和尊重，从而缓解自卑和焦虑情绪，更加自信，进而激发积极向上的学习情绪。

其次，激发学生的语言学习兴趣，增强学生的学习动机。学生的学习动机分为内在动机和外在动机。内在动机源于学习者对某一个学习内容或学习任务的浓厚的学习兴趣，是内部因素，是语言学习取得长远成就的重要前提。外在动机则来自外界影响，诸如奖惩，是对语言学习起着重要影响作用的外部因素。因此，除了有梯度的教学目标、教材及考核方式等外部因素，教师还可以通过对学习材料的灵活运用等来引起学生的情感共鸣，活跃课堂交流，从而增强学生的语言学习兴趣，激发学生内在动机。

再次，通过多种沟通方式与学生进行交流，建立良好的师生关系。良好的师生关系是开展高效教学的有利条件。随着现代科技的进步，师生间的交流沟通已经不局限于学校和课堂，各种教学平台、电子邮件、QQ群、微信群等都可以成为师生课后有效交流的平台。这些方式能弥补大学英语课堂师生交流不足的问题。不同于课堂的正式氛围，这些平台在某种程度上更利于师生间的交流，从而为良好师生关系的形成，为英语学习提供有利条件。

最后，大学英语教师在不断进行本专业学习外，也要加强跨学科的学习，以完善自身的知识体系，提高教师个人魅力。大学英语教学在某种程度上是一门跨学科的教学，涉及政治、经济、文化等各个方面，因此大学英语教师要不断完善自己的跨学科知识体系，提高英语教学质量，获得学生信赖和尊敬，提升个人魅力。教师的个人魅力在教学中扮演着重要的角色。由于移情的作用，学生会提高学习语言的兴趣，从而促进语言教学。

4 总结

在大学英语分级教学中，重视并灵活运用情感教学能有效调动学生的积极情感，激发学生的语言学习兴趣，有效应对学生情感消极问题，更好地促进因材施教、优化教学的教学目标的实现。

参考文献

[1]KRASHEN S. Second language acquisition and second language learning[M]. Oxford: Pergamon Press, 1981.

[2]卢家楣. 情感教学心理学[M]. 上海:上海教育出版社,2000.

[3]ARNOLD J. Affect in language learning[M]. Cambridge: Cambridge university Press, 1999 .

[4]ARNOLD J. 情感与语言学习[M]. 北京:外语教学与研究出版社,2000.

利用克拉申可理解性输入提高大学英语新闻听力教学

汤惠敏

摘　要： 克拉申的语言假说是二语习得的一项重要内容，也是二语习得理论中很重要的理论之一，克拉申语言假说中一个很重要的假说就是输入假说，对外语教学有很大的指导意义。本文拟从克拉申的语言假说出发，着重输入假说，着眼于可理解性输入进行研究，探寻可理解性输入和大学英语听力教学尤其是新闻听力教学的关系。主要内容包括对理论的理解和分析，对大学英语听力教学现状的分析，旨在让学生在新闻听力这方面能得到可理解性的输入材料，提高他们的新闻听力水平，进而提高他们的听力水平。

关键词： 大学英语四级考试；可理解性输入；大学英语教学；四级新题型新闻听力；听力教学

1　引言

当前，随着改革的进一步深化，中国加入WTO，全球化、经济一体化的加强，学习英语的重要性日益凸显。英语作为国际通用语，是很多国家地区政治和商务活动所使用的语言。为了更好地了解世界，也为了世界更好地了解中国，很多人已经了解了英语的重要性，学好英语已成为一项非常重要

基金项目：本文得到“北京工商大学2016年青年教师启动基金”项目(编号：QNJJ2016-09)的资助。

作者简介：汤惠敏，北京工商大学外国语学院讲师，主要研究方向为外国语言学及应用语言学。

的技能和工具。

1.1 当前大学英语教学及听力教学的现状

大学课堂里，作为一门必修课，大学英语课时多，学分高，贯穿好几个学期。英语的重要性对学生来说不言而喻。大学英语教学大纲要求学生掌握听说读写等技能。但在长期的英语学习中，受应试教育的影响，“读写”技能很受重视，“听说”技能被忽略，较多学生的听力水平较薄弱。英语听力学习被视作是英语教学中最重要也是最难的项目之一，越来越多的学生急切地想要提高他们的听力能力。随着大学英语教学改革的不断深入，听力部分在大学英语四六级考试中占的比重已高达35%。如何提高学生的英语听力能力已经成为一个热门的话题，也是教学中教师和学生的共同关注点之一。

1.2 大学英语四级考试新增新闻听力题型

自2016年6月开始，大学英语四级考试新增新闻听力题型。新闻听力作为考试的新增题型，其特点及重要性也越来越引起大学师生的关注。新闻英语时效性强，有一些常用新闻词汇，导语简短而精练，新闻的六大要素及新闻体特色很鲜明。多听新闻英语，能够加强学生对新闻词汇量、新闻时事和背景等的掌握，提升其英语综合能力。

2 理论基础

克拉申是语言学领域的专家，研究语言习得及发展的理论。他的二语习得理论尤其出名，享誉二语习得领域。Ellis的《第二语言习得研究》一书中指出，克拉申的二语习得理论包括五个假说：习得-学得假说；自然顺序假说；监控假说；输入假说及情感-过滤假说。其中，输入假说是其理论的很重要的一部分。

输入假说试图解释人们是怎样习得语言的。克拉申指出，人们靠理解信息或接收可理解性输入来习得语言，且这是唯一的方式。也就是说，学习者应该重意义而非形式。如果重视意义，习得就会产生；如果重视形式，习得就不会产生。

克拉申认为，输入的材料应该略高于学习者当前的水平。假设当前的水平是i，输入的材料水平应该是“i+1”，即略高于当前水平的语言输入，且学习中重视意义而非形式，这样学习者才能进入下一个阶段，也就是更高级的阶段。如果语言输入低于学习者当前水平，这对学习者的学习是没有意义的。如果语言输入材料高于学习者当前水平太多，即材料太难的话，学习者也不会发生有效果的习得。只有当语言输入材料略高于当前水平，即“i+1”的水平，学习者的语言学习才会取得进步和提高。

克拉申还指出，可理解性输入是习得发生的必要条件，但单有可理解性输入还不够，因为学习者需要在情感上吸收他们理解的输入；输入，借助于简化或语境等，才成为可理解性输入。

3 输入理论及可理解性输入对大学英语教学的启示

输入假说对二语习得的贡献是不容忽视的，对二语习得有着丰富的指导意义，也对大学英语教学有着非常重要的借鉴意义。

英语教学需要输入，否则，学生学习就无法正常进行下去。在我国，课堂学习是英语学习的重要途径，因此，重视课堂中的英语输入及提高输入效率极其重要。教师应创造条件，在教学中努力为学生提供可理解性听力输入材料；尤其在新闻听力这一块，加大输入尤其是可理解性输入，将输入理论与大学英语听力教学结合起来，促进大学英语教与学。

大学英语教学中，教师应该选择合适的听力输入材料，语言的输入要充满趣味性和实用性。语言的输入只有激发学生的兴趣、与其生活实际相联系，才能充分调动学生学习英语的积极性。将听力输入材料与情境、语言文化背景相联系，让学生更好地理解和取得进步。

情感因素对大学生的新闻听力也有影响。创造轻松愉快的听力氛围，丰富听力课堂活动，将听力与口语、阅读、写作、翻译等相结合，选取可理解性的输入材料，选取材料符合学生的心理认知，这样学生的积极性被调动起来了，学习得到促进。

4 笔者的思考

听力在二语教学中起着非常重要的作用，也在我国大学英语教学中有着重要的地位。大学英语听力教学中，教师要努力将输入理论与大学英语听力教学结合起来，促进大学英语教与学。

教学中，教师要保证学生获得有效的英语听力输入，努力为学生提供可理解性输入材料，特别在新闻听力这一块，加大输入的质和量。教师要精选新闻听力材料，使学生每次听后都有收获和进步。此外，新闻英语听力输入的量也要加强，教师可以建议学生每天坚持至少半小时的英语新闻听力时间，同时辅以阅读、写作、口语等各种练习。

教师应该了解学生当前的英语水平，可以通过测试的形式来进行，然后使用略高于当前水平的输入材料，使学生重意义而轻形式，让学生获得可理解性输入从而促进学生听力水平的提高；教师教学中确定学生的当前水平，选择“i+1”的输入材料，使学生能顺利进入下一个学习阶段。

可理解性输入材料也要考虑学习者的个体差异。尊重学习者的个体差异，针对不同的学生，教师采取不同特点的指导性教学，这样更有利于激发学生的学习动机。目前我校大学英语教学采取分级教学的模式，正是尊重了学生的个体差异，来促进他们更好地学习英语。

输入和输出结合起来。虽说输入是第一位的，但是单输入不输出，也是难以取得更大的进步。有了可理解性的新闻听力输入，学生要积极有效地进行输出，比如复述英语新闻、写新闻概要等。

输入假说也有其局限性。在大学英语听力教学中，一方面，教师要努力为学生提供可理解性输入材料。另一方面，学生应积极发挥自己的主观能动性来学习英语。在课堂，学生应该发挥其主观能动性，认真听新闻英语材料，运用自己的已知知识和相关背景知识，获得可理解性输入。在课外，学生要坚持每天听新闻英语，这样长期下来才会有更大的进步。教师应鼓励学生充分发挥他们的主观能动性，动员他们积极参与，使其获得可理解性输入，努力提高学生的新闻听力水平及英语听力水平。

参考文献

[1]ELLIS R. The study of second language acquisition[M]. Shanghai: Shanghai Foreign Language Education Press, 1999.

[2]KRASHEN S. The Input Hypothesis: issues and implications[M]. London: Longman, 1985.

[3]RICHARDS J C, et al. Longman dictionary of language teaching and applied linguistics[M]. Beijing: Foreign Language Teaching and Research Press, 2000.

[4]WILLIAMS M, BURDEN R L. Psychology for language teachers[M]. Beijing: Foreign Language Teaching and Research Press, 2000.

[5]教育部高等教育司. 大学英语课程教学要求(试行)[M]. 北京:清华大学出版社,2004.

[6]鲁华山.克拉申的可理解性输入假说的研究[D]. 吉林:吉林大学, 2004.

输出驱动假设与英语国家概况教学

史　云

摘　要：本文分析了现行的英语国家概况教学的现状和问题，探讨在该门课程教学中应用“输出驱动假设”的可行性，期望能切实提高课堂教学的有效性，探索教学改革的新路径。

关键词：输出驱动假设；英语国家概况；教学改革

1　导言

英语国家概况是国内高校英语专业开设的一门专业必修课，也是部分高校为非英语专业学生开设的一门大学通识教育课程，课程性质属于文化知识性课程，目的在于使学生了解英国、美国、爱尔兰、加拿大、澳大利亚和新西兰等英语国家的历史、地理、社会、经济、政治、教育等方面的情况及其文化传统，提高学生对文化差异的敏感性、宽容性和处理文化差异的灵活性，培养学生跨文化交际能力。由于种种原因，该门课程的教学效果不尽如人意，如何提高课堂教学的有效性成为任课教师关注的问题。2007年，文秋芳教授提出“输出驱动假设”[1]，倡导改革现有的英语专业技能课程，先后有多所高校的英语教师根据该理念开展了教学试验，涉及的课型有综合英语课、视听说课、学术英语课。本文尝试以该假设为指导，探索一条英语国家概况课程教学的新途径。

作者简介：史云，北京工商大学外国语学院讲师，研究方向为二语习得、英语教学、语用学。

2 英语国家概况课程教学现状

辛颖[2]认为该门课程内容繁杂，课时量不足，教材陈旧，教学模式单一，缺乏实践性、交际性环节等突出问题导致“教学两难”的现象，特别是以教师为中心的教学模式“过分强调课程的理论性和教师的讲解，忽视了学习者的主动性以及对英美文化现象的理解分析能力，导致了学生跨文化交际能力的欠缺”。此外，由于缺乏有效指导和监控，学生用于演示的PPT抄袭严重，口头报告照本宣科，课堂看似热闹，实则低效。课程评价手段仍以闭卷考试为主，主要考查学生对文化知识点的记忆。综上所述，目前该门课程教学远未达到大纲[3]中所要求的“培养获取知识的能力、独立思考的能力和创新的能力”。

3 “输出驱动假设”内容

20世纪80年代中期，针对克拉申（Krashen）[4]的“输入假设”，Swain[5]提出“输出假说”，认为仅仅依靠可理解性输入并不能使二语学习者准确而又流利地使用语言，可理解性输出是语言习得过程中不可或缺的关键环节。输出具有四大功能：①提高语言的流利度和自动化程度；②检验语言假设；③增强对语言的意识程度，发现学习者所想与所能之间的空缺；④培养对元语言的反思能力。以此为理论基础，文秋芳[1][6]提出了“输出驱动假设”，其主要内容包括：①输出比输入对语言学习的驱动力更大；②把输出能力作为学习目标更符合学生就业需要，允许学生根据自身需求侧重培养自己的部分表达能力，即说、写、译中的一种或两种能力；③输出既是语言习得的动力，又是语言习得的目标；④输入促成完成当下产出任务，直接为产出任务提供语言材料和相关知识。

4 基于“输出驱动假设”的英语国家概况课程设计

教学对象：英语专业二年级学生；教学内容：美国20世纪60年代民权运动；教学目标：联系民权运动史，分析当今美国种族问题。以下是按照文教授假设中所建议的课堂教学流程的具体设计。

4.1 教师设计输出任务，学生尝试完成输出任务

笔者设计了一项结合口、笔头产出活动的综合任务：作为一个在美国学习新闻专业的中国留学生，针对美国社会频繁发生的白人警察枪杀黑人事件，请你尝试和你的美国同学讨论背后的原因，并撰写一篇不少于500字的分析文稿。通过平时阅读英文报刊，学生掌握了一些常见的词汇和表达，对此类话题并不陌生，也有一定的兴趣，任务具有交际真实性。但是当需要进一步分析事件背后的种族歧视根源，直至追溯到20世纪60年代的民权运动史的时候，学生就感到捉襟见肘，讨论无法深入下去。这时学生出于完成产出任务的需求，产生了学习新知的强烈欲望。

4.2 教师提供新输入材料，学生学习和寻找新材料

为了降低难度，综合任务被分解为若干“tasks”，以“tasks” 为单位分步提供输入材料。①观看视频材料，复述新闻事件；②阅读文章，概括20世纪60年代民权运动的起因、发展、代表人物和主张、重大事件和影响；③阅读文章，了解美国学者对美国种族问题现状的分析，提出个人看法，最后撰写成文。学生要从提供的材料中尽快找到解决问题的答案。教师鼓励学生利用图书馆、网络资源查找其他新材料，拓展知识面。

4.3 教师提供适当帮助，学生准备语言的产出活动

教师要充分发挥“脚手架”作用，采用多种形式具体指导学生完成产出任务。例如，讨论口、笔头表达在用词、内容组织方面的不同，解释材料中某些词汇的特殊历史内涵，长难句的理解，通过电子邮件、微信了解学生任务完成情况，提前审阅学生的PPT。学生活动可以是单人、对子和小组的形式，分组采取“组内异质，组间同质”原则。对子和小组活动的协调人要负责任务合理分工和有效监控。

4.4 教师给予有针对性的反馈，学生展示和欣赏输出成果

导学课上，师生共同讨论、学习口头、书面评价标准（如有以前学生作

品最好）。每节课2个小组汇报，汇报和评价控制在20分钟之内。为了做出恰当评价，教师要事先了解口头报告内容，课堂要求听众记录报告中的3个重要信息或概要，并口头检查记录内容，以确保听众的有效参与。笔头任务重点评价语义表达的准确性和内容组织的逻辑性，兼顾语言形式的正确性。

5 结语

输出驱动假设以输出为出发点和目标，提升学生汲取新知的积极性，有利于学生的主动探索、主动发现。教学设计遵循实用性、知识性、趣味性相结合的原则，师生活动提倡“学生主体，教师主导”的“双主体”教学理念，注重学生的自主学习过程和效果，促进英语国家概况的教学改革。这无疑是一个值得进一步探索和应用的新理念。

参考文献

[1] 文秋芳.输出驱动假设与英语专业技能课程改革[J].外语界,2008(2):2-9.

[2] 辛颖.《英美概况》课程教学改革探讨[J].语文学刊,2014(9):104-105.

[3] 高等学校外语专业教学指导委员会英语组.高等学校英语专业英语教学大纲[M].北京:外语教学与研究出版社,2000.

[4]KRASHEN S. The Input hypothesis: Issues and implications[M].London: Longman, 1985.

[5]SWAIN M. Communicative competence: Some roles of comprehensible input and comprehensible output in its development[M]//GASS S, MADDEN C. Input in second language acquisition.Rowley, MA: Newbury House, 1985:235-253.

[6]文秋芳. 输出驱动假设在大学英语教学中的应用:思考与建议[J]. 外语界, 2013(6):14-22.

大学英语分级教学中低级班的教学改革探索

王红莉

摘　要：大学英语分级教学是实现我校“十三五”关于“369”人才培养目标的重要举措之一，是进一步深化本科教学改革的重要项目。本文主要分析分级教学改革中低级班教学所面临的挑战和一年来的教学改革探索与思考。

关键词：分级教学；学习方法；学习动机

1　“大学英语分级教学”与“低级班”

着眼于建设特色鲜明的高水平教学研究型大学的发展目标，我校（北京工商大学）领导非常重视外语教学在提升人才培养质量和国际化发展中的重要作用，希望改革创新外语教学方法，探索有效提升学生外语能力的教学措施，在“十三五”期间把我校学生的外语水平提升到新的高度，实现“369”（即考研率、六级、四级通过率分别达到30%、60%和90%）的宏伟目标。几经调研论证后，我校出台了2015级大学英语分级教学方案。学生一入学先参加统一的分级测试，然后根据其英语水平科学合理地分出10级，不同级别执行不同的英语教学内容和教学方法。为方便管理，2015级划分了A、B、C、D、E五个层次，A层水平最高，第一学期就过四级；D、E层水平偏低，第四学期参加四级统考。“低级班”指的是D、E层各班的教学。

作者简介：王红莉，北京工商大学外国语学院副教授，主要研究方向为语言学和外语教学。

2 低级班教学面临的挑战

2.1 学生普遍基础薄弱

低级班学生词汇量贫乏，大部分学生无法适应一般的课堂英语讲授；课文里稍微复杂些的句子都不能完整准确地读出来；词型接近的词义常混淆不清或者对英语单词的认识固化在某一个汉语注解上，根本不知道根据上下文理解和运用词义。

除此，低级班学生普遍句法概念不清或根本没有句法概念，对课文中一般难度的句子的结构都梳理不清，不明句子框架，理不顺句子成分之间的语法和逻辑关系，往往“眉毛胡子一把抓”，完全不理会句法的层次结构，对文意理解基本靠猜测，在个别单词意思的基础上杜撰句意；在写作或翻译时常常是简单的词汇堆砌，不知所云……

另外，低级班学生英美文化背景知识不丰富却又不重视积累，造成阅读理解及交际障碍。

2.2 观念上的偏差造成学习方法的不当

首先，低级班的很多学生误认为，学英语就是背单词，认为只要认识了单词就学会了英文。预习时把课文中遇到的每个生词都标出配套词汇表里给出的汉语解释，花了很大气力，效果却不明显，还很挫伤学习的积极性。其次，大部分学生不重视阅读，精读内容读不精，泛读量又不够，语感的培养举步维艰。很多学生也许是高考前强化训练后遗症，不注重积累只在乎做题，误以为做题多有助于提高考试分数，考试（主要是笔试）得高分就证明自己英语学好了，所以，很多学生在阅读理解中常常以做对选择题为判断标准，相对忽略篇章理解，更不用说思考文体、修辞、写作特色等方面的问题了。写作时喜欢背范文、套模板，缺乏独立思考原创精神。

2.3 大部分学生被动应付，缺乏自主学习的好习惯

毫无疑问，只靠每周4课时的课堂学习时间是杯水车薪，要想学好英语，课下的自觉主动学习积累至关重要。但现状是，大部分学生对老师布置

的作业大打折扣，对预习课文、听录音、记单词、小组讨论、查阅相关背景等弹性较大不易量化检查之类的作业很少有人重视，基本不当作业看，就连那些书面容易量化检查的作业也常常有相当一部分同学不按时完成，需要三番五次督促检查且强调与平时成绩挂钩，这样情况下一部分学生会临时应付，还有少量学生依然不做……

3 低级班教学改革探索与思考

通过一年的低级班教学实践以及与同行讨论和自己的学习思考，笔者认为，要实现学校的外语教学总目标，低级班的成绩提升将起到至关重要的作用，但是针对学生现状，要切实有效地在短短的四个学期里发生质的转变，必须另辟蹊径，从学生的学习方法和习惯入手，逐步调动其学习积极性；通过学习成绩的提高，培养其英语学习的自信心，激发更强烈的学习动机，进而从根本上解决问题，稳扎稳打，有计划、按步骤地推进教学，最终实现学校的统一目标。

3.1 合理计划内容，科学引导方法，逐步培养兴趣

教学目标的实现离不开严密科学、切实可行的教学计划，制订教学计划必然涉及教学内容、考虑教学过程中具体实施的可操作性以及达到目标的实效性，所以，笔者在摸清学生基本情况的基础上，制订出适合本班教学的、切实可行的授课计划，对规定的教学内容进行分块处理。首先，确定核心的课堂精练内容，针对学生词汇量和句法基础薄弱的问题，以这个精练板块为龙头，狠抓核心词汇及重点句法，以点带面，逐步夯实语言基本功。其次，围绕精讲精练板块，因人制宜，弹性地外扩。对接受能力强的学生多布置一些，对能力较弱的学生适当减缩，以学生切实掌握为目的，保证学生学有所获，这样有利于增强他们的学习自信心，刺激其持续学习的积极性。

贯彻“以学生为中心”的教学理念，重视培养学生自主学习习惯，根据教学内容适度介绍学习方法和策略，循序渐进，改变不良的英语学习习惯，提高学习能力。针对词汇贫乏的问题，重点挑出几个核心词汇，与学生一起

找读音拼写规则，介绍常用的构词法知识，改变其死记硬背低效率的词汇学习方法和习惯；针对学生的句法问题，用结构主义方法将复杂的句子简化为NP、VP两部分，再分别用课文中的实例总结归纳NP和VP的短语组合规则，让学生切实弄清句子各成分间的语法关系，准确合理地分析句意。还要及时地用Pattern Drills方法让学生做替换练习，巩固所学句法并灵活运用到交际实践中。针对语篇理解不到位的情况，引导学生搜索查阅相关背景知识，小组合作完成任务并在课堂上宣讲演示，既利于提升其语言文化素养，激发其英语学习热情，还能无形中调动其自主学习、独立思考和团队协作能力，一举多得。

3.2 激发学习动机，从根本上解决问题

“学习动机”是学生在学习活动中的一种自觉能动的、积极的心理状态，是驱使、推动人进行学习的力量。有学者研究认为，学习者本人、教师及社会环境对所学科目所持态度和认同的程度以及教师和外界的评价等因素都直接影响学生学习动机的形成与维持。由此看，教师的微笑、赞许、眼神、语气等暗示出的态度对学生的学习都会有影响作用。教师的表扬、鼓励比批评、指责能更有效地激励学生积极的学习动机，因为前者能使学生产生成就感，后者则会挫伤学生的自尊心和自信心。教学中常遇到这样的情况：学生获得表扬，便愿意多跟老师交流，由喜欢老师转移到对此老师所教的课程产生兴趣、热情。这时外部动机转化为内部动机。当学生在学习兴趣、学习热情或学习责任感的推动下进行学习，取得了优异的成绩而获得奖励、赞赏时，这种奖励又使他进一步增强了学习的劲头，内部学习动机又引发外部学习动机。但教师一旦指出他们的不足，比如，作业做得不好，退回去让其重做就垂头丧气，觉得没面子，从此羞于在老师面前表现，课堂上胆怯、犹豫、不敢发言，渐渐失去学习兴趣和信心。因此，教师对低级班学生的评价需非常谨慎客观，多鼓励少批评，发现学生有一点点进步都要及时表扬，逐步树立其英语学习的自信心，帮助其确立近期目标（半学期目标）并与远期目标（四级目标）相呼应，稳步踏实前进。

4 结语

学校的分级教学改革刚实施一年，低级班教学的各种改革探索仍在继续，由衷希望在师生的共同努力下，分级教学达到预期的目的，实现预期的目标。

参考文献

[1]胡壮麟.语言学教程[M].4版.北京:北京大学出版社,2011.
[2]刘亚宁.外语学习动机研究及其对教学实践的启示[J].陕西师范大学学报,2003(5).

从CET-4写作谈大学英语词汇教学

王劲松

摘　要：从CET-4写作中发现，学生所用词汇基本为高中词汇，而不会有意使用四级词汇。如何解决这个问题，让学生的词汇量真正有所提升是大学英语词汇教学必须解决的问题。文章通过分析大学英语词汇教学的现状，探索提高词汇教学效果的有效途径。

关键词：CET-4；大学英语；词汇教学

《大学英语课程教学要求（教学大纲）》（以下简称《课程要求》）把大学英语教学要求分为三个层次，即一般要求、较高要求和更高要求。[1] 其中的一般要求是“每个大学毕业生必须达到的目标”。根据最低标准的一般要求，推荐词汇量是4500个单词和词组（含中学应掌握的词汇），其中2000个单词为积极词汇，即要求学生能够在认知的基础上学会熟练运用。但是在教学实践中发现，多数学生在口语和书面表达中更倾向于使用中学已经学过的词汇，很少或几乎不会使用大学新学到的词汇。对于词汇学习而言，如果仅知道读音和中文释义而不能正确使用的话，并不能算作已经掌握了这个词。因此《课程要求》中提出的熟练运用这一标准并没有达到。从这个角度看，大学英语教学目标中的词汇教学目标是没有真正完成的。

作者简介：王劲松，北京工商大学外国语学院讲师，主要研究领域为语言学、教学法。

1 大学英语词汇教学现状

词汇学习的重要性是不言而喻的。没有一定的词汇量，听、说、读、写、译都无法顺利完成。词汇是各项语言技能的基础，是语言最主要和最基本的单位，与语音和语法构成了语言的三大要素。语言学家McCarthy说过，无论一个人的语法有多好，无论他的发音有多美，如果他没有足够的词汇来表达他的情感或者去理解别人的观点，就不能与别人交流。[2] 英国著名语言学家Wilkins曾经说过，“没有语言，人们不能表达很多东西；而没有词汇，人们则无法表达任何东西”。[3] 词汇的重要性毋庸置疑，但在教学实践中，如何有效地进行词汇教学却是一个令人困扰的问题，导致这个问题产生的因素也是多方面的。

作为公共基础课的大学英语，课时是非常有限的，能够用来进行词汇教学的时间更是少之又少。以本校学生为例，大学英语每周仅为4课时。在这极为有限的时间内要完成大量教学内容，要对听说读写译各项应用能力进行系统训练，这就使得系统的词汇教学很难进行。从目前使用的教材看，生词量很大，而且复现率很低。因此，尽管大家都认为词汇学习非常重要，也认同词汇量是衡量一个人语言水平的重要指标之一这一说法，但究竟如何进行词汇教学却成为一个颇有争议的话题。有的教师认为，词汇学习可以通过自学完成。因此，对词汇教学进行弱化处理，对课文的分析讲解中遇到的生词仅给出中文释义而已，而对生词的用法几乎不会涉及。交际法的盛行进一步加剧了这种情况：更加强调学生听说能力和语篇的重要性，词汇教学几乎被挤出了课堂。词汇学习似乎是学生自己的事，是需要在课下完成的任务。但是，如果缺乏方法的指导，暂且不说学生很难了解词汇在用法方面的知识，单就记住那么多的生词而言，如果只靠死记硬背，也是一项艰巨而枯燥且收效甚微的工作。这会严重打击学生词汇学习的积极性。词汇量得不到提升则会影响各种语言技能的进步，进而也会影响到学生学习英语的积极性和自信心。与这种几乎是不闻不问的方式相反的是另一个极端——按照单词表对所有单词进行逐一讲解。同样由于时间限制，采用这种方式的时候也不可能对每个生词的用法进行详细的讲解和操练，同样会造成记忆困难且遗忘快的问题。这样的词汇教学方式虽然占用了大量宝贵的课堂教学时间，却根本达不到词汇教学应该达到的效果。

在学生完成的CET-4写作练习中，可以看到学生使用的基本是中学已经学过的词汇，而且是一些基本词汇。例如，当学生要表达“重要的”这一含义时，只会用important一词，而crucial、significant等词则极少被用到。但是，如果听写这些单词，多数学生是可以正确地拼写并给出中文释义的。这种现象说明学生对词汇的内化没有完成。根据认知心理学的信息加工理论，词汇学习分为输入、内化和输出三个阶段。如果学生只能听写出来却不能运用，表明他们的词汇学习过程还没有全部完成，可能还停留在内化甚至输入阶段，也就是说词汇学习的终极目标没有实现。因为学习词汇的目的不仅要知道其读音、拼写和词义，还要能够正确运用这个词来表达自己的思想。

2 调整词汇教学方法 提高教学效率

就大学英语词汇教学现状而言，教师应该调整词汇教学方法，帮助学生完成词汇学习的全部过程，真正掌握词汇。面对瀚如烟海的英语词汇，教师最应该传授给学生的是学习英语词汇的方法。关于英语词汇的数量说法不一。有种说法是100000个左右。根据“Test your vocab”网站上两百万份测试的结果，大部分母语为英语的人的词汇量在20000~35000个。作为英语学习者而言，如果词汇量达到12000个左右，就能够准确细致地表达自己的思想，可以讨论具有专业性质的问题。即使对于本文开头提到的最低要求的4500个词汇，学生也需要用科学的方法来应对。

首先，应该让学生充分了解英语的构词法知识。构词法是帮助学生提高自学能力、扩大词汇量的最有效的手段之一。利用构词法记忆单词可以达到事半功倍的效果。英语词汇的构成主要有三种方式，即派生、合成和转化。就派生而言，尽管英语词汇的数量庞大，但词根只有2000多个，而常用词根和常用词缀都不足300个。这些常用词根和词缀应该是大学英语词汇教学的重点。通过对构词法的了解，学生会明白英语单词并不是由一些字母随便堆砌而成的，因此在他们眼中，单词不应该再是若干个字母的组合，而是词根和词缀的组合。

其次，科学实验表明，人类大脑一次记忆信息的最大数量是5~9个信息组。每个信息组中可以只有一个字母或数字，也可以是几个字母的组合，甚至是一个词组。无论每组内的是一个字母还是一个词组，只要在5~9组的范围内，特别是7组左右，记忆效果就是最好的。根据这一科学实验的结果，我们可以指导学生记忆词汇的时候，不是识记单个的单词，而是识记语块。语块是介于句法和词汇两极之间的兼有句法和词汇特征的固定或半固定的语言结构，这些模式化的语块是语言交际与教学中的理想单位。[4]语块兼具词汇和语法特征，它们是一串预制的连贯或不连贯的词或其他意义单位，整体存储在记忆中，使用时可以直接提取，无须语法生成和分析。[5]因此，如果学生摆脱孤立记忆单词的习惯，而是识记语块，那么他们就可以比较轻松地听懂或说出/写出从来没有接触过的句子。因为语块的有机组合形成句子，进而形成语篇。这可以解决很多学生面临的问题：在表达思想时，虽然知道关键词对应的英语单词是什么，但不知道用什么词与之搭配，因此无法准确表达意思。

3 结语

大学英语词汇教学中，教师应充分利用自身的知识优势和经验优势，向学生传授科学的词汇学习方法，采取恰当的教学方法，帮助学生把枯燥的词汇学习变得有趣而高效并达到词汇学习的终极目标——运用这些词汇准确表达自己的思想。

参考文献

[1] 教育部高等教育司. 大学英语课程教学要求(教学大纲)[M]. 北京：清华大学出版社，2004.

[2] CANER R, MCCARTHY B. Vocabulary and language teaching [M]. London: Longman, 1988.

[3] WILKINS D A. Linguistics in language teaching [M]. London: Heinemann Educational Books, Ltd, 1982.

[4] NATTINGER J R, DECARRICO J S. Lexical phrases and language teaching[M]. 上海:上海外语教育出版社,2000.

[5] WRAY A F. Formulaic language and the lexicon [M]. Cambridge: Cambridge University Press, 2002.

从"relaxed"和一道高考题看英语教学中的另类僵化现象

王秀贞

摘　要：在中国，无论是学生还是老师，在英语学习或教学过程中难免会出现中介语僵化现象；语言上的僵化现象可以有针对性地通过调整学习策略等方法进行改善，而思维、思想上的僵化则更需要老师们开放心态，独立思考，大胆质疑。

关键词：僵化现象；物与人；质疑；开放心态

1　中介语僵化现象

"中介语"（interlanguage），是美国语言学家塞林格（Selinker）于1969年提出的概念，是指在第二语言习得过程中，学习者通过一定的学习策略，在目的语输入的基础上所形成的一种既不同于其第一语言、也不同于目的语言，随着学习的进展向目的语逐渐过渡的动态的语言系统。[1] 作为非英语为母语的学生和老师来说，我们平时口头和笔头表达所使用的英语，在很大程度上属于中介语。

"僵化现象"，具体到英语学习中，是指学习者在学习的过程中，在掌握了中介语的一些语言项目、语法规则和系统性知识，并达到一定的技术水平之后，趋向于固定下来，且进入一种原地踏步的状态，年龄的增长和学习量的变化对改变这种状态几乎不起作用。[2]

作者简介：王秀贞，北京工商大学外国语学院讲师，主要研究方向为英美文学、英语教育。

不少专业研究者对英语中介语的僵化现象进行过各种研究，但却往往只把注意力放到了研究作为学习者的学生身上，主要研究学生在学习过程中产生中介语僵化现象的原因及可行的解决问题的办法，而较少会关注到老师这个群体。

同样，英语也不是教师的母语，他们的知识习得及所授内容是否也会存在中介语僵化的问题？他们的思维是否也存在另一类形式的僵化现象呢？下面笔者就用“relaxed”作为形容词的用法和一道高考题进行举例说明，并尝试提出可能的减少这种教学过程中出现的僵化现象的办法。

2 一个简单的问题，问懵若干老师

我一位大学同学，毕业后也一直从事与英语相关的工作，她的从事中学英语教学的朋友问了她这样一个问题：“‘Small talk is _____（relaxing，relaxed）dialog that helps people pass the time when they meet others’中，为什么答案给出的修饰dialog的形容词不是relaxing而是relaxed？dialog不是物吗？修饰物不就是该用relaxing吗?!”

然后这个问题就在我大学同学的班级微信群里展开了激烈的讨论，结果有三分之二的分别从事大中学英语教学的同学们都毫不犹豫、不容置疑地给出了relaxing是正确答案的回答。因为当初自己的老师教的就是：描述人时，用relaxed，描述物时，用relaxing。

然而，真的是这样吗?

到百度上简单搜一下，就能找到不少人有类似的疑问：

“‘She had a very _____（relaxing，relaxed）manner’答案是relaxed。修饰物不应该是以‘ing’结尾的形容词吗？为什么不是relaxing呢?”

“‘She had a relaxed smile on her face’中，relaxed是以‘ed’结尾的词，怎么却能修饰表示物的名词smile?”

总结一下那些疑问，发现大家疑问的焦点均集中于：relaxed一词，是否能用于修饰物。学生提出这样的疑问还可以理解，让人不解的是作为老师的我们，为什么不去查一查再下结论，而是基于自己之前脑子里固有的印象就下结论呢？甚至有的老师直接说人家给出的“relaxed”的答案错了，而直接让他们的学生修改了答案。

3 翻翻英语字典：谁说“relaxed”不能修饰“物”

1）Oxford Dictionary.

relaxed：adjective.

a）free from tension and anxiety.

Onboard, you will find a relaxed and comfortable atmosphere with excellent service.

b）（of a muscle or other body part） not tense.

The relaxed muscles allow them to empty the bladder this way.

此处，“relaxed”就是一个普通的形容词，“轻松的”气氛、“松弛的”肌肉，都是描述物的，而且都非常地道。

2）Cambridge Dictionary.

relaxed：adjective.

There is a very relaxed atmosphere between staff and pupils at the school.

此处，与牛津词典不约而同地用“relaxed”来修饰“atmosphere”。

He climbed onto his horse and set off at a relaxed trot down the lane.

上句中“relaxed”修饰“trot”，表示马“欢快的”小跑。

3）COBUILD Advanced British English Dictionary.

relaxed：adjective, meaning calm, not worried or tense.

Try to adopt a more relaxed manner.

此处，“relaxed”修饰“manner”，表示“轻松的”表情或举止。

4）Merriam Webster.

relaxed：adjective.

a）informal and comfortable, casual.

We have a relaxed dress code at the office.（……“轻松的”着装要求。）

b）not strict or carefully controlled.

a relaxed set of rules.（“轻松的”规定）

He *has a relaxed attitude towards his studies.*（=*he is not very serious about his studies.*（……“散漫的”态度）

c）（chiefly US， of hair）：made straight or straighter with a chemical treatment.

relaxed hair.（“拉直的”头发）

d）（of clothing）： not tight.

relaxed ［=*loose-fitting*］ *jeans*.（“宽松的”牛仔裤）

这么多的例子，都来自经典英语词典，都用“relaxed”修饰“物”，怎么到了若干中国老师的概念中，就光剩下“relaxed”只用于修饰“人”了呢?

4 这道高考题的答案说明什么

一个叫张满胜的老师在2011年第3期的《新东方英语（大学版）》上发表了一篇题为《由一道高考题引起的思考》的文章。文章围绕着1996年全国英语高考第20题的答案展开：

—Can I help you，sir?

—Yes. I bought this radio here yesterday， but it ________.

A. didn't work B. won't work C. can't work D. doesn't work

文中，张老师详细说明了一个纯正美国人（认为毫无疑问应该选D，但答案A也讲得通）和一个纯正澳大利亚人（认为最好的答案是A，但答案D也可接受）分别做出的选择和原因。

张老师让这两位以英语为母语的外国人说明为何选项A也可接受，他们做了如下说明与改写：

澳大利亚朋友改写的句子是：I tried to get it to work yesterday when I bought it but， it didn't work.

美国朋友改写后的句子是：I bought this yesterday and when I tried it， it didn't work.

两句要表达的意思完全一样。这样看来，选项A也是正确的。而这道高考题官方给出的答案是D。

随后，张老师用了大量笔墨说明：其实除了选项C不恰当之外，其余三个选项都是恰当的，只是需要看上下文的交际语境来确定哪一个更合适；而高考题只给出了一个单句，根本没有提供足够的信息量供学生做出最好的判断，所以只确定答案D为正确答案是非常不合理的。

最后，文章的落脚点在：对于这样近乎不合理的题目，竟然无人质疑，包括学生，也包括广大的老师群体。因为大家都似乎默认一个前提——高考题，还能有错?!

我非常赞同张老师的看法。英语教师作为一个庞大的群体存在，为何不能根据自己所学的知识，对事物做出独立的思考和判断呢？是我们自己的知识储备不够？还是我们心理上对新知识有排斥？还是在盲目地相信某一种权威？

5 反思与办法

不少非常专业的研究者曾指出：中介语的僵化现象的成因有心理因素、学习策略、认知方式、语言环境等诸多方面的因素；而有针对性地调整以上诸因素，均有助于减少甚至扭转僵化现象。

本文并非专业研究语言学中的中介语僵化现象，而是对英语中介语教学中的某种另类僵化现象做出再思考：为什么那么多人会普遍认为relaxed不能修饰物？为什么更多的人集体默认高考题不会有错？这反映出的不仅仅是语言学习上的“僵化现象”，而且还是更高层面的思想“集体僵化”。

我们经常说要培养学生的“critical thinking”，可是扪心自问一下，我们自己是否具备足够的独立思考、大胆质疑的精神呢？语言学习上的“短暂僵化”，我们可以通过调整学习策略等方法进行改善；但思想层面的“集体僵化”，则需要我们思想上更独立、更有学习接纳新知识的包容精神和追求事情本源的进取精神。

参考文献

[1]SELINKER L. Interlanguage[J]. International review of applied linguistics, 1972, 10: 209-230.

[2]于海军.中介语僵化现象分析及应对策略[EB/OL].(2011-08-12)[2016-04-22]. http://wenku.baidu.com/link? url=mEsseX042MV81BnqdT- JfpcsX2REduMZD7iskimeEd_4t_zo0phFlPrbPJkrRuzbhpMzVhx9FMzgltcmmcgHdvstC31ZltMCoIym3cSXa9m.

将翻转课堂引入大学英语教学

石洪宇

摘　要：本文回顾了翻转课堂的起源及发展，并简要介绍了翻转课堂对我国大学英语教学的意义及其应用，指出了要将翻转课堂贯彻下去亟须解决的问题。

关键词：翻转课堂；大学英语教学；问题

1　翻转课堂起源及发展

翻转课堂是指任课教师将授课内容、课程重点、难点和新知识点融合，制做出相关视频，学生在课前通过观看教学视频自主学习新课程，然后在线完成相关练习或测试，之后再带着自主学习过程中产生的问题去课堂，由教师组织小组协作学习，进行师生、生生之间的互动、交流、合作以及讨论，解决问题，完成对新知识的内化、吸收和掌握，从而完成学习过程。[1] 翻转课堂与传统课堂的学习过程正好相反，知识的传递是在课下完成，课堂上完成的是知识的内化和吸收。

翻转课堂的基本思想及理念是由19世纪初西点军校的西尔韦纳斯·塞耶将军提出。[2] 他创建了一种教学模式，即教师把新课程的学习资料发给学生进行课前预习，然后在课堂上通过师生交流、分组讨论，来解决学生学习

作者简介：石洪宇，北京工商大学外国语学院讲师，主要研究方向为英语教学法、应用语言学。

过程中产生的困惑，达到知识的内化，并提高了学生合作交流的能力。1991年，哈佛大学著名物理学教授埃里克·马祖尔将学习归纳为知识传递和知识内化两个过程，并指出计算机在未来教育中会越来越普及，甚至可以替代一部分教师的工作。这为后来的翻转课堂奠定了理论基础。[3] 2000年，美国迈阿密大学三位教师迈克尔·特吉利亚、格伦·普拉特和莫琳·拉赫在讲授经济学入门课程时首次让学生利用多媒体和互联网预先看教学视频，然后课堂上分小组共同完成作业。2004年，孟加拉裔美国人萨尔曼·可汗为其侄女辅导数学，并将讲解过程录制成教学视频。2007年，他建立了“在线可汗学院”（www.khannacademy.org），上传教学视频供广大师生借鉴。2007年，美国科罗拉多州林地公园高中的两位化学老师亚伦·萨姆斯与乔纳森·伯尔曼将课程的PPT和讲解过程录制成视频，上传到网上，供生病缺课的学生使用，引起了广泛的关注。两位老师在此启发下，颠倒了教学模式，让学生在家观看教学视频，在课堂上为学生答疑解惑讨论问题，收到了非常好的效果。林地公园高中因此成为了翻转课堂的起源地。随着可汗学院、耶鲁公开课和TED等众多优质视频资源的出现，越来越多国家的教育界开始关注翻转课堂，并最终加入翻转课堂的实践队伍中来。

2 翻转课堂对大学英语教学的意义

翻转课堂对于大学英语教学具有重要意义。目前，大学英语面临的主要困难之一，就是教学内容多，学生人数多，学时有限，教学场所固定，难以创造良好的英语语言环境。在有限的课堂时间里，教师忙着讲解知识点，很难真正设计教学活动；学生忙着记笔记，即使老师提问了也羞于张嘴。由于班容量大，教师很难兼顾所有学生，学生练习的机会少，很难做到个性化教学。另外，大学英语课堂也存在教学模式单一、教学形式乏味的情况，学生很容易产生厌烦、疲惫等情绪。因此，传统课堂模式严重影响了大学英语教学。而翻转课堂很好地解决了这一问题。①在翻转课堂教学实践中，教师要求学生做课前预习，知识的传递在课前进行，有助于培养学生的自主学习的能力。②教师提供给学生做课前预习的资料可以有多种形式：视频、音频、图片、图表等。多种媒体形式有助于提高学生的学习兴趣；多种媒体对感官的刺激有助于学生对所学内容的理解；而内容浓缩的微视频不仅重点突出，而且因为篇幅短小精悍而容易抓住学生的注意力，并使学习过程碎片化，最终提高学习效率。③现代教育技术使得学生可以在线完成相关练习和测试，初步检查自学效果，还可以做语音、语调、跟读及会话练习，不受时间和场地的限制，也不必担心“丢面子”，彻底告别“哑巴英语”的时代。④课堂成为师生、生生互动交流的场所。教师为学生答疑解惑，学生分小组进行讨论，针对相关话题交流自己的看法，进行批判性思维和发散性思维训练，有利于培养学生交流合作和共同解决问题的能力。

我国教育界已经开始了翻转课堂教学实践，大学英语翻转课堂也在一些高校中得到初步尝试，并取得比较好的效果。例如，电子科技大学的胡杰辉、伍忠杰老师依托国内一所“985”高校的大学英语课程，开展了校本翻转课堂教学模式改革实验。[4] 实验结果表明基于MOOC的翻转课堂教学模式适用于大学英语教学。哈尔滨工业大学外国语学院进行教育教学改革，分别在大学英语听说课、精读课及写作课上采用了翻转课堂教学模式。研究结果表明：大学生的学习应该以自学为主，让学生在研讨式教学、课外学习中得到较好的发展。[5]

3　目前翻转课堂实践过程中存在的问题

但是，目前的相关研究重点一般都放在翻转课堂视频的制作、课前学习以及在线自测，虽然对课堂活动也有描述，但是有几个问题还鲜有人涉及。第一，怎样调动学生的积极性进行课前的预习，完成知识传递的过程？学生能够有质量地进行课前自主学习是课堂教学活动顺利进行的重要保证。第二，课堂活动可能的形式都有哪些？学生对各种活动的反应和参与度如何？怎样评价课堂活动的有效性？第三，如何评估翻转课堂教学实践中的课堂教学活动情况？如何调动学生参与课堂活动的积极性？语言水平不同的学生表现是否相同？如何让评价反映这些差异？如何利用评价体系调动学生的积极性？[6] 只有解决了这些问题，才能使翻转课堂教学模式真正发挥作用。

参考文献

[1] 张金磊,王颖,张宝辉.翻转课堂教学模式研究[J].远程教育杂志,2012(4):46-51.

[2] 宋艳玲,孟昭鹏,闫雅娟.从认知负荷视角探究翻转课堂——兼及翻转课堂的典型模式分析[J].远程教育杂志,2014(1):105-112.

[3] 崔艳辉,王轶.翻转课堂及其在大学英语教学中的应用[J].中国电化教育,2014(11):116-121.

[4]胡杰辉,伍忠杰.基于MOOC的大学英语翻转课堂教学模式研究[J].外语电化教学,2014(11):40-45.

[5]王斌宏."翻转课堂"在大学英语教学中的应用[J].大学英语,2014(3):9-12.

[6]李芳芳.大学英语翻转课堂教学实践中存在的问题及策略分析[J].英语广场,2015(3):82-84.

慕课背景下大学英语教师专业发展途径

智玉琴

摘　要：本文在概述慕课特点以及目前所呈现的弊端基础上，重点研究在慕课背景下大学英语教师的专业发展途径。

关键词：慕课；大学英语教师；专业发展

1　引言

慕课（MOOC）是大规模在线开放课程（massive open online course）的简称。作为一种新型教学模式，慕课在全球范围内掀起了一场前所未有的革命，短短几年间迅速发展，已然成为当前最新、最潮的在线学习形式。学习者可以足不出户听遍名校一流课程，多途径、从名师学习专业知识，多方面提高职业技能。随着在线开放课程和学习平台在世界范围迅速兴起，网络教学平台的课程数量和注册学习人数急剧增加，高等教育领域受到了巨大影响和冲击。教育部于2015年4月16日颁布了《关于加强高等学校在线开放课程建设应用与管理的意见》[1]，旨在“拓展教学时空，增强教学吸引力，激发学习者的学习积极性和自主性……使我国高等教育教学改革主动适应发展带来的新的机遇和挑战”。

在慕课风靡一时的背景下，一方面，各高校各专业积极开发慕课资源；另一方面，在实施过程中不断摸索调整传统课堂教学模式和大规模在线开放

作者简介：智玉琴，北京联合大学公共外语部副教授。

课程之间的关系。在积极探索和实践慕课辅助教学的同时，大学英语教师也面临慕课这种新型教学模式带来的挑战。如何在慕课背景下既能提高课堂教学质量，又能合理定位，找到教师专业发展的合理途径，是大学英语教师在现阶段需要解决的当务之急。

2 慕课的主要特征和目前呈现出的弊端

《纽约时报》称2012年为“慕课元年”，慕课风暴随之席卷许多国家。多家专门提供慕课平台的供应商竞相提供各种服务资源。慕课之所以风行，与其本身所具有的特点是分不开的。从慕课的名称我们可以看出，它具备以下特点：①参与人规模较大。慕课这种模式是由主讲教师负责，由讲课视频、作业练习、论坛互动、邮件和考试互动交织等环节组成的。支持大规模人群参与。学习者无论是什么身份、职业，只要注册，就可以免费学习到自己想学习的课程。美国Quantcast公司生物学硕士黄天晓曾经介绍了自己拿到81门慕课课程证书的经验。[2] 慕课的受众人数亦超出了人们的想象。②开放性。慕课推倒了大学之间的院墙，不仅突破了人数限制，也突破了专业限制。只要感兴趣，学习者可以学习到任何专业的精品课程。③慕课学习是以在线学习为主要模式，学习者完全自主前提下，利用碎片时间学习。随着网络技术的进一步发展，有些慕课还设置了讨论区和微信交流导学群，从而大大增加了慕课学习的互动性。

慕课是否会像很多人所认为的那样，终有一天会替代传统课堂教学模式？经过几年的实践，我们发现慕课亦有其弊端。

首先，对慕课的辍学率、学习效果的质疑声渐渐多了。争议的焦点就是慕课普遍出现的“流失率”（dropout rate/failure rate），也有学者把它称为“辍学率”。

国内学者姜朝晖撰文指出“全球范围内，获得慕课证书的平均比率在4.3%。这和我国的调查相比，无论是辍学率，还是完成率或通过率，数据大体相仿”。[3] 国外学者Jean-Charles Pomerol等著书指出：“慕课营运商的记录表明，其流失率超过了80%；麻省理工学院统计数据表明，其慕课注册学生仅有10%~15%完成了课程。”[4]

综合学者们的研究成果，我们可以看出：流失率的成因因人因课而异。除了与课程相关的课程质量、慕课平台服务、主讲者的水平、课程设计、授课方式、授课效果等因素相关外，在一定程度上，流失率还与慕课学习的环境和学习者本人有很大的关系。有的学习者一时冲动选修了慕课，缺乏学习原动力；有的学习者自控能力较差；另外，慕课学习缺乏传统教学模式中的面对面交流，容易产生孤独和无助情绪；对课程受众人群学习程度了解不足，学习过程中发现课程过分容易或者困难和缺乏同伴压力（peer pressure）也可能是造成慕课流失率较高的原因。

3 大学英语教师的专业发展途径

慕课作为一种新型的网络教学模式，已经给高等教育带来了巨大的冲击和影响。慕课时代的来临对大学英语教师的角色定位、教学能力和信息素养提出了严峻的挑战。大学英语教师面对强大的慕课风暴，一方面担心传统教学模式是否会处于弱势地位；另一方面也要面对信息技术和优秀慕课资源带来的挑战。那么在慕课背景下，高校教师，尤其是大学英语教师该如何应对这些挑战，在新形势下提高自己的专业发展水平呢？

教育部于2015年9月1日发布了《关于“十三五”期间全面深入推进教育信息化工作的指导意见（征求意见稿）》。[5] 该文件指出：“以教育信息化构建网络化、数字化、个性化、终身化的教育体系，建设‘人人皆学、处处能学、时时可学’的学习型社会。”因此，大学英语教师应该是一位学习者，通过学习、观摩优秀慕课资源，思辨性地去分析优秀慕课资源，反思性地与自己的教学方法和教学内容进行比较，扬他人之长以避己之短。只有树立终身学习的理念，并且能理解、分析、借鉴、及时总结反思，才能迎接慕课带来的挑战。

其次，大学英语教师依然应该肩负传道、授业、解惑的职责，也就是说，作为知识的传承者，大学英语教师应该不断培养自己的专业能力和专业分辨力，有选择性地为学生推荐并选用优秀慕课资源，把优秀慕课资源和课堂教学有机地结合在一起，兼容并蓄，以海纳百川之势，把优秀教学内容精炼汇聚在每一节课堂教学中，为学习者提供最佳的知识和思辨组合。只有打好“组合拳”，才能既发挥课堂面对面教学的优势，又能避免慕课因孤独和自我控制能力不强等各种原因造成的流失率较高的问题。

最后，在信息化时代，大学英语教师不仅要提高自己的专业知识和专业素养，还应该利用自身的语言优势，拓展在信息领域的能力，抓住职能部门提供的进修机会，跨学科学习计算机及网络相关技术，不断更新观念，学习并利用新资源和新技术，以达到辅助教学的目的。

参考文献

[1]http://www.moe.edu.cn/publicfiles/business/htmlfiles/moe/s7056/201504/186490.html.

[2]黄天晓. 我取得81门慕课证书的学习体验[J]. 北京广播电视大学学报，2014(6):29-31.

[3]http://www.jyb.cn/opinion/gdjy/201409/t20140923_598974.html.

[4]POMEROL，et al. MOOCs: Design，use and business models[M].New York: Wiley，2015: 64.

[5]http://www.moe.edu.cn/srcsite/A16/s3342/201509/t20150907_206045.html.

将英语新闻引入大学英语课堂

周纳新

摘　要：英语新闻作为真实、有声的英语材料，是大学英语必不可少的课内外学习内容。英语新闻题材广泛、材料真实、获取方式便捷等优点可以用来弥补大学英语教材普遍存在的话题滞后、内容单调等缺点，并可以有效地激发学生的学习兴趣，在提高听、说、读、写、译各项技能的同时，更帮助学生建立对世界文化的真实认识，培养和提高他们的跨文化意识。通过对新闻的关注来养成自主学习、连续学习的良好习惯。

关键词：英语新闻；真实材料；多媒体教学

1　英语新闻作为语言学习材料的可行性

1.1　与时俱进的要求

2016年6月，全国大学英语四六级考试迎来了改革的新局面，其中考生最关心的，是四级听力考试中英语新闻的加入，和六级听力考试中讲座或讲话的增加。这两种听力材料毫无疑问更加突出了目标语言的情境性、真实性

作者简介：周纳新，北京工商大学外国语学院讲师，中国文体学研究会会员，主攻英语语言学、文体学研究。

和实效性。而我们学习外语，目的也就是为了在特定的情境中恰当地运用语言知识，真实有效地表达思想，达到交流、交际的目的。来自国外著名媒体的英语新闻，内容丰富多彩，涵盖社会政治、经济、文化等诸多方面的信息。对于21世纪的大学生来说，世界的瞬息万变不是窗外的飞鸟，而是他们追逐的列车。著名语言学家Rod Ellis曾在《第二语言习得概论》中指出："对所学语言的文化和社会习俗感兴趣的语言学习者，语言学习成功的可能性更大。"兴趣的驱使会将他们拉入这场追逐，在求学的过程中不断地成长和壮大，战胜他们以往的被动和懒散，在他们的大学生涯中，把对英语的学习从任务转换成习惯和爱好。而要完成这一转换，必须有令他们喜爱的学习材料，教科书无法做到这一点，多年来大学英语教学的低效问题已经被反复讨论了，至今未见有效的、公认的解决办法。虽然我们拥有最新的课本和最高科技的教室设施，虽然我们的教师有越来越高的专业素质和无限的教书育人的热情，虽然我们的课件已趋于完美，但是我们的学生在完成了四六级考试后，对英语的掌握和运用仍然不尽如人意。

1.2 英语新闻作为学习材料的优点

随着互联网技术的普及，世界时事如今触手可及。学生与互联网已经到了形影不离的程度，他们会随时上网办理他们认为重要的事情，我们何不借此机会让他们做些有用功？课上我们打开网络，直接登录VOA和BBC的网站，就可以获取各种模式的新闻报道。大学生对于国内外热点问题的好奇和关注使得他们乐于接受英语新闻作为学习材料，从网络入手的信息搜索也是学生乐此不疲的事情。英语新闻又有篇幅短小精悍、使用标准正规的语体、用词新颖时尚等的特点，非常适合大学阶段的英语学习。选择难度恰当的、话题适合大学课堂氛围的材料更不是难题，因此将英语新闻引入大学英语课堂有极强的可操作性。材料的获得和选取也非常便利。首先是各大新闻网站的英语频道，比如新华网、新浪网等，其次是著名外媒如VOA、BBC、CNN等，都在各自的网站把他们的新闻报道按时间排列，给出标题，为我们采集英语新闻材料提供了便利。中国日报网等国内重要媒体网站还提供国际媒体所报道的最新新闻的音频和文字。除了音频、视频的资料外，国内外知名的英语报刊大都有自己的网站，免费提供阅读的新闻资讯，例如 The New York Times、FOX News 等。目前国内的诸多英语学习网站，干脆把英语新闻的mp3 文件直接下载，或在线免费收听，并配有中文翻译、难点注释等，这些网络资源，无论是作为多媒体的课堂学习材料，还是学生课后的自习巩固，利用起来都十分方便有效。这种有声有色的英语学习材料，具备原声母语的发音魅力，和新闻本身实效、即时、耸人听闻、连续等所有的特点，很容易引起学生的兴趣和关注，其众多优点是目前最佳的英语教科书也望尘莫及的。

2 英语新闻学习材料的课堂处理方法

大学英语课堂多媒体的教学模式使得英语新闻能很好地发挥作用。为了便于操作，首先要选择长度在五分钟左右的新闻报道，语言难度适中、话题适合年轻人。因为官方对教材的学习和课时安排等的具体问题，英语新闻只可以作为课堂的补充学习材料，每天上课开始首先播放新闻片段，让学生进行听力练习，了解了信息后再做小组讨论，交流了理解之后，教师要提出重点问题，要求学生口头回答；然后根据学生理解的情况将文字材料进行简要的分析讲解。接下来是反复聆听，帮助学生牢记语言知识点。课堂学习和讨论时间最好控制在20分钟内，活跃了课堂气氛后，教科书的学习也会有更好的节奏和互动。 课下要求学生关注相关的或后续的报道，养成每日听新闻、了解时事的习惯。语言的学习依靠日积月累，在追踪新闻的过程中，语言知识方面势必会有很多意外的收获，而听力和表达能力的提高就不言而喻了。在下一次课堂听力练习和讨论发言中，学生的进步会逐渐地体现出来，这无疑会极大程度地促进学生学习兴趣。遇到有意义的热点问题，还可以作为写作的题目，要求学生用书面的形式发表意见，讨论看法，提高写作技能。

3 新闻英语在大学英语教学中的重要性

3.1 新闻英语是《大学英语课程教学要求》中所规定的必要的学习内容

大学英语教学是集多种教学模式和教学手段为一体，以培养学生英语综合应用技能、增强学生自主学习能力、提高综合文化素养为目标的。《大学英语教学课程要求》（以下简称《课程要求》）提出，学生应该在不同层次上听懂英语新闻广播，看懂英语电视节目，阅读英文报刊文章等。然而目前普遍使用的大学英语教材中所采纳的英语新闻材料非常有限，常常是发生在至少几年前的过时新闻了。学生在学习过程中很难提起兴趣，更不愿参与互动讨论，被动的课堂态度导致学习热情下降，无法养成良好的积累习惯，这对于语言学习是致命的创伤。因此改变课堂学习的低效现状，必须将最新鲜的英语新闻学习材料引入课堂，最好是声情并茂的、真实的、有意义、或是有趣的话题（脱口秀的语言虽然有趣，显然不够标准实用，电影、歌曲也不太好选材，只能当作业余的爱好来辅助语言学习，那么最具实效性的材料恐怕当数英语新闻了），新闻材料有广播、有视频、内容涵盖广泛、即时性强、语言标准好掌握等诸多优点，堪称极佳的语言学习材料。提出这样的要求，是科学合理的，也是《课程要求》在了解了学生学习特点后制定的有效提高学习质量的方案。

3.2 英语新闻时效性的体现

把英语新闻引入大学英语课堂，不仅为满足《课程要求》，也是为迎合时代的发展和新形势下学生学习的需求。如今国际风云瞬息万变，国际新闻早已成为人们关注世界的窗口，对于学习英语的大学生来说，掌握语言知识和操练语言技能固然重要，但是对于世界文化的了解也不能忽视。而我们知晓外部世界动态的最佳途径莫过于收听收看外媒广播了，这也是我们真实认识世界和学习目标语言文化最便捷的方法。21世纪的大学生需要有跨文化的意识和完成跨文化交流、交际活动的能力，在英语新闻中，我们可以观察到国际事务的进行和处理，通过学习和讨论建立对热点问题的正确看待和表达，成为具有较高综合素质的国际人才。对于大多数非英语专业的学生来说，学习英语也是他们一生职业规划的要求和未来发展的必需，因此养成自主学习的习惯、提高课内外学习效率都非常重要。英语新闻在帮助他们获取实用信息的同时，也帮助他们完成了在真实语境中学习语言的任务，再加上教师课堂的指导和小组讨论的督促，学生课外自主、连贯的学习是不难做到的。同时，教师还可以通过微信、微博的分享来鼓励、引导、提醒学生，促成集体学习的热情和良好的学习氛围。为师的艺术，就是使学生爱学的艺术。相信这样的语言学习方法势必造就真正热爱学习、有效学习、学有所长、学以致用的好学生。

参考文献

[1]赵霞,王小平.新闻英语在大学英语教学中的作用[J].社科纵横,2004.

[2]吴树敬.大学英语教学：问题与解决办法[J].外语教学与研究,2003.

[3]ELLIS R. Understanding second language acquisition[M].上海：上海外语教育出版社，1999.

党政文献的词汇特征及英译策略
——以2016年《政府工作报告》为例

郑昊霞　雒清玉

摘　要：党政文献集中体现了党和政府的执政理念与政治经验，是国际社会了解中国改革与发展的重要窗口。准确、全面地对外译介各类党政文献，是增强外界对中国改革与发展的理解，提升中国特色社会主义道路的国际认同，提升中国文化软实力的必要举措。本文以2016年《政府工作报告》为例，简要分析党政文献的词汇特征以及英译策略。

关键词：党政文献；词汇特征；英译策略

1　引言

近年来，中国综合国力的提升使世界各国对中国道路和中国模式充满好奇与期待，而党政文献集中体现了党和政府的执政理念与政治经验，是国际社会了解中国改革与发展的一手资料和重要途径。因此，准确、全面地译介包括党和国家领导人的对内对外讲话以及重大会议决议和决定文件在内的各类党政文献，就成为增强外界对中国发展的理解，提升中国特色社会主义道路的国际认同，提升中国文化软实力的必要举措。[1]

党政文献包含大量的中国特色词汇，如典故、成语、四字结构、时政热

基金项目：本文为2016年北京市级大学生科研与创业行动计划项目(编号：SJ201602088)成果。

作者简介：郑昊霞，北京工商大学外国语学院讲师，主要研究方向为英美文学与英汉翻译。雒清玉，北京工商大学外国语学院英语专业在读本科生。

词以及数字缩略语等，这些词汇又分别突出政治性、文化性、凝练性和重复性的特征，或者兼而有之。本文试以李克强总理的2016年《政府工作报告》[2]（以下简称《报告》）为例，简要分析党政文献的词汇特征和英译策略。

2 党政文献的词汇特征及其英译的原则

2.1 政治性

党政文献词汇的政治性要求英译时要严格地把握忠实的原则，紧扣原文，不作任意增删、解释或自由发挥，如“恢复行使主权”不能译为 resume sovereignty（恢复主权），而应该译为 resume the exercise of sovereignty，“海外侨胞”不译为 overseas Chinese（海外华人），最好译为 overseas Chinese nationals。[3]《报告》中有大量的时政热词，比如“供给侧改革”“去库存”“去产能”“反腐”“京津冀一体化”“小康社会”“相机调控”“简政放权”“放管结合”等，这些词汇往往具有鲜明的政策含义，在对外译介时需要格外关注其内涵表达的清晰、准确。

2.2 文化性

党政文献中不乏成语、典故等来自中国传统文化的词汇，比如《报告》中的“趋利避害”“浴火重生”“简除烦苛，禁察非法”“精益求精”“恪尽职守”“夙夜在公”“上下同欲者胜”等，这些词汇在英译时往往需要超越字面意义，把握引申意义，必要时给出解释或补充。

2.3 凝练性

党政文献词汇的简洁凝练除了体现在上述的成语典故中，还集中体现在大量的四字结构，尤其是数字缩略语中，如《报告》中的“谋势蓄势”“凝心聚力”“共克时艰”“依法行政”“党政同责”“一带一路”“三严三实”等，这些词汇的英译应在保证内容传递完整、准确的基础上，适当保留其简洁凝练的风格。

2.4 重复性

党政文献中词汇的重复性表现在两个方面，一是某些主要起语法作用或增强语气的政论文惯用词的反复出现，如“坚持”“加强”“促进”等；二是涉及时政的关键词汇的反复出现，如《报告》中的“中国特色社会主义”“一国两制”“九二共识”等。针对第一种情况，译者应根据特定词汇在具体上下文中的确切含义，采取灵活变通的办法，避免重复过多。针对第二种情况，译者应以中文文本为准，尽量保留重复，呈现中国英语应有的特色。

总之，党政文献中存在的大量中国特色词汇要求英译者具体分析，灵活处理，既要以译文读者为导向，使译文读者最大限度地理解原文内容，领会原文风格，同时也需要以恰当的方式坚持中国立场[3]，保留中国特色，弘扬中国文化，丰富国际语境中的中国话语，这样才能更好地开展新形势下的对外译介和外宣工作。

3 党政文献中相关词汇的具体英译策略

通过对《报告》中英双语版本[4]的对照分析，笔者总结出以下几种具体的英译策略，并以具体的译例加以说明，供广大读者和译者借鉴。

3.1 直译

《报告》中的许多时政热词采用了直译的方式，如绿色金融 green finance，僵尸企业 zombie enterprises，中国特色社会主义 socialism with Chinese characteristics，三严三实 Three Stricts and Three Honests，一国两制 one country， two systems，九二共识 1992 Consensus 等，这种译法符合党政文献的基本特点和要求，如前文所述，译文力求严格地忠实于原文，因此能直译就直译。

3.2 释译

《报告》的语言简洁凝练，其中使用了不少成语典故、四字结构和数字缩略语，如前文所述。为了使译文读者获得完整、准确的真实含义，这些词汇在英译时大都需要不同程度的解释和补充，甚至扩展为长句，如：重任千钧唯担当 The most formidable tasks demand the greatest sense of mission；上下同欲者胜 Success belongs to those who share， from top to bottom， in one purpose；三农 agriculture， rural areas， and farmers；四风 formalism， bureaucratism， hedonism， and extravagance 等。党政文献对外译介的最终目的是融通中外，让国际社会了解中国，因此英译中的必要解释是不可或缺的。

3.3 转译

《报告》中还有一些词汇表达，由于文化与认知方式的差异，在英译时可以采取较为灵活的转译变通的方式，如：念之再三，铭之肺腑 We must never lost sight of this；一带一路 the Belt and Road Initiative；扎紧制度笼子 tighten institutional constraints；过紧日子 tighten one's belts；两岸一家亲 the Straits belong to one and the same family 等。

4 结语

党政文献的词汇具有明显的中国特色，英译时应具体情况具体分析，要么直译或直译加注，要么采取释译、转译等灵活的意译策略，既要以译文读者为导向，又要兼顾中国词汇话语的特点，力求达到最佳的外宣效果。

参考文献

[1] 黄友义，黄长奇，丁洁.重视党政文献对外翻译 加强对外话语体系建设[J].中国翻译，2014(3)：5-7.

[2] 李克强.政府工作报告[EB/OL].(2014-03-05)[2016-05-20].http://www.gov.cn/guowuyuan/2014-03/05/content_2629550.htm.

[3] 2016 政府工作报告双语全文. http://language.chinadaily.com.cn/2016-03/18/content_23944369.htm

[4] 程镇球.政治文章的翻译要讲政治[J].中国翻译，2003(3)：18-22.

支部在推进大学英语分级教学创新中的模范作用研究

吕 绵

摘 要：探讨如何切实发挥基层党组织党员教师的模范带头作用，找到支部工作和教学工作的结合点，为学校整体大学英语分级教学的顺利实施及取得成效保驾护航。

关键词：基层党支部；大学英语；分级教学；模范作用

1 大学英语分级教学的必要性

目前我校正在进行大学英语的分级教学改革，改革力度之大前所未有。如何在如火如荼的大学英语分级教学改革中切实发挥每一位大学英语教师的作用，尤其是发挥基层党支部的一线党员教师的作用，为大学英语分级教学改革出谋划策、保驾护航，显得尤为迫切和重要。

大学英语分级教学改革在我校由来已久，也经历了几个不同的阶段。新入学的自然班大学生英语水平良莠不齐，如果不进行分级教学，势必造成“水平高的吃不饱，水平低的不消化”的现象。对于任课教师来说，也不利于因材施教，有针对性的进行教学和辅导。在这种情况下，我校进行了大学英语的分级教学。主要的做法是在入学初期对所有大学新生进行统一的大学英语测试，按照测试成绩，参考各省市高考英语成绩，将学生进行分级。最

基金项目：本文得到北京工商大学党建研究课题“支部在推进大学英语分级教学创新中的模范作用研究”的资助。

作者简介：吕绵，北京工商大学外国语学院讲师，主要研究方向为英语教育。

初的做法是分为快班、普通班和慢班三个层次，针对各个不同层次的学生选用不同的教材、采用不同的教学内容、教学方法等。经过几年的实践，这种分级的弊端也显现出来。主要的问题是分级不细致，同一级别内的学生水平仍有很大差距，不利于细化教学思路，因材施教。鉴于这种情况，从去年起，学校提出了大学英语分级教学的十级分级思路，全面细化了分级标准，并提出“369”教学目标，使不同层次的学生真正在符合于自己的能力、水平的范畴内进行学习，更好地实现有针对性地教学活动，取得更好的教学效果。

2 基层党支部的地位和作用

党支部是党的最基层的一级组织，在党的建设中占有极其重要的地位。

①党支部是党的组织基础。中国共产党是由中央、地方和基层党组织三级组成的既严密又完整的组织关系。在这个完整的体系中，党支部是最基本的组成部分。假如没有党的支部，党就不可能具有如此强大的生命力和凝聚力。②党支部是党在基层单位的政治核心。党的性质、任务和领导地位决定了党支部在基层单位中必须发挥政治核心作用。核心作用体现在很多方面，其中重要的一项就是参与本单位重大问题的决策。③党支部是党管理基层党员最基本的单位。按照党章规定，所有的党员都必须参加党的一个支部，服从党支部的管理和监督。党支部是党员履行义务、行使权力的基本场所。④党支部是党在基层组织中的战斗堡垒。党支部担负着团结、协调党内外的广大干部和群众，努力完成本单位所担负的任务的作用。党支部的这种作用，具体体现了党在基层组织中的领导，是任何其他的社会组织或团体都无法替代的。⑤党支部是党联系群众的桥梁和纽带。党支部深深扎根于群众之中，是群众认识党、了解党的窗口，也是党组织了解人民群众的意愿和诉求的主要渠道。从这个意义上讲，党支部及其党员的状况如何，直接关系到党在群众心中的形象和威信，关系到党是否能够赢得广大群众的支持与信任。

党支部的作用主要体现在以下两个方面：①政治思想方面的引导作用。

这项首要的任务是由党支部的政治核心地位决定的。党支部一方面要善于分析解决本单位的实际问题，为本单位的改革和发展把握正确的政治方向；另一方面要抓好本支部党员的教育和管理工作，做好人民群众的思想政治工作。②组织协调作用。如何有效地协调各级各类错综复杂的关系，如个人与个人之间的关系，个人与集体之间的关系，群众与党员之间的关系，党员与党组织之间的关系等，并针对不同情况、采取灵活方式使这些关系形成合力，以便共同实现本单位的整体利益和目标，是党支部义不容辞的责任和义务。

3 党支部在分级教学中的模范作用

如何把党支部工作很好地同学校、学院工作结合起来，同当前学校倡导的大学英语分级教学改革结合起来，也就是如何努力寻求支部工作与业务工作的最佳结合点，做到支部工作与业务工作有机融合，这是我们需要认真探讨的问题。解决这一问题的关键在于探讨基层党员教师在大学英语分级教学中担任何种角色、发挥何种作用，如何在教学改革中最大限度地发挥党员教师的积极性和主动性，特别是模范带头作用，确保大学英语分级教学改革的顺利实施并取得学校要求的“369”教学目标。要实现这一整体目标，就必须充分发挥党支部在大学英语分级教学中的战斗堡垒作用。

充分发挥党支部在大学英语分级教学中的战斗堡垒作用，主要指的是：①政治思想引导作用；②桥梁和纽带作用；③组织协调作用；④党员教师的模范作用、奉献精神等。主要表现在以下方面：

①政治思想引导作用。结合学校、学院大学英语分级教学的工作要求，党支部和党员教师要采取灵活多样的形式，有针对性地做好广大教师，包括党员教师和群众教师的思想政治工作，提高全体教师对大学英语分级教学紧要性和迫切性的认识。只有在思想上高度重视，内化为信念，外化为行动，才可能在日常教学过程中积极行动、努力配合，达到预期的效果。②桥梁和纽带作用。大学英语党支部的党员教师在分级教学实施过程中要充分发挥党支部和群众教师之间桥梁和纽带的作用，一方面要及时把学校、学院关于大

学英语分级教学的总体思路传达到每位教师；另一方面也担负着及时把广大教师的意见、建议反映到党组织的任务，做到上情下达，下情上达。③组织协调作用。党支部作为本部门的政治引导核心，应该要把握全局，跳离各种复杂的关系之上，组织、协调本部门的所有关系形成合力，把支部工作很好地融入学校、学院工作中，而不是单独作为一项工作来完成，解决支部工作千篇一律、支部工作丢失了载体，失去了本质的问题，为大学英语分级教学的顺利实施保驾护航。④党员教师的模范作用、奉献精神等。党支部和党员教师在大学英语分级教学中要发挥模范带头作用，就要有奉献精神。党员教师要勇挑重担，不怕吃苦。根据分级教学的具体要求和实际情况，争取每个级别有一名党员教师参与，方便组织、协调各方关系，做好桥梁和纽带作用。

充分发挥党支部在大学英语分级教学中的战斗堡垒作用，就必须加强基层党组织的自身建设：一是党支部层面的自身建设，二是党员教师的自身建设。只有自身理论、业务水平过硬，才能在大学英语分级教学中更好地发挥作用。高校党支部的作用在很大程度上是被动的、有限的，其使命和功能大多停留在听从和执行学校、学院党总支的决议、决策的基础上。学校和学院领导对于支部在学校、学院工作中的领导作用重视不够，导致支部的作用往往被行政领导作用代替。同时，党员对学校、学院中的重大事情已无多少知情权、发言权和表决权，所以，在这种情况下，党员的工作积极性已经受到挫折，党员的先锋模范作用已难以最大限度地得到发挥。在这种情况下，加强党支部和党员自身的建设显得尤其迫切和必要。党支部要发挥其作用，首先要让广大党员教师们意识到自身的作用，有意识地提高自己的模范带头作用，才可能进一步带动身边的其他党员和非党员教师为了整体目标共同努力。

4 结语

如何切实发挥基层党组织，即党支部的模范带头作用是党建需要深入研究的课题，对于高校基层党组织的普通党员教师来说，如何发挥他们的积极性和主动性，如何在日常教学工作中最大限度地发挥其模范堡垒作用，也是基层党组织和党员队伍建设的重点与难点。支部工作只有围绕学校、学院中心任务开展活动，才能确保党支部工作的正确方向，使支部工作真正收到实效；同时，也才能有效地解决政治、业务“两张皮”的现象，实现提高大学英语整体教学效果和加强基层党组织党员队伍建设的双重目的。

浅析大学英语教学中的母语文化缺失

刘明宇

摘　要：本文以大学英语教学中的母语缺失现象为研究对象，深入探究我国大学英语教学中的母语文化缺失问题，并分析造成我国大学英语教学母语文化缺失的原因，并针对这些原因提出相应建议，以期为我国大学英语教学提供借鉴。

关键词：大学英语；英语教材；母语缺失

1　引言

我国《大学英语课程教学要求》中明确提出，大学英语教学不仅仅是语言基础的教学，同时也是丰富大学生知识、了解世界文化提高综合素质的课程。因此，大学英语教学兼具语言工具功能以及人文功能。英语教学的人文功能不仅仅体现在对西方文化的学习，同时也应当继承中国传统文化，并将东西方文化相互融合。然而，我国大学英语教学却过于强调单方面向学生输入西方文化，将中国传统文化有意无意地忽视了。大学英语教学的内容以介绍西方文化为主，语言训练也多是围绕西方文化元素展开。然而，随着东西方文化交流的日益紧密，西方人对东方文明尤其是中国传统文化了解的渴望更为强烈。中国人对中国传统文化的深入理解，已经成为东西方交流的基础。因此，我国大学英语教学中存在的母语文化缺失现象需要做出

作者简介：刘明宇，北京工商大学外国语学院讲师。

改变，以适应不断变化的社会环境，以及不断提升中的中国国际地位。基于此，本文对我国大学英语教学中的母语文化缺失现象展开深入研究。

2 大学英语教学母语文化缺失现象分析

大学英语教学中的母语文化缺失现象普遍存在于我国大学英语教学当中。大学英语教学内容主要以西方文化为背景，很多学生能够熟练使用英语讲述西方的节日、习俗、礼仪、文化、历史，甚至能够熟练背诵每一位美国总统的就职演说辞。然而，当涉及中国元素尤其是中国传统文化时，学生却难以进行准确表述，甚至有些学生的中国传统文化素养处于一片空白的状态。母语文化在我国大学英语教学中的忽视，导致中国大学生对中国传统文化的表述能力存在着严重欠缺。我国大学英语教学一贯以西方文化教育为重点，并且认为中国学生成长于中国文化的大环境当中，不应当在英语教学中涉及中国传统文化。但是，由于我国大学教育中长期以来不重视语文教育，更将中国传统文化排除在教学范围之外，大学生对于母语文化知之甚少。许多大学生不仅难以理解简单的文言文，缺乏欣赏中国传统艺术的能力，更对中国历史知之甚少。这些学生在与西方人交流时，不仅无法传播中国文化，同时由于缺乏母语文化基础，使得他们对西方文化的理解也只是流于皮毛。因此，我国大学教育中的母语文化缺失不仅不利于大学生综合素质的提升，而且会成为我国大学教育中的严重问题。

3 造成我国大学英语教学母语文化缺失问题的原因

造成我国大学英语教学母语文化缺失问题的原因主要包括以下三点。其一，我国大学英语教材当中的中西方文化内容比例不合理。教材作为教学的基础，对教学目标的实现起到了举足轻重的作用。从总体来看，我国大学英语教材中的母语文化资源过少，而西方文化资源过多，这种文化资源配置的不合理显然会导致我国大学英语教学中的母语文化缺失。教材过度强调学生英语思维逻辑的培养，大部分文章中渗透着英美文化。但是，关于中国文化的语言资源却几乎没有，即使涉及母语文化也只是简单的文化符号，而没有深入探讨、研究。大学英语教材中西方文化比例的失调显然是我国大学英语教学母语文化缺失的主要原因。

其二，大学生的母语文化表达意识严重缺失。虽然许多大学生能够认识到母语文化在跨文化语言交流中的重要性，但是在英语学习中往往将主要精力放在语言工具能力的提升上，而缺乏母语文化表达的意识。实际上，对中国传统文化的深刻理解是学习英语的最大助力。中文与英语虽然都属于语言，但是两种语言并不在同一位阶上。英语的内在逻辑是典型的形式逻辑，即 A=A。中文的内在逻辑则是更高层级的辩证逻辑，即 A=A，且 A≠A。由形式逻辑可以演化出非历史集合，这种语言集合当中的词汇之间并无互系性。但是，由辩证逻辑衍生出的是历史集合，即语言概念之间具有发展关系。而历史集合可以被非历史集合包含在内，因此对中国传统文化的熟练掌握，将大大提升学生的英语学习能力。然而，我国大学生并不明白上述语言逻辑的原理，因而多数人缺失母语文化表述的意识，制约了自己英语学习能力的提升。

其三，教师缺乏母语文化素质，并且对母语文化的重视较弱。母语文化缺失问题长期存在于我国大学英语教学当中，这也使得现今许多从事大学英语教学的教师同样缺乏母语文化素质，在教学当中无法引入母语文化元素，降低了学生以及教师自己对母语文化的重视程度。上述三个原因造成了我国大学英语教学中的母语文化缺失问题。

4 加强我国大学英语教学中母语文化教育的建议

加强我国大学英语教学中母语文化教育，应当从以下三个方面入手。其一，调整大学英语教材中西方文化以及中国文化的内容比重，加大中国文化尤其是中国传统文化中经学和史学的比重，减少西方文化内容。其二，提高大学英语教师传统文化素养，加大涉及母语文化的课时比重。由于我国大学英语教学普遍缺乏母语文化素养，因此加大母语文化培训力度就成为当务之急。我国大学英语教师培训应当充分利用互联网平台，在不挤占大学英语教师休息和授课时间的前提下提升教师的母语文化素质，并定期开展考核工作，以促使大学英语教学中母语文化教育的提升。其三，调整大学英语教学目标，将语言工具训练变为语言能力训练与语言文化素质双重提升，从根本上解决我国大学英语教学中母语文化缺失的问题。

5 结语

母语文化不仅关系我国大学英语教学水平，更直接影响我国传统文化的继承和发扬问题。大学英语教学中的母语文化缺失也是我国大学教育中迫切需要解决的问题。本文从大学英语教学中母语文化缺失现象分析入手，阐释了大学英语教学中母语文化缺失的原因，并针对这一问题提出了建议，以期为我国大学英语教学中母语文化缺失问题的解决提供路径。

参考文献

[1]马德忠.大学英语教学引入母语语言文化，培养大学生健全的文化人格[J].上海工程技术大学教育研究，2016(2).

[2]郑军.中国外语教师母语文化认同度实证研究[J].郑州轻工业学院学报：社会科学版，2014(1).

[3]郑军.中国大学生母语文化认同度实证研究[J].淄博师专学报.2013(4).

[4]刘爱军.论母语文化对翻译的影响——《红楼梦》的英译本比较研究[J].运城学院学报，2012(4).

[5]彭云鹏.论母语文化在跨文化交际中的基础作用[J].河北学刊，2010(5).

大数据视域下的大学英语写作教学探究

颜　昆

摘　要：本文以大数据视域下的大学英语写作教学为研究对象，首先探究我国大学英语写作教学中存在的问题，之后归纳大数据时代的特点，并阐述大数据时代给英语写作教学带来的变化，以期为我国大学英语写作教学建言献策。

关键词：大数据；大学英语；写作教学

1　引言

互联网的普遍应用带来了数以亿计的信息数量，这些信息传播速度快，数据结构多样，用传统的计算方法很难对这些信息进行有效处理。但是，随着云计算技术的出现，越来越多的闲置数据被利用起来，并产生了良好效果，大数据时代由此拉开帷幕。大数据不仅改变了处理数据的方式，更对人们的生活方式、思维方式以及行为方式影响巨大。大学英语写作教学也应当抓住大数据时代的机遇，通过将大学英语写作教学同大数据结合的方式，着力解决大学英语教学中存在的问题，提高教学质量，激发学生对大学英语写作学习的兴趣，最终实现大学生英语写作水平和英语学习素养的提高。

作者简介：颜昆，北京工商大学外国语学院讲师。

2 我国大学英语写作中存在的问题

大学英语写作能力是大学英语学习能力的重要组成部分，英语写作水平的高低直接体现了学生英语表达能力，以及思维逻辑水平。我国大学英语四六级考试中，听力和阅读分数比重逐渐加大，这也使得大学生对英语听说以及英语阅读愈发重视。然而，从大学英语四六级考试成绩来看，我国大学生的英语写作能力却没有得到重视，以至于近些年来大学生的英语写作能力出现了下降。除学生对大学英语写作投入的时间和精力减少造成大学生英语写作水平下降之外，《大学英语教学大纲》对大学生英语写作水平要求较低，以及我国大学英语写作教学水平不高，也是造成我国大学生英语写作水平下降的重要原因。

此外，我国大学英语教育更为注重学生的英语知识积累，而没有将知识的输入与知识的输出和应用相结合。大学英语课堂上，英语老师运用的教学方法还是以单方向灌输为主，缺少与学生的交流和互动。老师的知识讲解与学生的知识运用相互脱节，使得学生难以将知识运用于实践当中。大学英语阅读与听力对课堂互动要求较少，学生可以通过自主学习提升阅读与听力水平。但是，英语写作能力的提高必须以英语老师的不断修正和纠偏为基础，大学中普遍实施的大班教学制度很难满足英语写作训练的要求。除此之外，在英语教学当中，由于英语写作训练较为困难，因此出现了老师教学积极性不高，学生抵触英语写作练习的现象，这也为大学英语写作教学造成了困难。

3 大数据时代对我国大学英语教学的影响

大数据时代具有以下显著特点。首先，大数据用户的使用者也是数据的生产者，数据输入与输出呈现出同步状态。其次，有效数据由合作产生，合作能够激发更多数据。再次，大数据将为人们的生活带来全新的思维方式以及行为方式。最后，对数据的评价和分享也是数据本身，数据可以为人们的行为提供预测和建议。

结合大数据时代的上述特点，大数据将对英语教学产生诸多影响。其一，大数据会导致英语写作教学资源的变化。传统英语教学的教学资源主要依赖于英语教材以及图书馆，在英语写作教学中，写作教学资源往往呈现出单一性和滞后性。但是，大数据大大丰富了英语写作教学资源，这些资源既有电子文本形式，也有音频、视频和实时互动。学生也可以利用数据库、搜索引擎帮助英语写作学习。

其二，大数据使学生的英语写作目的更为明确。缺乏英语写作目的是我国大学生英语写作练习的一大顽疾。由于学生缺乏英语写作动力，导致完成老师布置的课程作业成为了大学英语写作练习的唯一目的。这种被动的英语写作练习不利于激发学生的创造力，对提升学生的英语写作能力效果较弱。但是，大数据时代的到来，使得学生可以将写作练习与习作表达相结合，促进了学生练习写作的主动性，激发了学生将写作知识应用于实践的兴趣。大数据时代可以直接将学生置于英语环境当中，而学生需要运用英语写作能力与外界进行沟通、交流。因此，如果学生不提升自身的英语写作水平，那么就难以获得必要的信息，这就无形之中促使学生必须提高自身的写作水平，从而最终达到了提升学生英语写作动力的目的。

其三，大数据时代改变了大学英语写作的内容来源以及教学组织。大数据环境下，学生可以通过云数据、搜索引擎、电子图书馆、数字期刊等大数据工具检索写作内容。同时，大数据环境也为学生和老师之间搭起了沟通桥梁，将写作过程中的准备阶段与练习阶段相互结合，将写作练习的修正贯穿于整个写作练习当中。同时，大数据也使得大学英语写作的教学组织发生了改变。学生在进行写作练习时，不必再像传统教学一样，必须在教室进行学习和练习。社交网络以及虚拟平台可以将学生随时随地聚集在一起交流、探讨、学习，这在无形之中节省了学生的学习时间，提升了大学英语教学的效率。

因此，大数据时代的到来，为大学英语写作教学质量和效率的提高提供了契机。如果教师能够在教学实践当中充分运用大数据的优势，采取适当的教学策略，那么我国大学英语写作教学水平将实现质的飞跃。

4 总结

大数据的应用是大学英语写作教学的大势所趋，也是我国大学英语写作教学提高教学水平的契机。高校应当为大学英语教师提供良好的信息技术学习环境，加强英语教学人员与教育技术人员之间的合作，将大数据工具与英语写作教学紧密结合，实现大学英语写作教学水平和信息技术运用能力的双重提高。

参考文献

[1]郭文革，陈丽，陈庚.互联网基因与新、旧网络教育——从MOOC谈起[J].北京大学教育评论，2013(4).

[2]刘彬，戈玲玲，李广伟.基于语料库的大学英语写作教学模式实证研究[J].外国语文，2012(4).

[3]唐锦兰，吴一安.写作自动评价系统在大学英语教学中的应用研究[J].外语与外语教学，2012(4).

[4]王颖，李振阳.国外二语写作中电子反馈模式的研究评述[J].外语电化教学，2012(4).

[5]王海啸.大学英语教师与教学情况调查分析[J].外语界，2009(4).

浅谈大英分级教学管理理念

陈思伊　苗天顺

摘　要： 教学质量提高的前提是教学内容满足学生不同发展阶段的需求。本文通过主旨原则、具体分级方案、部门间协调三个方面对大学英语分级教学的管理理念进行了梳理，并就分级教学管理过程中的班级管理、成绩评定体系、考试设计三个层面进行了分析讨论。值得注意的是，教师积极参与分级教学实践的作用和师生对分级教学的反馈起着举足轻重的作用。

关键词： 分级教学；管理理念

1　引言

近年来，我校入学新生的英语水平比以往有大幅度提升，但尽管如此，由于实际招生等原因，每个自然班里学生的英语水平仍然明显呈现良莠不齐的态势。例如，有些水平高的学生在纯英语教学的中学阶段打下了较好的英语基础，已经达到甚至超过《高中英语课程标准》八级或九级要求，他们在中学阶段就参与各种英语竞赛并取得好成绩，这些学生完全满足大学阶段较高和更高要求的标准；而一些水平很差的学生几乎尚未达到《高中英语课程标准》的七级要求，他们只能满足大学阶段一般要求的标准。在这种教学对

作者简介： 陈思伊，曼彻斯特大学会议口译硕士，北京工商大学外国语学院教学秘书，研究方向为教学管理、翻译。苗天顺，北京工商大学外国语学院副教授，副院长。

象英语水平参差不齐的实际情况下，我校的大学英语教学如果仍然继续以往那种相同教材、相同起点、相同考核方式的教学模式，势必会继续那种水平高的学生“吃不饱”、水平低的学生“不消化”的局面，而这种局面的连带问题可能是学生对教师不满意、对教学不满意、对学校不满意等。同时，教师们在这种环境下进行教学，往往会觉得目的性不强，无法发挥他们各自的教学优势和提高教学效率，教学效果不尽如人意。

2 更新理念

2.1 主旨原则

为了更好地推行大学英语教学，提高教学效率，我们将学生分成“进阶大学英语班、中外合作办学班、全英教学班，以及通过六级的学生组成的辅修双学位班”4个类别，其中进阶大学英语班细分为10级。我校将大学英语教学目标分为基础、提高、发展和卓越4个类别，即进阶大学英语班（10级）、中外合作办学班、全英教学班和辅修双学位班4个类别。基础目标的教学要求主要针对英语高考成绩合格的学生，是大部分学生本科毕业时应达到的基本要求，即到2019年95%的本科生通过全国大学英语四级考试。提高目标和发展目标的教学要求针对大学入学时英语已达到较高水平的学生，也是对学生英语应用能力要求较高的专业所选择的要求，即95%以上的学生通过全国大学英语四级考试，同时达到雅思英语6.0分以上。卓越目标的教学要求针对经过大学英语阶段的学习，成绩达到优异的学生，即以优异成绩通过全国大学英语四六级考试，同时达到雅思英语6.5分以上或托福成绩达到90分以上，本着学校选拔和学生自愿的原则，组成卓越班级。

2.2 具体分级方案

基本数据：2015级新生人数为2900人（按计划招生数），2015级教师人数为22人，平均每位教师教授学生130人。分级方法：2015级新生按照高考英语成绩由教务处统一计分，北京工商大学外国语学院根据教务处提供的成绩分班、安排教师。每班学生人数基本在60~70人之间，便利之处是充分享受教师关注，能够进入语音室，享受良好学习环境。

2.3 部门间协调

上课时间统一，便于全校教学时间的管理。2015级分级后尽量排在同一个时间段（如周一、周四）。统一计算高考成绩，将学生按高考成绩排名后交外国语学院，便于分级分班。与考试院沟通协商，争取每学期允许一定数量（15%）的学生参加四级考试。成绩登录系统设置：要求按照分级分班的数据，将学生名单分配至任课教师名下，便于教师对学生进行过程管理和成绩登录，同时考虑各院系成绩汇总的需求。

3 教学过程的管理

3.1 班级管理

（1）首次上课时采集学生信息，必须包括生源地、手机号码等；

（2）选出学习委员和各个专业负责同学；

（3）整理出一份学生通讯录，交给学习委员一份，授权学习委员负责联络各个专业负责同学；

（4）老师布置作业或下达通知找学习委员即可。

3.2 成绩评定体系的构建

考试是检查教学执行情况和教学效果不可或缺、行之有效的重要手段，是全面提高学校本科人才培养质量的关键环节。加强学校学风、教风、考风建设，构建良好的考试氛围，提高教师教学水平，培养学生自主学习意识，课程的评价不能仅仅依靠一两次考试来评估。因此，科学的成绩评定体系及学生的最终评定关系此次大学英语分级教学改革的升降级激励机制，不仅评价学生在分级教学后的学习情况而且更是评价教师的教学效果的重要依据。

因此，构建一个基于大学英语课程考试改革的多模态成绩评定体系是十分必要的，其主要包含三个部分：①课堂记录网络化；②学生学期总评分规范；③计算机阅卷系统整合。

（1）网络化课堂记录。本研究尝试建立网上课堂记录单，根据我院分级教学的要求，可实现网络登记课堂表现如出勤情况、课堂任务完成情况、学生参与课堂活动情况、课堂记录一个学期不能少于4次的课堂参与情况（包括课堂小测验），3次的考勤记录以及3次作业完成情况，共计10次记录。学生通过网络可以实时查看自己的课堂记录，增加学生对课堂教学的参与度。

（2）规范学生学期总评分。根据学校和教务处对考试评分的要求，以及外国语学院对大英分级教学考试计分办法的规定，平时成绩与期末成绩的比例为60%和40%。这就要求教师科学地把握课堂表现、平时测试、期中、期末等成绩的评定。这就需要科学地规划和严格地执行。课堂参与、测验、出勤与期中、作业、期末等分数都应有明确的规范，使考试和成绩更加公平、透明。

（3）整合计算机阅卷系统。基于大学英语考试的特点，阅卷需要使用计算机光学阅卷系统，因为机读卡部分的分数常常占总分的一半以上，并且每学期至少使用2次以上，因此，此系统在考试评价中的地位显要。但阅卷过程仍需要人工操作，是一项耗时耗力的细心工作，况且，机读卡成绩阅读完成后，常常需要分割整理，再分别转送各位教师，然后教师登记主观题部分成绩，再计算、合并、总评等，其间的环节过多，出现问题的概率很大。因此，在更新现有光学阅卷系统的基础上，将机读卡成绩直接导入设定的成绩系统库中，就能大大节省教师的工作量和成绩误差。

3.3 考试设计

以考促教，以考促学。改变目前课程考试中较普遍存在的过于注重学生课本知识掌握情况，轻视动手能力和创新意识培养的倾向，使考试有利于调动学生学习的主动性、积极性，有利于学生的个性发展，有利于激发学生创新能力。

考试之后，对学生成绩和试卷的分析，能够更好地了解学生的学习情况和教师的教学效果。每次考试之后，我们对学生的成绩进行了统计分析，如年级平均分，A班、B班、C班等各班的平均分，学生成绩的分布曲线以及单个学生的答题情况等。同时，我们还对试卷的效度和信度等进行了研究，从而了解整个试题的难易程度、知识覆盖面、题量、题型等，对其中的一些重要数据如每道试题的学生答题情况、试卷的总体分析等都作了详细统计分析。

3.4 教师参与

对于大学英语分级教学，公外教师响应院校领导的号召，积极投身于分级教学实践中。他们献计献策，参与有关分班、教学设计、班级管理等各个决策过程。针对四个级别的教学任务、进度、测试等分别进行了相应的安排。同时，经过与会教师的讨论，就下学期分级教学中可能出现的紧急情况达成如下共识：①在遇到教室多媒体设备出现问题时，每位教师应能保证课堂教学正常进行。教师对每个单元的教学活动都应该具有随时使用教材和黑板进行完整教学的能力。②遇到请假调课等特殊情况时，除了按照学校有关规定履行相应的手续外，教师应该把上课的进度、时间、地点等详细情况发给教研室主任和教秘老师，便于院系安排教师代课。③由于我部采取的是同一时间段上课，因此，代课老师事宜应请求公外二部教师的帮助和支持。

4 师生反馈

教师反馈：①分班人数恰当（大多数班级70人，个别班级人数稍多），分层后学生素质相当（学生层次差异小），班级活动易于展开各学院各专业人数相当，利于分组活动，便于教师掌控课堂，教师能够实现学生教学模式改革。②集体备课——教学流程规范化、精细化。例如设定统一备课的内容，设定内容要占教学总量的60%，确保知识点传授给学生，另外的40%可以增加教师的个人特色。这样既能保证教学内容的基本一致，又有利于保证教师特色。

学生反馈：①分级适应具有个性的群体——在这个个性化的时代，教师根据因材施教效果好。②统一教材抵触情绪小——因为选取统一教材，快慢班的同学反响不是很大。

5 结语

教学质量提高的前提是教学内容满足学生不同发展阶段的需求，分级教学就是满足和适应这种要求。本文通过从主旨原则、具体分级方案、部门间协调三个方面对大学英语分级教学的管理理念进行了梳理，并就分级教学管理过程中的班级管理、成绩评定体系的构建、考试设计、教师参与四个层面进行了分析讨论。值得注意的是，教师积极参与分级教学实践的作用和师生对分级教学的反馈起着举足轻重的作用。

参考文献

[1] 戴运财.二语习得中交互作用的理论基础[J].浙江社会科学,2009(9).
[2] 郭晓暹.大学英语分级教学研究初探[C]//吴尚义.语言与文化研究(第十辑)[M].北京：知识产权出版社,2012.
[3] 胡歆.浅析大学英语分级教学[J].中国西部科技,2008(34).
[4] 邵娟萍,刘桂兰.大学英语四级后教学体系建构研究[J].南昌高专学报,2008(5).